国家文物局水下文化遗产保护中心·考古报告系列—4

安徽水下考古调查报告

（2008 ～ 2016）

国家文物局水下文化遗产保护中心
安徽省文物考古研究所
编著

科学出版社
北京

内 容 简 介

安徽水下文化遗存调查是近年来较为系统地开展的以内陆河流、湖泊、水库为主要工作区域的水下考古调查项目，分为陆上调查和水下调查两个阶段。2008 ～ 2010 年通过文献资料收集、档案查找、实地走访踏勘，初步摸清了安徽境内水下文化遗存的分布状况和水下文物家底，2014 ～ 2016 年对太平湖水域、响洪甸水库进行了水下考古仪器探测和潜水探摸调查，发现并确认了广阳城、文庙、秧溪街、龙门镇、麻埠镇和刘新圩六处水下遗址。安徽水下考古调查在内水水域水下文化遗存尤其是水下城址、村落、集镇、圩堡等遗存的水下考古调查方法与技术上进行了一定的尝试、探索和总结，积累了相当的经验，取得了丰硕的成果。

本书适合于考古学、地方史的研究者及相关学科的高校师生参考阅读。

图书在版编目（CIP）数据

安徽水下考古调查报告：2008～2016 / 国家文物局水下文化遗产保护中心，安徽省文物考古研究所编著. —北京：科学出版社，2017. 6

ISBN 978-7-03-053179-7

Ⅰ. ①安… Ⅱ. ①国… ②安… Ⅲ. ①水下－考古发掘－发掘报告－安徽－2008－2016 Ⅳ. ①K872.540.5

中国版本图书馆CIP数据核字（2017）第128193号

责任编辑：雷　英／责任校对：彭　涛
责任印制：肖　兴／书籍设计：北京美光设计制版有限公司

科 学 出 版 社 出版
北京东黄城根北街16号
邮政编码：100717
http://www.sciencep.com

北京华联印刷有限公司 印刷
科学出版社发行　各地新华书店经销

*

2017年6月第　一　版　　开本：889×1194　1/16
2017年6月第一次印刷　　印张：17 1/2
字数：504 000

定价：350.00元

（如有印装质量问题，我社负责调换）

目　　录

第二章 安徽水下考古调查

插 图 目 录

插表目录

绪论

一、安徽水系分布情况

安徽地处华东腹地，襟江带淮，地跨南北，承东启西，交通便利，地理位置特殊，历来为商贾和兵家必争之地（图一）。长江、淮河横贯省境，将安徽划分为长江、淮河两大流域和淮北、江淮、江南三大区域，长江、淮河流域占安徽全省总面积（13.96万平方千米）的95%，省境南部为新安江流域，面积0.65万平方千米（图二）。

长江安徽段位于长江下游，长400多千米，流域面积6.6万平方千米。西自湖北与安徽交界处的段窑，流经安庆、池州、铜陵、芜湖、马鞍山等主要城市，东至安徽与江苏交界的驻马河口。长江安徽段沿岸地形总趋势为西北高、东南低，江北地区多为地质构造形成的凹陷地带和沿江冲积平原，其间大小湖泊星罗棋布，还分布有少量的低山和丘陵，平原地带河网交织，水系发达，港汊纵横，平原以南为皖南山区，分布有三条西南到东北向的山丘带，即九华山、黄山和天目山，山丘之间散布有大量的宽广盆地和山间谷地，河网密布，水系发达。长江安徽段两岸支流众多，自西向东，北岸较长支流有皖河、裕溪河和滁河等，南岸有青弋江、水阳江等，沿江主要湖泊有龙感湖、大官湖、泊湖、武昌湖、巢湖等，其中巢湖是安徽省最大的湖泊，也是中国五大淡水湖之一[1]（图三）。

巢湖是在构造盆地基础上发育起来的构造湖，2亿～3亿年以前华力西运动中形成构造盆地，1亿年以前燕山运动使盆地四周山地再度抬升而形成集水洼地。巢湖湖水主要靠地面径流补给，随着入湖径流量和降水量的变化，湖面面积、容积、水深的变化也较大，每年4月因春雨湖水上涨，5～6月汛期开始，7～8月水位最高，9月水位下降。巢湖东西长54.5千米，南北平均宽15.1千米，湖岸线最长181千米，最大水域面积约825平方千米，最大容积48.10亿立方米，最大深度0.98～7.98米，巢湖湖底平坦，水面辽阔，水质一般，湖水夏季呈黄色、冬季呈黄绿色，能见度0.15～0.2米，pH7.0～8.9，为重碳酸盐类钙组Ⅱ型水，巢湖属于北亚热带季风气候，年平均水温17.5℃，1月份平均水温为3.8℃，7月份平均水温25℃。

巢湖流域面积一万多平方千米，沿湖共有大小河流三十余条，其中较大的河流有杭埠河、丰乐河、白石天河、派河、南淝河、烔炀河、柘皋河、兆河等，入湖河流主要源于山区，集水面积较大，河道流程较短，比降陡，汇流快，从南、西、北三面穿过湖周圩区后进入巢湖，经湖泊调节容蓄后在巢湖市城关出湖，经裕溪河于裕溪闸处注入长江[2]。

[1][2]安徽省地方志编纂委员会：《安徽省志·自然环境志》，方志出版社，1998年。

图一 民国时期安徽地图

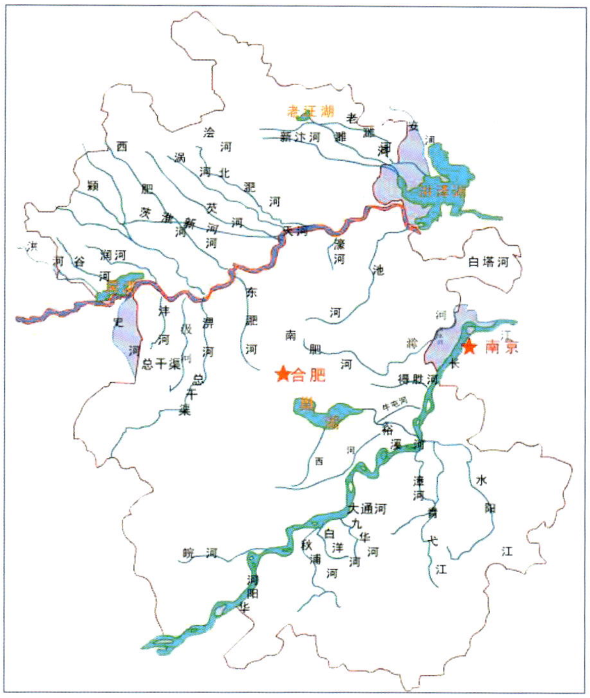

图二　安徽省水系分布图

淮河地处黄河与长江之间，发源于河南的桐柏山，自西向东流，为“四渎”之一[1]，清咸丰元年之前淮河直接汇入大海，咸丰元年由于淮河泛滥冲破洪泽湖直接注入长江，结束了淮河独流入海的历史。淮河安徽段位于淮河中游，西自河南与安徽交界的洪河口，东至安徽、江苏交界的洪山头，河道长度达400余千米。淮河安徽段以北为黄淮冲积平原，地势低洼平坦，北部数县分布有低山丘陵，以南多为山脉和丘陵，尤以大别山脉为主，大别山以东地势显著降低，多为低山和丘陵。淮河安徽段两岸分布有大量的洼地、水库和湖泊，支流众多，沿淮湖泊较多，分布在支流汇入口附近，湖面大但水不深，左岸有八里湖、天井湖等，右岸有城西湖、城东湖、瓦埠湖等（图四）。

瓦埠湖位于淮河右岸寿县境内，处于东淝河的中游，河湖一体，为河道扩展后形成的湖泊，受南北不均匀升降运动，黄河南泛，河口段被淤，洼地积水逐渐形成，瓦埠街（现为瓦埠镇）滨其右，故名。瓦埠湖湖面跨寿县、长丰两县及淮南市，主要在寿县境内，湖区南起白洋淀，北至钱家滩，长52千米，东西平均宽约5千米，正常水位18米，水域面积约156平方千米，湖底高程15.5米。东有瓦埠河，亦称沿河，即古阎涧水，西有陡涧河。湖水呈淡绿黄色，透明度0.1～0.3米，pH8.4，矿化度256毫克/升，为重碳酸盐类钙3组Ⅰ型水[2]。

新安江位于安徽的最南端，属钱塘江水系，居流域上游，为安徽、江西交界的五股尖山、黄山和浙江天目山环抱，与长江、淮河一起构成安徽三大主要水系，流域面积6751平方千米。新安江以率水为正源，流经祁门、休宁、屯溪、歙县，至安徽、浙江省界街口镇，注入新安江水库，出库后汇入钱塘江，安徽境内新安江长242千米。新安江地处黄山主峰的南部，

[1]（晋）郭璞注，（宋）邢昺疏：《尔雅注疏》，上海古籍出版社，2010年。
[2]安徽省地方志编纂委员会：《安徽省志·自然环境志》，方志出版社，1998年。

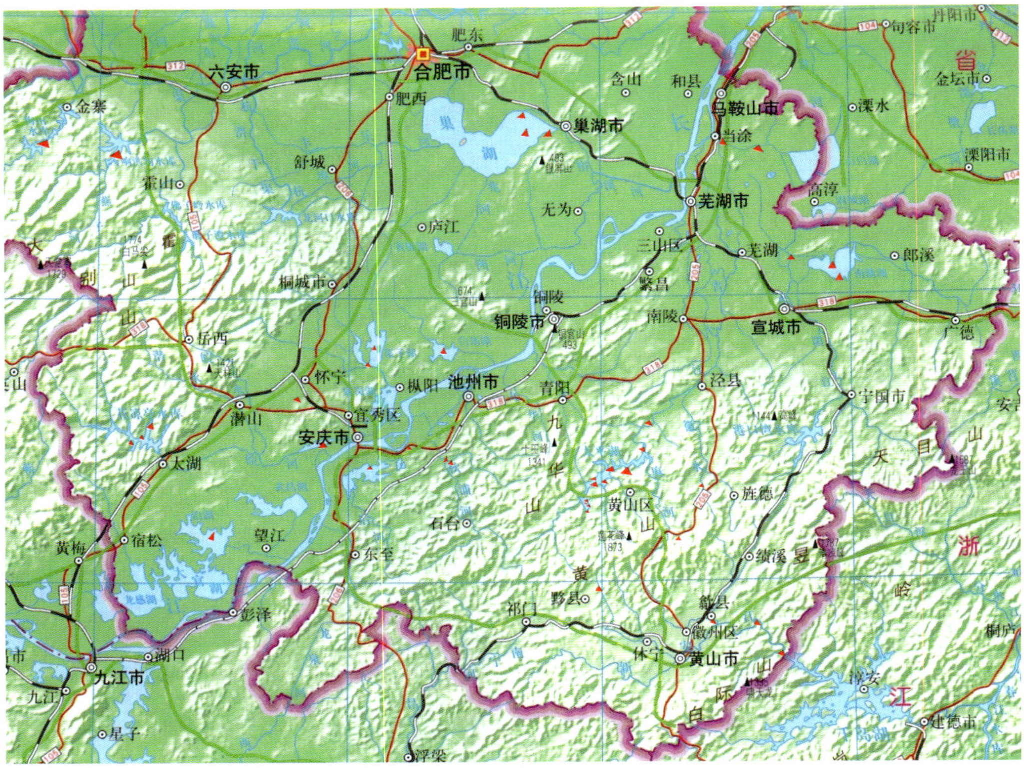

图三　长江安徽段水系分布图

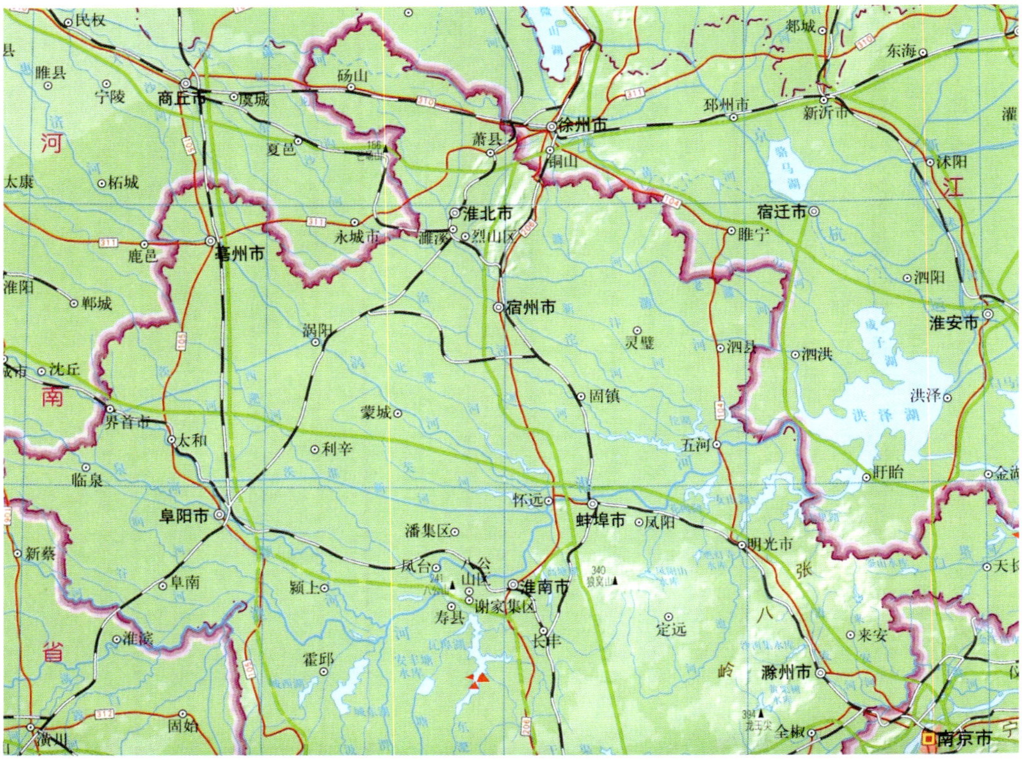

图四　淮河安徽段水系分布图

流域内山脉连绵，地势高峻，相对高差大，两岸支流众多，水系主要包括率水、横江、街源河、练江等通航河流 4 条，具有比较明显的山区河流特征，即源短、坡陡、流急，各河集水面积除横江、练江大于 1000 平方千米外，其余均在 100 ～ 500 平方千米范围。历史上新安江流域内水利建设主要是拦河筑坝、开渠引灌以及开凿山塘蓄水灌溉，新中国成立后采取以蓄为主的治水方针，在新安江上修建多座水库，如东方红水库、丰乐水库、新安江水库等[1]。

青弋江为长江下游支流，古称“清水”、“冷水”或“泾溪”、“泾水”，青弋江之名始于南宋[2]。青弋江源出于安徽省黟县黄山北麓，源头主河为清溪河，流经原石埭县夏村后与佘溪河、王村河在二河口汇流为舒溪河，于黄山区周家坦注入陈村水库（太平湖），泾县以上青弋江两岸山势陡峻，麻川、清溪等支流穿行于高山狭谷之间。出陈村水库后，流经泾县，舒溪河与麻溪河合流后称青弋江，经宣城、南陵、芜湖等地，于芜湖市区最终汇入长江。青弋江全长 275 千米，有大小支流 30 余条，流域面积 8178 平方千米。青弋江属雨源型河流，水位流量随降雨量变化而变化，主要支流有漳溪、竹溪河、毛坦河、麻川河、蒲溪河、秧溪河、舒溪河、陵阳河、徽水等，青弋江上游舒溪河流域建有陈村水库等水利设施[3]。

安徽兴修、开发并利用水利的历史非常悠久，春秋时期楚国在寿县南部安丰城修建了芍陂，引安丰以东多座山脉汇流的溪水集于低洼的芍陂之中，并修建水门控制水量，改善了当地的农业生产条件，提高了粮食产量[4]。

隋、唐时期，为了沟通黄河和淮河两大水系，满足漕运需求，建成沟通南北的水运交通运输线，先后开通了汴渠干流以及汴泗路、淮颍路和淮涡路等漕运辅助线路，形成了一个覆盖整个安徽北部地区的水路运输系统。作为大运河的一部分，这些水利设施促进了沿线城镇的发展，推动了人员和物资的交流，沟通了江淮地区与隋、唐都城的联系，使江淮地区的物资、财赋得以通过水路通道源源不断地输往京师，同时也为全国范围的商品流动和贸易发展创造了条件[5]。

20 世纪 50 年代，为了治理水患，并结合灌溉、发电、城市供水等需求，安徽境内大兴水利，在长江和淮河的支流上修建了很多人工水库，如淠河上游金寨县的响洪甸水库、史河上游金寨县的梅山水库、淠河上游霍山县的佛子岭水库、磨子潭水库、长江支流青弋江上游的陈村水库等。

由于历史、社会和经济原因，大部分水库在蓄水前没有对水库所在区域的文化遗存进行全面、有效的保护与搬迁，从而导致大量文化遗存被淹没于水下，其中不乏大量明清时

[1]［3］安徽省地方志编纂委员会：《安徽省志·自然环境志》，方志出版社，1998 年。
[2] 泾县地方志编纂委员会：《泾县志》，方志出版社，1996 年。
[4]（汉）刘安撰，（汉）许慎注：《淮南子》，上海古籍出版社，2004 年。
[5]（北宋）司马光：《资治通鉴·隋纪四》，中华书局，2009 年。

期的城址和具有鲜明地方特色的皖南古村镇及民居建筑，更有部分较早时期的人类文化遗址和古墓葬被淹没于水库之中。

这些明清时期的城址淹没于水下的时间较早，在当时的社会背景和经济环境下，居民生产、生活活动以及现代城市布局、规划和建设对这些城址的影响和破坏程度相对较小，基本没有受到现代化建设大潮的影响就被淹没于水下，同时在水库建设前部分城址及城内建筑没有遭到大规模的拆迁和破坏，城址外轮廓及城内建筑基础保存较好，较大程度地保留了原有特征，具有较高的学术、研究、保护和利用价值。

皖南古村镇由于历史的积淀和相对较为封闭的山区环境等因素，遭战乱破坏较少，受现代文明的冲击也较小，其中不少保存都较为完整。在其他地区农村的传统文明消失将尽的今天，皖南古村镇可以说是中华文明在这个区域（徽文化）的积淀和浓缩，其居住理念、村镇布局、外形意蕴、三雕艺术、居住结构、家具陈设、画堂门联、祠堂建构等，都蕴含丰富的历史、哲学、文学、宗教、艺术等文化内容。20 世纪 50 年代被淹没于水下的古城址、古村镇在布局方面基本没有受到现代化建设大潮的影响，更大程度地保留了明清时期的特征，水下皖南古村镇更具较大的发掘、保护和利用价值。同时安徽历史上贸易往来频繁、战争屡屡发生，为安徽积淀了丰富而深厚的水下文化遗存，也为从事这一区域的水下考古工作带来了广阔的前景。

二、以往工作

根据《国家“十一五”时期文化发展规划纲要》，从 2007 年开始实施第三次全国文物普查，历时五年，普查的范围为我国境内（不包括港澳台地区）地上、地下、水下的不可移动文物。水下文物普查第一次被列入全国性的文物普查工作范围，普查区域遍及黄海、渤海、东海、南海中国四大海域以及江河、湖泊、水库等内水水域，经过五年的水下考古调查和普查，基本摸清了我国水下文化遗存的现状与家底，对中国境内海域及内陆水域水下文化遗存的分布及特点有了较全面的认识。

水下考古调查与普查是摸清我国水下文化遗存家底、全面掌握我国水下文化遗存分布的重要途径。通过水下文物普查，对我国水下文化遗产进行系统记录和深入研究，可以准确而全面地掌握我国整体水下文化资源，有效保护，合理利用，促进我国社会和谐发展。

水下文物普查工作是加强水下文化遗产保护的重要举措。通过水下文物普查，可以准确掌握我国不可移动水下文物的实际变化情况，予以认定记录，依法进行保护，有效构建新形势下我国水下文化遗产保护的科学体系。

水下文物普查工作是加快水下文物事业发展的迫切要求。通过水下文物普查，可以全

面掌握我国不可移动水下文物的实际状况，准确判断我国水下文物保护形势，科学制订水下文物保护政策和中长期规划，制定我国水下文物事业发展的总体战略。

通过水下文物普查工作，还有助于准确把握我国水下文物事业发展的基本特征和工作规律，掌握水下文物工作的先进理念和科学技术，提高水下文物保护管理队伍的整体素质；有助于向社会充分提供水下文物信息资源，促进科学研究，吸引社会关注，宣传水下文物政策，提高全社会的水下文物保护意识。

按照“三普”工作的总体部署和要求，2008 ~ 2010 年中国国家博物馆水下考古研究中心、安徽省文物考古研究所、安徽省博物馆联合组建了安徽水下考古陆上调查工作队，按照计划逐步开展了安徽水下考古陆上调查工作，基本完成了黄山、宣城、芜湖、马鞍山、池州、铜陵、安庆、巢湖、六安、蚌埠、滁州、宿州 12 个市、55 个濒湖（沿江）乡镇、89 个行政村的实地走访调查与水下文物信息收集工作，调查区域遍及安徽境内的新安江流域、长江流域、淮河流域和巢湖以及太平湖等区域，通过陆上走访、调查与实地踏勘共获取水下文化遗存相关线索 70 余条，初步掌握具有考古价值的水下文化遗存 47 处，这些水下文化遗存主要分布于黄山、安庆、宣城、六安、池州、巢湖、马鞍山、滁州等市，初步摸清了调查范围内水下文化遗存的大致分布状况，为下一步工作的展开提供了翔实的第一手材料和可靠的依据，取得了较好的效果，对于研究安徽境内古村落的布局及保护具有积极意义，体现了浓郁的地域文化特色。

2014 年，随着安徽、浙江两省就新安江流域生态及水质环境治理工作的开展，安徽水下考古调查工作率先进入皖南太平湖水域，对太平湖水域进行了水下考古仪器探测，为下一步保护水下文化遗存提供了科学依据。

2014 年，以中国国家博物馆水下考古研究中心和安徽省文物考古研究所为工作主体，调集全国各地水下考古力量，共同组建了安徽水下考古调查工作队，对安徽省黄山市太平湖水域实施了首次水下考古仪器探测，发现两处水下遗址，推测分别为广阳城遗址和龙门镇遗址，对部分重点水域进行了水下考古仪器探测，初步掌握了这两处遗址在水下的分布范围以及相关水域的地理、水文、地质等信息和基础数据，为下一步水下考古调查、发掘和研究积累了资料。

2015 年，国家文物局水下文化遗产保护中心与安徽省文物考古研究所联合组队对安徽省黄山市太平湖水域相关水下文化遗存进行了水下考古调查，调查工作以水下考古仪器探测和水下调查、人工潜水探摸相结合，发现了多处聚落遗址，这些遗址主要分布于舒溪河（青弋江上游）两岸，初步了解了太平湖特别是广阳城附近水域水下文化遗存的分布格局、保存现状、文化内涵等，基本确认了广阳城遗址并发现了文庙遗址和秧溪街遗址，初步了解了太平湖的水体环境、淹没过程及相关历史信息，为研究皖南古村镇提供了新的材料。

2016 年，国家文物局水下文化遗产保护中心与安徽省文物考古研究所联合组成了 2016

年安徽水下文化遗产调查工作队，对安徽省黄山市太平湖水域广阳城文庙遗址进行了水下考古重点调查，并对太平湖龙门镇遗址以及安徽省金寨县响洪甸水库刘新圩遗址、麻埠镇遗址进行了水下考古仪器探测和水下考古调查，基本确认了广阳城文庙遗址的分布范围和建筑布局，初步掌握了龙门镇遗址、刘新圩遗址和麻埠镇遗址的保存现状、水文资料和埋藏情况。

安徽水下文化遗存调查作为内陆水域水下文物普查与调查的重点项目之一，自2008年实施以来，通过水下考古陆上调查，共发现水下文化遗存47处，其中古城址7处、古村落12处、古建筑7处、古遗址13处、其他类遗存（石刻、古墓葬、窖藏、沉船等）8处，初步摸清了安徽境内水下文化遗存的大致分布状况，为下一步工作的开展提供了翔实的第一手材料和可靠的依据。通过水下文化遗产调查和保护工作的逐步开展，积累了相关工作经验，造就了一支业务基础扎实的水下考古调查团队，在民众中宣传和普及了文物保护意识，取得了很好的调查成果。

2014～2016年，通过对安徽省黄山市太平湖水域水下文化遗存开展水下考古仪器探测和水下考古调查，发现并确认了龙门镇遗址、广阳城遗址、秧溪街遗址3处水下文化遗存，初步廓清了太平湖水域水下文化遗存的保存现状及其分布规律，基本掌握了广阳城遗址的保存现状、布局结构、时代以及广阳城城墙的构筑方式和时代演变特点，了解了广阳城遗址与周边遗址的关系，是对水下城址这种规模和体量都较大的水下文化遗存类型开展水下考古调查工作的有益尝试和实践，积累了一定的经验，也为下一步安徽境内水下文化遗产的保护工作提供了详细、可靠的线索，进而可以逐步挖掘太平湖及青弋江流域的文化特色和发展轨迹，对于研究皖南地区明清时期城址和古村落的布局及保护具有积极意义。

在对广阳城文庙遗址进行的水下考古重点调查中，通过对其建筑布局、现存地表堆积进行调查和测绘，确认了广阳城文庙遗址的分布范围、保存现状、规划布局和时代，为“文庙”这一特殊建筑的布局规划和营造方法的研究，尤其是对文庙建筑下部基础部分和地面结构的研究提供了珍贵而翔实的第一手资料。

2016年，通过对安徽省六安市金寨县响洪甸水库水下文化遗存进行仪器探测和水下考古调查，发现并确认了刘新圩和麻埠镇两处水下文化遗存，对刘新圩遗址和麻埠镇遗址的保存现状、地理布局和建筑风格有了初步认识，大体上了解了响洪甸水库水下文化遗存的分布特点，丰富了金寨县的文物家底，为还原皖西地区的历史面貌、发展脉络提供了新的素材，为皖西地区水下文化遗产和江淮圩堡的建筑布局、风格与历史功用的研究提供了珍贵的资料。

同时在内陆水域开展水下文化遗存调查对于中国水下考古学科的发展有着重要的意义，填补了水下考古在工作内容和对象上的空白，体现了水下考古工作理念的转变和工作对象的多样化，通过安徽水下文化遗存调查积极探索新方法，总结新经验，为今后开展内陆省份水下文化遗产的调查和保护工作提供重要的参考与借鉴。

第一章

安徽水下考古陆上调查

水下考古是考古学的一门分支学科，是田野考古从陆地向水域的延伸，以人类水下文化遗存为研究对象，对现存于江河湖海内的古代人类遗迹和遗物进行考古调查、勘测、发掘与研究，并运用考古学的理论、方法和技术作为认识人类水下文化遗存的手段[1]。水下考古是水下文化遗产保护的基础和重要支柱，对水下文化遗产的有效保护与合理利用有着重要意义。

水下考古陆上调查是为了获取水下文化遗存线索而在陆地上开展的考古调查工作。水下考古陆上调查是水下考古工作中一个必不可少的环节，是开展水下考古调查与发掘的重要基础和依据，为水下考古提供重要的信息、资料、线索和对象。通过水下考古陆上调查可以初步获取并掌握水下文化遗存的位置、水深、水流、水温、能见度、水底结构、遗存类型、埋藏环境、保存现状、遗物等相关信息和资料，提高下一步水下考古工作的针对性和目的性，缩小水下调查和探摸的范围，提高水下考古工作效率，节省人力、物力和财力[2]。

水下考古作为考古学的一门分支学科，遵循和参照的基本考古学理论、方法与陆地田野考古相同，水下考古陆上调查作为水下考古的重要一环，其理论、方法、性质、目的和根本要求与陆地田野考古调查基本一致，但由于所调查的对象在埋藏环境、形成原因、堆积状况和地层成因上存在一定的差异，所以水下考古陆上调查在具体的调查方法和技术上与陆地田野考古调查又略有不同。水下考古陆上调查获取水下文化遗存线索和信息最基本也是最主要的技术、方法与手段是通过史籍文献查寻和实地走访调查相结合并互相印证，并通过科学完备的调查记录来有效地管理调查资料，确保资料的真实性、完整性、科学性和规范性。

[1] 小江庆雄著，王军译，信立祥校：《水下考古学入门》，文物出版社，1996年；张威：《概说水下考古理论与实践的几个问题》，《中国历史博物馆考古部纪念文集》，科学出版社，2000年。
[2] 林国聪：《浅谈水下考古的陆上调查》，《宁波文物考古研究文集》，科学出版社，2008年。

第一节　安徽水下考古陆上调查经过

根据水下考古工作的一般流程，水下文化遗存调查可以分为陆上调查、仪器探测和潜水探摸调查等阶段（图五、图六）。

其中陆上调查是为了收集水下文化遗存的线索和信息而在陆地上开展的考古调查工作，为下一步仪器探测和潜水探摸调查提供工作的地点和对象。陆上调查是最基础的工作，同时又是最繁琐的工作，主要由三个部分组成，即前期准备、人员走访和实地调查、信息整合和调查记录。陆上走访调查首先采取口碑调查和文献收集相结合的方法收集各类水下文化遗存的线索，在此基础上开展实地调查工作。其中口碑调查主要是实地走访老渔民、老年协会、渔政、水上公安、方志办以及从事航海、地质钻探等工作的人员；文献收集主要是查阅地方志、海事档案、交通史、故事传说和民俗风情等，力求做到文献记载与口碑调查相互印证。具体实施时主要采取拉网式逐镇逐村实地走访的调查方式，调查前先联系好各县（市）区相关文物机构，由他们派员参与，并联络各濒湖沿江乡镇文化干部，再由各

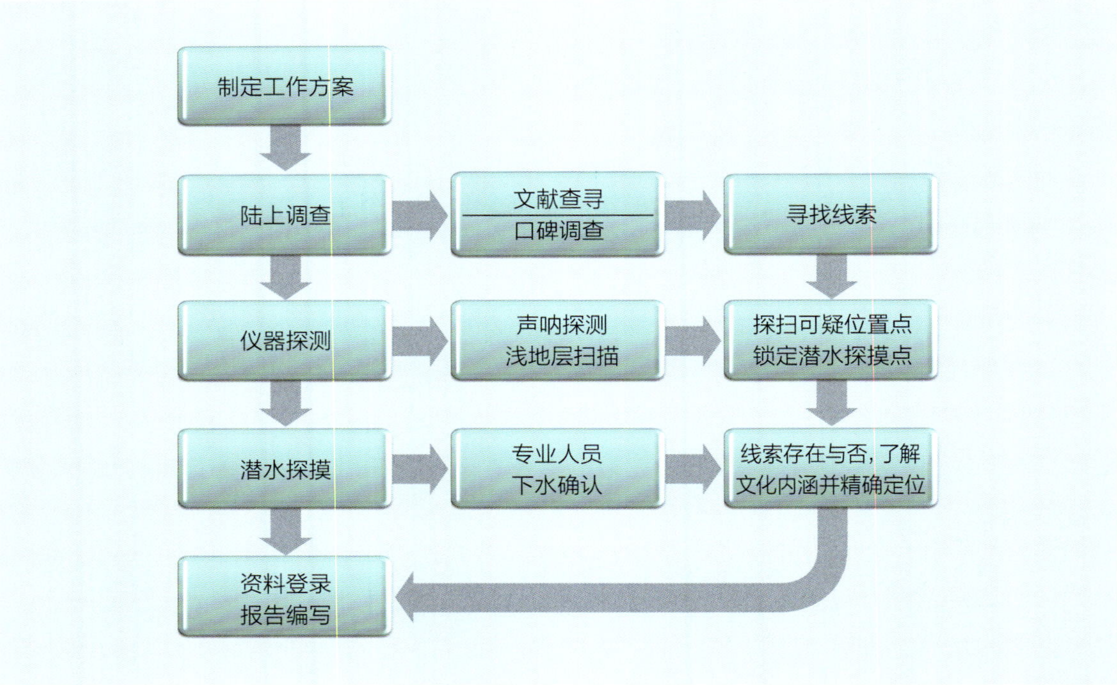

图五　水下考古调查一般流程图

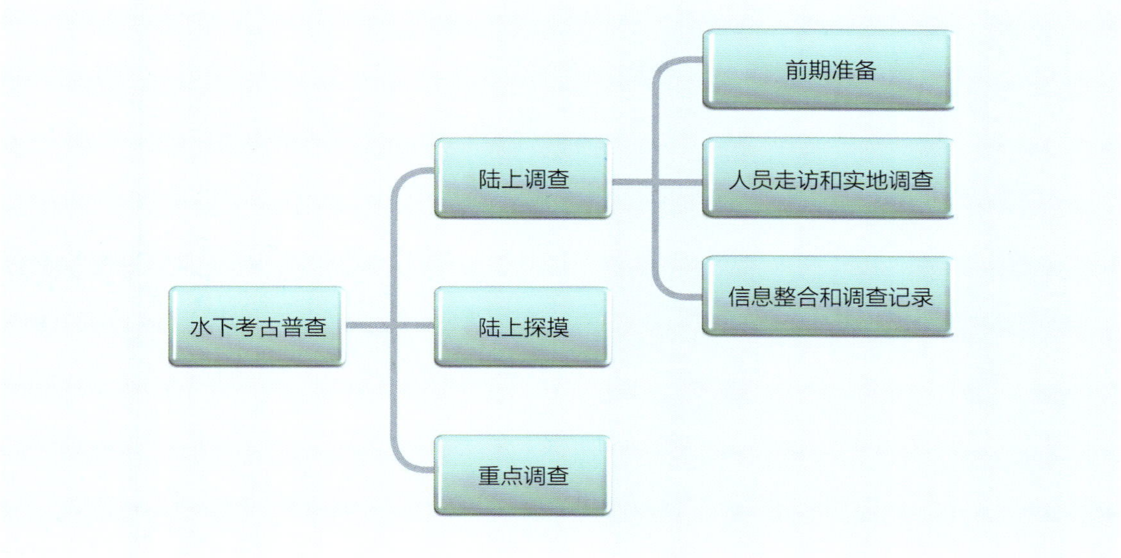

图六　水下文物普查工作阶段结构图

乡镇文化干部带到村庄、码头实地走访调查。

安徽水下考古陆上调查主要是通过文献查寻与实地走访相结合的方式全面收集安徽境内水下文化遗存的相关线索和信息，初步了解这些水下文化遗存的保存状况和文化内涵，为下一阶段的水下考古仪器探测、水下考古调查、发掘以及研究提供可靠的依据，奠定坚实的基础。

首先是制订和调整调查方案，进行必要的物资准备，组建调查队伍，确定人员分工，分片区制订调查计划。

其次是总结借鉴经验，系统学习、总结历年以来广东、福建、浙江、海南等沿海省份水下文物普查的工作经验，并结合安徽省内陆水域实际情况，具体指导和开展安徽省的水下文物普查工作。

第三是查阅文献资料。首先对安徽省的水文条件和地理环境有充分的认识，水深、水温、潮汐、水流、水下能见度等会随着不同季节、不同时间而变化，会影响到水下考古工作的实际开展；其次查阅地方志、海事档案、故事传说和民俗风情等方面的文献资料，做到对安徽省水下文化遗存的重点分布区域有所把握和了解，为下一步的实地走访调查提供可资借鉴的线索。

最后确定水下考古陆上调查的区域，查阅调查区域内的水体水文资料、气象资料等，力争对调查区域内的水域有最基本的了解。将安徽境内的水体分为湖泊、河流和水库三大类，到海事、地质、水利水文和地方志等部门查阅全省湖泊、河流和水库以及相关资料，确定待调查水域的范围和属性。安徽水下文物普查的水域范围虽然是三大流域，但排除了长江

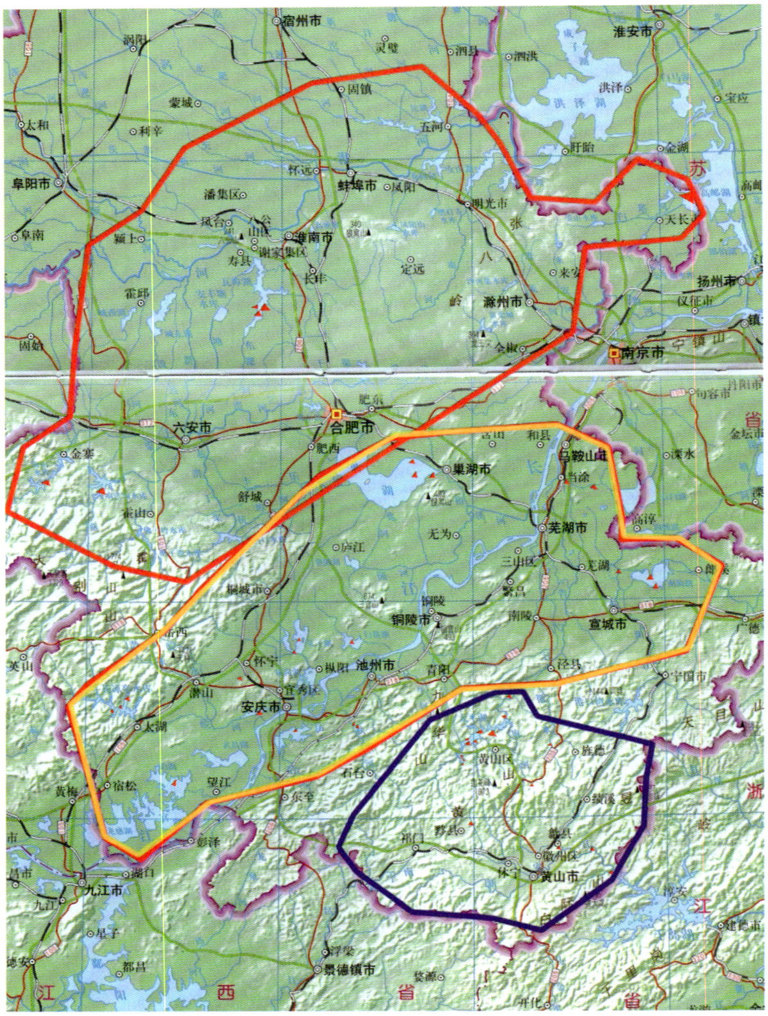

图七　安徽水下考古陆上调查区域分布示意图

（蓝线部分为新安江、太平湖片区；橙线部分为长江、巢湖片区；红线部分为淮河、瓦埠湖片区）

及淮河两大河流主流本身，即长江、淮河没有列入调查范围之内。

由于安徽省水域面积分布相对分散，陆上调查工作涉及区域较广，沿江（河、湖）岸线全部采取拉网式的实地走访调查既不切实际也没有可操作性，因此实际调查过程中主要采取了分阶段、有重点、分片区调查的方式。根据安徽省的地理水文条件和人文历史传统积淀，主要分成三个片区即新安江、太平湖片区、长江、巢湖片区和淮河、瓦埠湖片区来进行走访调查，调查范围北至淮河干流，南至新安江干流，西至瓦埠湖，东至巢湖。调查过程中做好详尽的文字记录、必要的图片摄影及相对准确的地图标示等（图七）。

通过走访调查搜集的遗存信息通常只是一些庞杂的信息素材或碎片，需要经过细致的分析和整合，才能成为有用的信息。如对渔民作业时渔网带出的实物，首先要分析器物的

时代、类型，再结合水流、水底地貌等因素，如果有相同的文物在同一水域多次出现，则可以判断这一水域附近应存在水下文化遗存；如果能进一步将口碑传说、出水实物和文献记载相互印证，则可以基本确定水下文化遗存的存在。譬如沉船遗址类遗存首先要考察附近水域的地理位置和水况，再考虑此处是否存在沉船、何原因沉船、如何沉法、沉没后有没有移动或埋藏等方面的因素和相关情况。

此外，陆上调查还要做好调查文字记录和影像记录。调查记录主要包括环境：水下文化遗存的地理坐标，是否位于山间地势相对平缓的谷地，是否位居古航道上或附近的水域，是否适合人类居住和生活；物证即出水的实物，如瓷器、陶器、骨角器、金银器、青铜器等文物以及古船板、木构件等；人证包括姓名、联系方式以及调查走访所得的口碑资料；相关文献记载；调查水域水体状况，如水体类型、水质、水温、水深、水下能见度和汛期等。这些资料信息和数据既是确定水下文化遗存的重要依据，也是将来开展下一步工作的基础资料。

在文献和档案资料收集的基础上，按照既定计划和调查水域的不同开展实地走访和踏勘，采用的主要方式通常是事先联系调查水域所在地的文物部门，告知调查工作目的并请代为联系相关被访人员在当地文物部门的陪同下进行实地走访。走访的形式大多是采取个别访问，也会以召开调查座谈会的方式进行，某些情况下可请求相关单位协助调查，获得有价值的水下文化遗存线索后请向导指引开展实地调查和踏勘，现场查看具体情况。根据安徽省境内河流、湖泊及水库的区域分布情况，安徽水下考古陆上调查分为三个阶段执行。

2008 年 3 月至 4 月，对新安江上游流域和太平湖区域进行调查，调查以黄山市为中心，辐射黄山区、屯溪区、休宁县和歙县等区域，重点集中在太平湖水域，基本完成了黄山市所辖黄山区、徽州区、屯溪区、歙县、黟县五个县（区）共 14 个濒湖（沿江）乡镇 39 个村庄的实地走访调查与水下文化遗存的信息收集工作，调查范围主要涉及太平湖、新安江上游干流及部分支流、丰乐水库、东方红水库（奇墅水库）和留杯荡等水域。

2008 年 9 月至 11 月，对长江安徽段流域和巢湖进行调查，以巢湖为重点，尽可能辐射其他沿江区域， 调查范围主要涉及长江流域的姑溪河、水阳江、青弋江、太平湖（泾县境内部分）、秋浦河、徽河、南漪湖、马料湖、升金湖、白荡湖、菜子湖、嬉子湖、泊湖、花亭湖、巢湖、观音洞水库等水域。

2009 年 3 月至 5 月，对淮河安徽段流域的沿淮湖泊和水库进行调查，以瓦埠湖为重点，辐射其他沿淮湖泊和水库，调查范围主要涉及瓦埠湖、响洪甸水库、高邮湖等水域。

2010 年至 2011 年重点对长江流域的太湖县及淮河流域的明光市做了补充调查。

第二节 安徽水下考古陆上调查成果

通过水下考古陆上调查共搜集安徽境内水下文化遗存线索70余条，经筛选初步掌握具有考古价值的水下文化遗存47处，并采集部分出水文物。这些水下文化遗存的主要分布情况为：黄山市15处、安庆市9处、宣城市6处、六安市7处、池州市4处、巢湖市3处、马鞍山市2处，滁州市1处。通过水下考古陆上调查基本摸清了安徽省内陆水域，尤其是太平湖、巢湖、瓦埠湖等水域水下文化遗产的家底，为下一步水下考古调查和水下文化遗产保护提供了翔实、可靠的线索与基础资料。

安徽水下考古陆上调查共计获取水下文化遗存47处，根据各方面证据（人证、物证、文献、环境）充分与否，可分为重要水下文化遗存和普通水下文化遗存两大类，其中重要水下文化遗存22处，普通水下文化遗存25处（表一）。

安徽水下考古陆上调查获取的水下文化遗存具有以下三方面的总体特征：

（1）水下文化遗存类型比较丰富，既有古建筑、古村落、古城址，也有古墓葬、古遗址，还有沉船、古桥梁和石刻；时代跨度较大，远自新石器时代、商周时期，晚至明清甚至近现代的遗存皆有发现。

（2）水下文化遗存分布范围相对集中在各航道或水道附近或山间地势相对平坦的河谷地带或山间盆地内。

（3）水下文化遗存所在水域除太平湖、花亭湖、响洪甸水库等水质较清外，其余均较浑浊，同时由于地处内陆，水温较低，水底淤泥堆积较厚，总体水文情况比较复杂。

一、太平湖水域水下文化遗存

太平湖是安徽省最大的一处湖泊型水库，原名陈村水库，修建于1958年，1970年大坝建成并关闸蓄水，1979年陈村水库更名为太平湖，是青弋江截流后形成的人工湖，全长80千米，最宽处6千米，最狭处仅150米，平均水深40米，最深处达70米，湖区水域面积约88平方千米，库容达28.2亿立方米，是一个具有发电、防洪、灌溉、养殖等多种功能的非典型性峡谷型水库。太平湖位于长江支流青弋江上，坝址在泾县桃花潭镇以上3千米，舒溪河为青弋江的正源，发源于黟县中部方家岭北麓，自西南往东北方向流经广阳城，北接陵阳河、洙溪河、汤家河等，南部在秧溪街注入秧溪河、蒲溪河，河面宽达200余米，水量巨大，曾是皖南山区重要的水运通道，东至小河口后流入青弋江。舒溪河蜿蜒于峡谷

表一　安徽水下文化遗存分类统计表

遗存点 \ 标准		地点	时代	物证	人证	文献	环境	类别
1	广阳城遗址	太平湖	明清		★	★	★	重要古城址
2	龙门镇遗址	太平湖	明清	★	★	★	★	重要古村落
3	夏村遗址	太平湖	明清	★	★	★	★	重要古村落
4	秧溪街遗址	太平湖	明清		★		★	普通古村落
5	梅渚湾遗址	太平湖	明清	★	★		★	普通古村落
6	小河口遗址	太平湖	明清		★	★	★	普通古村落
7	众家山遗址	太平湖	新石器	★	★	★	★	重要遗址
8	乌石陇遗址	太平湖	五代至清	★	★	★	★	重要遗址
9	李家山遗址	太平湖	新石器	★	★		★	普通遗址
10	丁家山遗址	太平湖	新石器	★	★		★	普通遗址
11	小岛墓地	太平湖	明清	★	★		★	普通古墓葬
12	留杯荡遗址	麻川河	明清	★	★		★	重要古村落
13	太平桥	练江	明清	★	★		★	重要古建筑
14	深渡沉船遗址	新安江	清代		★		★	普通沉船
15	街口镇遗址	新安江	明清	★	★	★	★	重要古村落
16	奇墅遗址	奇墅水库	宋至清	★	★	★	★	重要古村落
17	牛头湾遗址	姑溪河	宋元	★	★			普通遗址
18	钓鱼台遗址	姑溪河	新石器商周	★	★		★	普通遗址
19	贡村遗址	南湖	明清	★	★	★	★	重要古村落
20	南姥咀遗址	南湖	民国		★	★	★	重要古建筑
21	水阳江古码头	水阳江	明清		★		★	普通古建筑
22	安吴古城遗址	青弋江	汉代		★	★	★	普通古城址
23	隐仙洞	徽水河	清代	★	★	★	★	重要石刻
24	皇姑墩遗址	马料湖	新石器		★		★	普通遗址
25	石城遗址	秋浦河	汉至唐		★		★	普通古城址
26	铁铺遗址	秋浦河	新石器		★		★	普通遗址
27	姜坝遗址	升金湖	明清		★		★	普通古建筑
28	山口遗址	七里湖	宋至清		★			普通遗址
29	白荡湖遗址	白荡湖	清代		★		★	普通古窖藏
30	老街遗址	菜子湖	明清	★	★		★	重要古村落

续表

遗存点	标准	地点	时代	物证	人证	文献	环境	类别
31	陈咀遗址	菜子湖	宋至清		★		★	普通村落
32	古城遗址	泊湖	唐宋		★		★	重要古城址
33	赵朴初祖居	花亭湖	近代		★		★	重要古建筑
34	桔子洲遗址	花亭湖	新石器	★	★		★	普通遗址
35	狄公墓	花亭湖	唐代	★	★		★	普通古墓葬
36	十里晋陵畈墓地	观音洞水库	南北朝至清		★		★	重要古墓葬
37	四方城遗址	巢湖	汉代		★		★	重要古城址
38	东库门遗址	巢湖	明清		★		★	普通古村落
39	唐咀遗址	巢湖	汉代	★	★	★	★	重要遗址
40	瓦埠古城遗址	瓦埠湖	明清	★	★	★	★	重要古城址
41	龙王庙台遗址	瓦埠湖	商周	★	★		★	普通遗址
42	恋子岗遗址	瓦埠湖	唐宋至清	★	★		★	普通遗址
43	迎水寺遗址	迎水	清	★	★			普通古建筑
44	刘新圩遗址	响洪甸水库	明清		★	★	★	重要古建筑
45	麻埠镇遗址	响洪甸水库	明清		★	★	★	重要古村落
46	金家寨遗址	梅山水库	明清		★	★	★	普通城址
47	耿家尖墓地	高邮湖	唐宋	★	★	★	★	重要古墓葬

之中，两岸为低山丘陵和山间盆地，在佘溪河、王村河、清溪河交汇处有夏村－乌石垅盆地，夏村－柳村又成峡谷，舒溪河向南即为秧溪、和平、乌石、夏村连成一片的平畴沃土，曾是皖南山区重要的粮油中心。

太平湖地处皖南山区，位于皖南山区的低山丘陵和山间盆谷区，属于比较典型的亚热带季节性气候，四季分明，雨量充沛，日照时间少。受季风影响较大，南北冷暖气流在此活动频繁，冬季大陆气压高于海洋，降雨较少，夏季季风北行，冷暖气团交峰，形成锋面雨，因此雨量充沛，汛期为 5 ～ 9 月，降水量占全年的 60％。同时由于太平湖湖面面积较大，形成了具有一定特征的局部小气候，即最高温度和最低温度持续的时间比其他区域短，雨量较多，空气湿润，多雾。太平湖水质优良，为Ⅱ类水质，能见度约为 1 米[1]。

[1] 安徽省地方志编纂委员会：《安徽省志·自然环境志》，方志出版社，1998 年；太平湖地方志编纂委员会：《太平湖志》，时代出版传媒股份有限公司，2013 年。

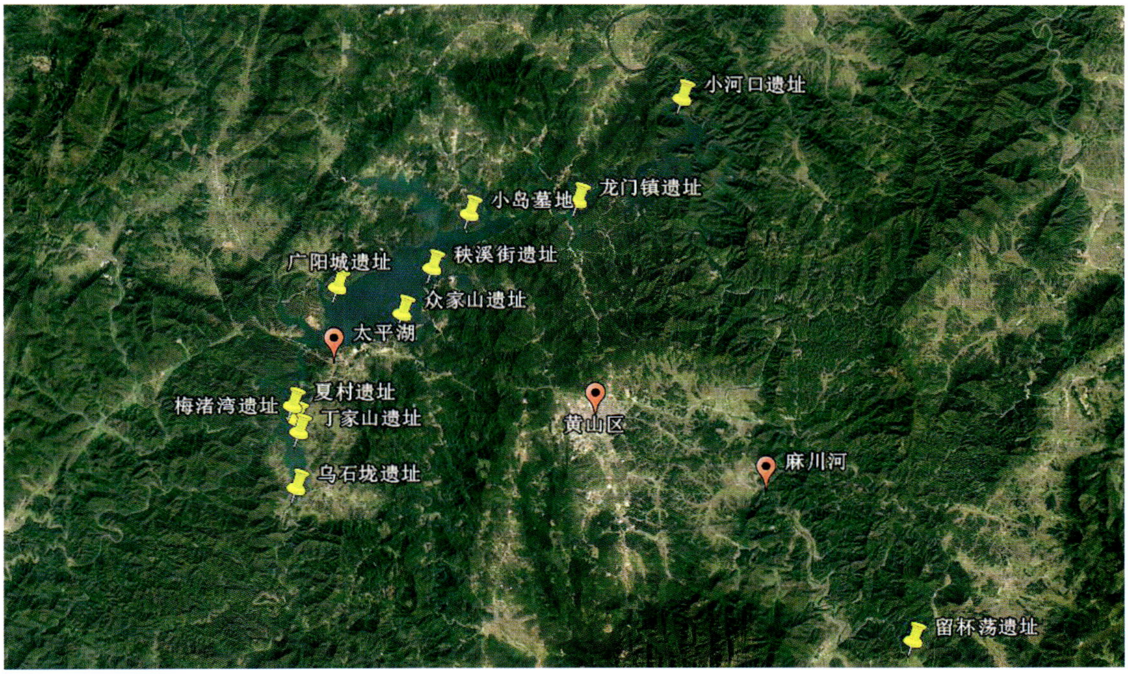

图八　太平湖水域水下文化遗存分布图

太平湖地区人文荟萃、历史悠久，湖畔曾发现距今7500万年的白垩纪恐龙蛋化石以及新石器时代的众家山遗址，陈村水库蓄水以后水下保存有多处古城镇和古村落遗址。通过陆上调查，太平湖水域共计发现水下文化遗存11处，分为古城址、古村落、古遗址和墓葬四类（图八；表一）。

1. 广阳城遗址

广阳城遗址为原石埭县治所在地，坐落于广阳大畈之上，北依陵阳山，南以舒溪河为城堑，西至柳家梁，向东连接着洪田畈区，物产富饶。广阳城沿河向东顺青弋江可达芜湖，徽宁古道纵贯南北，与舒溪河在广阳城呈十字形交汇，水陆交通便利（见图八）。

1958年因修建陈村水库广阳城开始拆迁，1970年淹没于太平湖底，水深12～30米，水下广阳城遗址残存有永济桥、街道、城墙、房屋建筑等遗迹，时代为明清至近现代。

《石埭备志汇编》记载汉武帝元封二年，始析泾县西境地，置县于陵阳山麓，曰陵阳县，即今之石埭也，属丹阳郡，封刘嘉为陵阳侯。1959年石埭县撤销并入太平县，广阳作为一方治所之地，有2000余年历史。《太平湖志》记载广阳城方圆约1平方千米，人口逾万，明代前城墙用土筑成，明嘉靖四十五年（1566年）改为砖墙，西门大街是主干街道和商业中心，宽5米，长500米左右，石板路面（图九～图一二）。

图九 广阳城遗址周边环境

（自西南向东北，远处山脉为陵阳山）

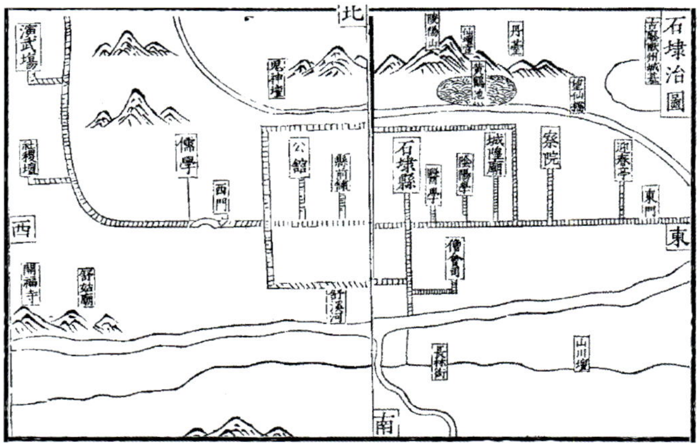

图一〇 嘉靖年间石埭县治示意图

（引自《嘉靖池州府志》）

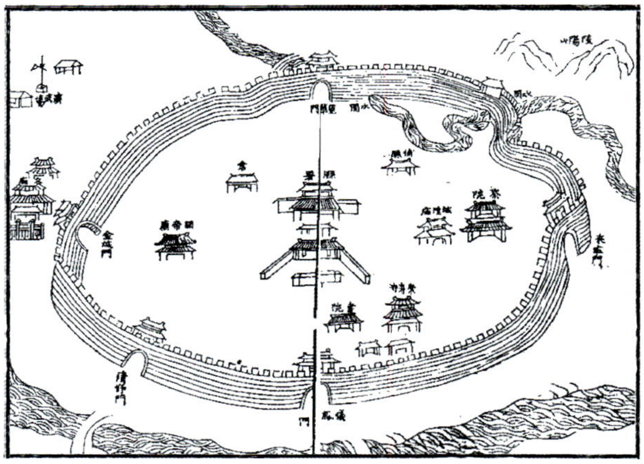

图一一 乾隆年间石埭县治示意图

（引自《乾隆池州府志》）

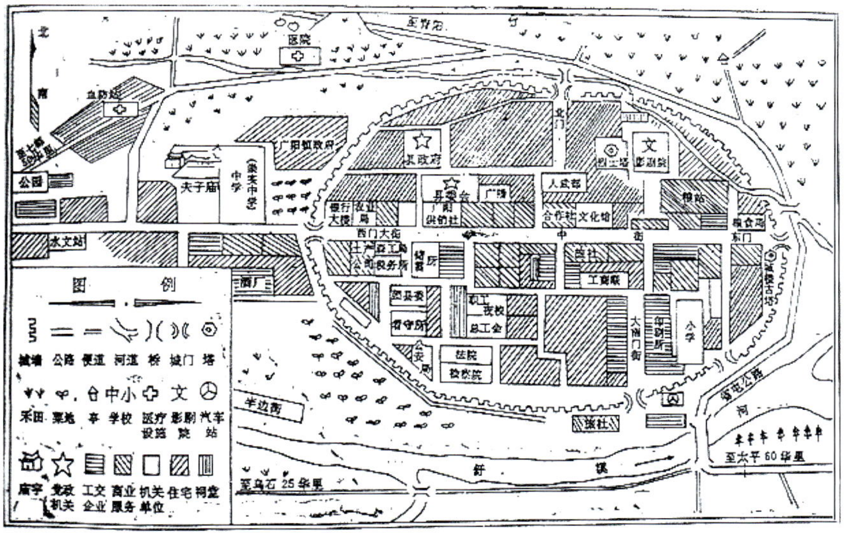

图一二 1957年广阳城示意图（引自《太平湖志》）

2. 龙门镇遗址

龙门镇遗址位于舒溪河与龙门河两河交汇处的三角地带，地处山间谷地，地势平缓，舒溪河与龙门河在此交汇并合流为青弋江的上游干流，交通便利（见图八）。

龙门镇在明、清时就已经成为黄山北大门地区重要的商埠码头，1970年陈村水库蓄水时没入湖底，残存有村舍、祠堂、街道等建筑，水深20～30米，水下能见度约1米。

《太平湖志》记载龙门街在唐天宝十二年（753年）太平设县治时，人口达两千，不仅是龙门乡72坑的政治、经济和文化中心，也是青弋江上游的主要码头，乾隆年间，人口三千有余，整个古村落分为河西、安吉、龙街三大块，宛如“武汉三镇”鼎足之势，龙口街是主商贸区，临江依河依次而筑，布局呈回字形（图一三、图一四）。

2008～2010年安徽水下考古陆上调查时通过现场走访和实地踏勘在龙门镇遗址附近山坡上发现有大量的文物残片，以陶瓷器为主，还发现少量的铜钱、石器等，共采集7件文物标本，其中瓷器碎片4件，皆为青花，器形都为碗，陶器碎片3件，多为酱褐色釉，壶、盆、罐各1件（图一五）。

图一三 龙门镇遗址周边环境

青花瓷碗 4件。

龙门镇采：01，仅存口沿及腹部残片。敞口、圆唇、斜弧腹，白胎，胎土纯净，质地细密、坚硬，白釉，内外壁皆施，釉层较薄，釉色光亮、莹润，口沿内外壁饰有一周青花弦纹，腹部内外壁饰有成组的青花折枝花卉纹和灵芝纹，青花钴料为蓝色，略泛黑，清淡素雅。残宽6.2、残高4.8厘米（图一五，6；图一六）。

龙门镇采：03，仅存口沿及腹部残片。

敞口、圆唇、斜弧腹，白胎，胎土纯净，质地细密、坚硬，白釉，内外壁皆施，釉层较薄，釉色光亮、莹润，口沿内外壁饰有一周青花弦纹，腹部内外壁饰有成组的青花折枝花卉纹和灵芝纹，青花钴料为蓝色，略泛黑，清淡素雅。残宽 5.5、残高 5.2 厘米（图一五，7；图一七）。

龙门镇采：07，仅存底及腹部。斜弧腹、平底、圈足，圈足较高，挖足过肩，碗底外凸，足端较平，白胎，胎土纯净，胎质细腻紧密，白釉，釉色泛青，内外壁皆施，釉层较薄，釉色光亮、莹润，施釉至底，足端内外皆刮削一周，露出胎土，外墙刮削较甚，腹部内壁施青花弦纹两周，内底正中饰青花折枝花卉纹，腹部外壁饰有成组的青花折枝花卉纹和灵芝纹，圈足与腹部交界处饰弦纹两周，外底有青花弦纹两周，正中有一方形青花押款，款识不辨，青花钴料为蓝色，泛黑，清淡素雅。足径 7、残高 4.6 厘米（图一五，3；图一八）。

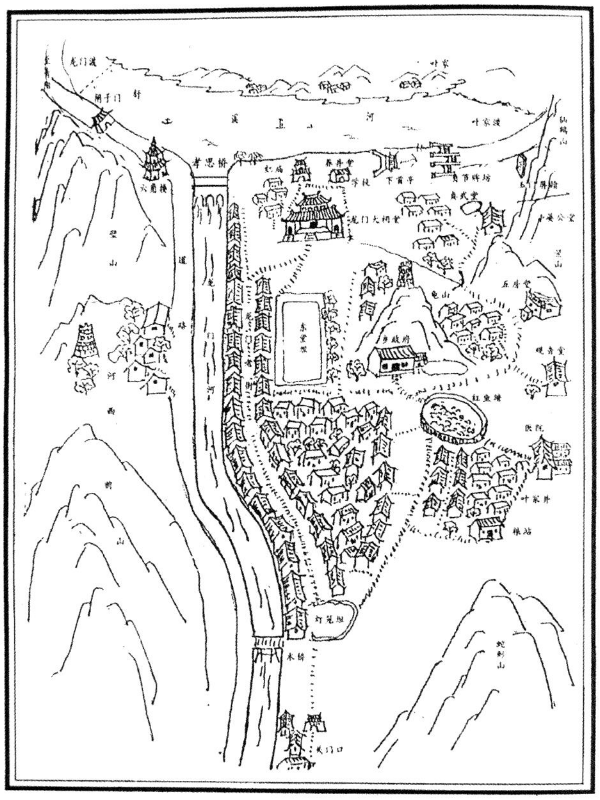

图一四　龙门镇示意图
（引自《太平湖志》）

龙门镇采：02，仅存底部残片。斜弧腹、平底、矮圈足，足墙外侧内斜，内侧竖直，足端较平，碗底外凸，圈足外表坑洼不平，较粗糙，黄白胎，胎质疏松，白釉，内外壁皆施，施釉至底，圈足外部有流釉现象，釉色较暗，足端及内墙刮削一周，露胎，内底外圈施青花弦纹一周，弦纹内饰青花水草纹、海螺纹和涡纹，外腹部近底处饰青花水草纹，青花钴料颜色较浓，呈深蓝色，泛黑。足径 6、残高 3.1 厘米（图一五，4；图一九）。

陶壶　1 件。龙门镇采：04，仅存壶嘴和部分腹部残片。红褐色胎，胎质粗糙坚硬，釉层大部分已脱落，局部残留少量青褐色釉，素面无纹。残宽 4.7、残高 5.1 厘米（图一五，5）。

陶盆　1 件。龙门镇采：05，仅存口沿及腹部残片。直口、卷沿、方唇，斜弧腹，红褐色胎，胎质粗糙坚硬，器表未见施釉，腹部外壁可见多道弦纹。口径 26、残高 8 厘米（图一五，1；图二〇）。

陶罐　1 件。龙门镇采：06，仅存下腹部及底。斜弧腹、平底略内凹，红褐色胎，夹杂

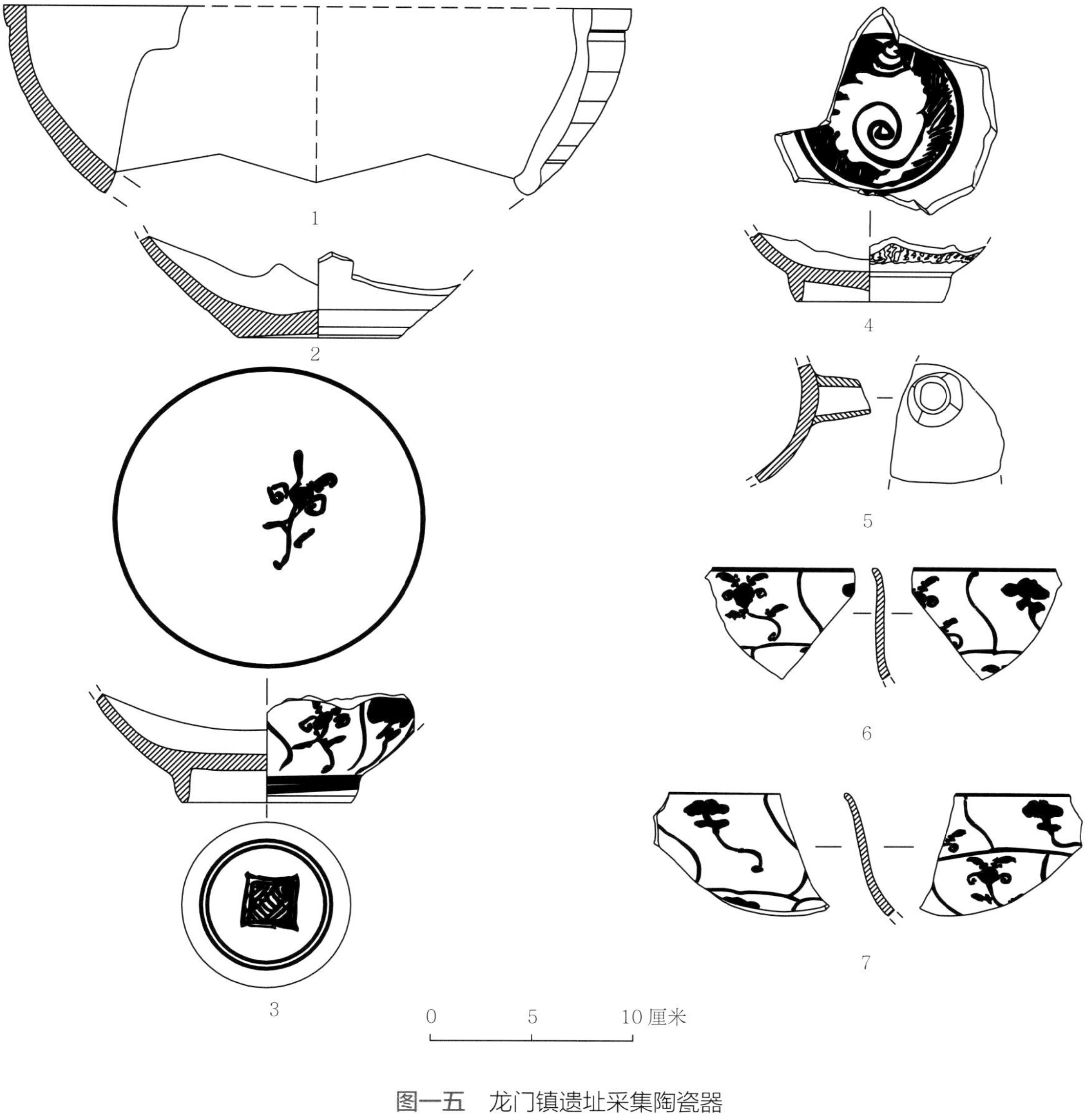

图一五　龙门镇遗址采集陶瓷器

1. 陶盆（龙门镇采：05）　2. 陶罐（龙门镇采：06）　5. 陶壶（龙门镇采：04）
3、4、6、7. 青花瓷碗（龙门镇采：07、采：02、采：01、采：03）

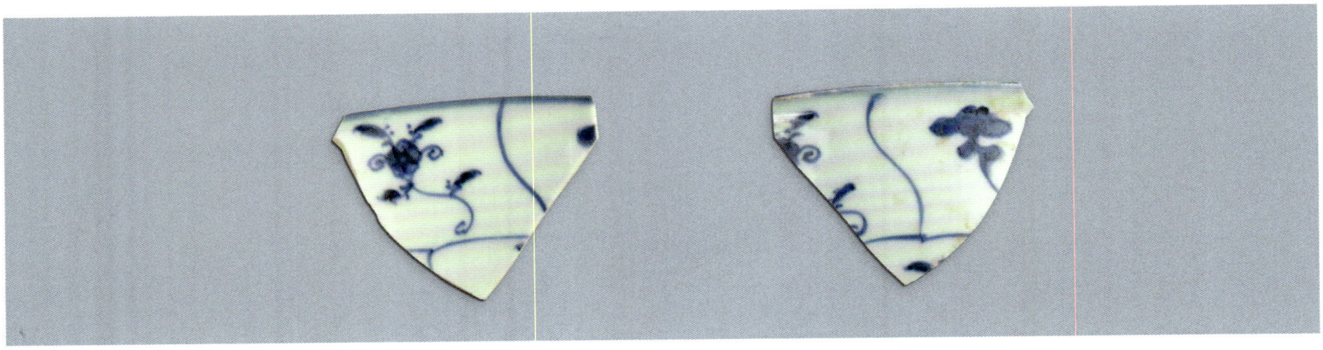

图一六 龙门镇采：01

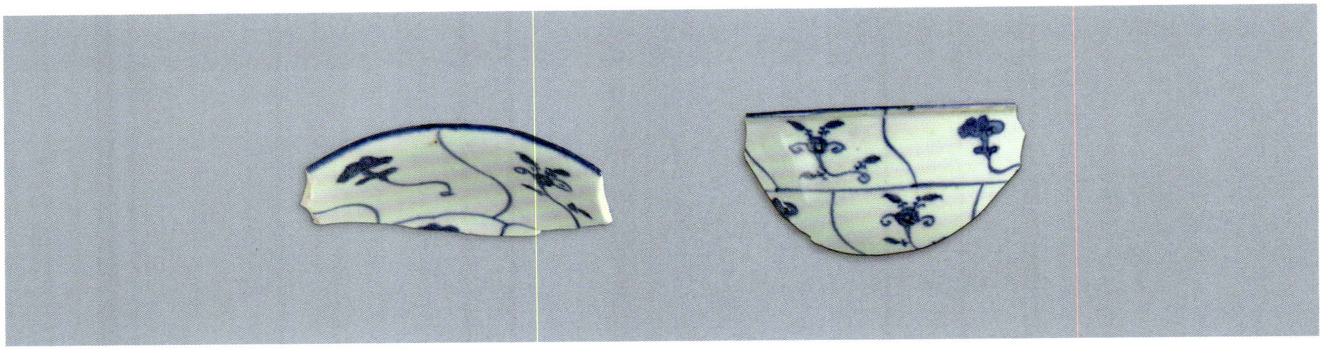

图一七 龙门镇采：03

图一八 龙门镇采：07

图一九　龙门镇采：02

图二〇　龙门镇采：05

图二一　龙门镇采：06

有较多的细砂和石英颗粒，胎质粗糙坚硬，内壁施酱釉，釉层较薄，腹部外壁及底部无釉，素面无纹，外底有多道轮制形成的细弦纹。底径 6.6、残高 4.4 厘米（图一五，2；图二一）。

2016 年在对龙门镇遗址进行水下考古调查时，对遗址附近水面以上的高地和坡地又进行了陆上调查，寻获并采集 18 件文物标本，其中瓷器碎片 14 件、陶器碎片 2 件、石器 1 件、铜钱 1 枚。瓷器大多数皆为青花，仅有 1 件蓝釉，器形有罐、碗、盏、杯等。2016 年调查采集的瓷器与 2008 ~ 2010 年调查时采集的同类型器物在釉色、器形和纹饰上基本一致（图二二）。

青花瓷罐　1 件。2016AHTL 采：2，残存下腹部及器底。斜弧腹、平底、矮圈足，白胎，胎土纯净，质地细密、坚硬，通体施白釉，仅圈足底端刮削去釉，内外壁皆施，釉层较薄，釉色光亮莹润，内壁素面无纹，腹部外壁施青花树叶纹，青花钴料为深蓝色。底径 13.4、残高 5.3 厘米（图二二，1；图二三）。

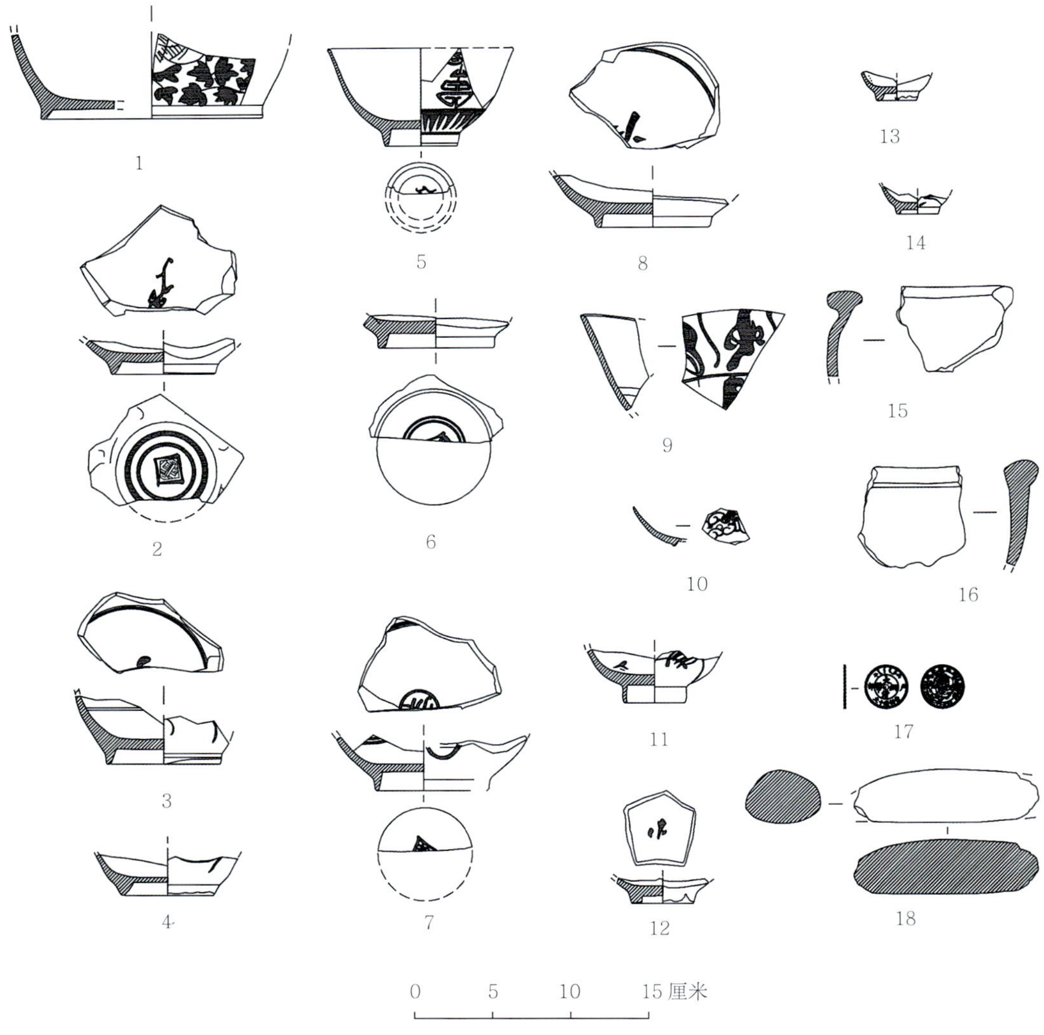

图二二　龙门镇遗址 2016 年采集文物标本

1. 青花瓷罐（2016AHTL 采：2）　2~10. 青花瓷碗（2016AHTL 采：3、4、9、6、8、10、11、12、13）
11、12. 青花瓷盏（2016AHTL 采：5、7）　13. 蓝釉瓷杯（2016AHTL 采：14）　14. 青花瓷杯（2016AHTL 采：15）
15. 酱釉陶盆（2016AHTL 采：16）　16. 酱釉陶罐（2016AHTL 采：17）　17. 铜钱（2016AHTL 采：18）　18. 石杵（2016AHTL 采：1）

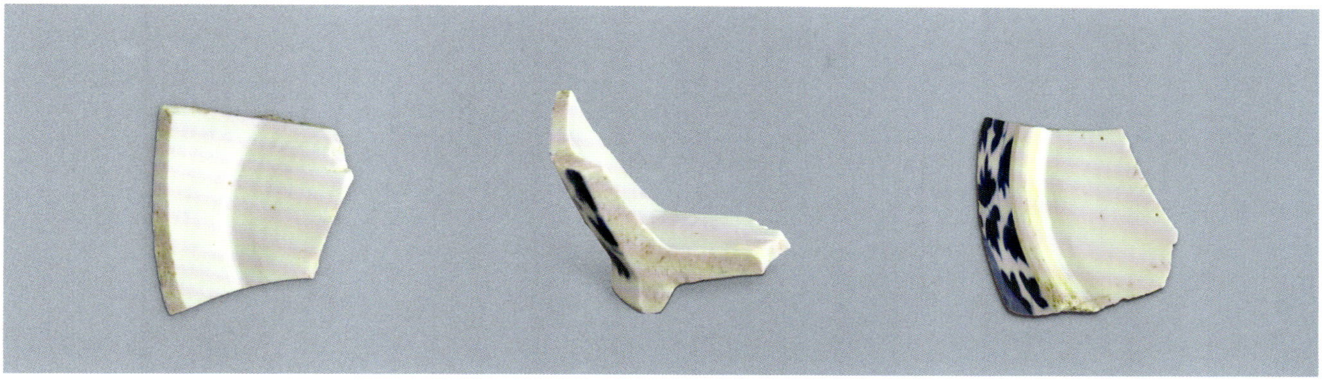

图二三　2016AHTL 采：2

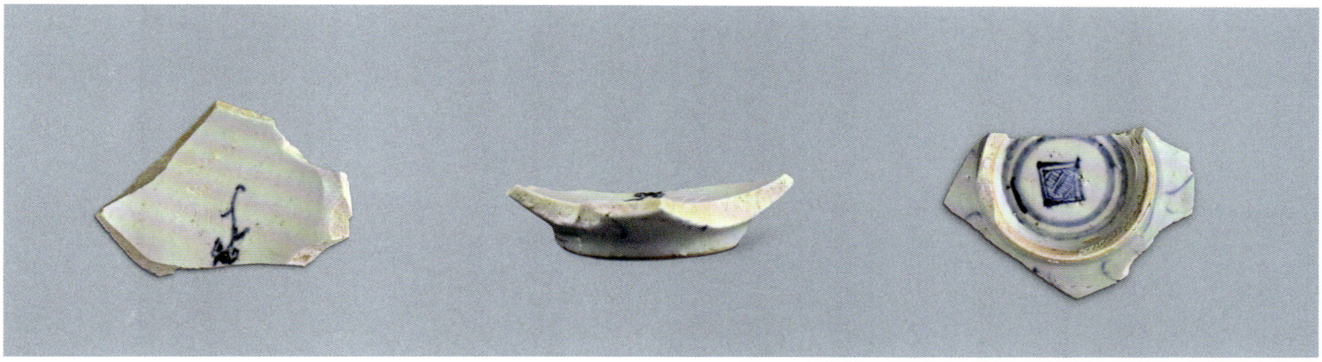

图二四　2016AHTL 采：3

图二五　2016AHTL 采：4

青花瓷碗　9 件。

2016AHTL 采：3，仅存下腹部及底。斜弧腹、平底略内凹、内底中部隆起、矮圈足，足端较尖，足墙粘有砂粒，白胎，略泛青，胎土纯净，胎质细腻紧密，白釉，内外壁皆施，釉层较薄，釉色光亮、莹润，施釉至底，足端内外皆刮削一周，露出胎土，内底正中饰青花折枝花卉纹，腹部外壁饰有成组的青花折枝花卉纹和灵芝纹，外底有青花弦纹两周，正中有一方形青花押款，款识不辨，青花钴料为蓝色，泛黑。足径 6.3、残高 2.3 厘米（图二二，2；图二四）。

图二六 2016AHTL 采：6

图二七 2016AHTL 采：8

2016AHTL 采：4，仅存下腹部及底。斜弧腹、平底、圈足，圈足较高，挖足过肩，足端较尖，足墙粘有砂粒，白胎，胎土纯净，胎质细腻紧密，白釉，釉色偏灰，釉面上多处可见小的褐色斑点，内外壁皆施，釉层较薄，施釉至底，足端内外皆刮削一周露出胎土，内底仅腹部饰有两周青花弦纹，正中饰青花折枝花卉纹，腹部外壁饰有成组的青花折枝花卉纹和灵芝纹，腹部与圈足相接处饰两周青花弦纹，外底有青花弦纹两周，正中有一方形青花押款，款识不辨，青花钴料为蓝色，泛黑。足径 7.3、残高 3.9 厘米（图二二，3；图二五）。

2016AHTL 采：6，仅存下腹部及底。敞口、斜弧腹、平底、圈足，圈足较高，挖足过肩，足端较尖，白胎，胎土纯净，胎质细腻紧密，白釉，内外壁皆施，釉层较薄，釉色光亮、莹润，施釉至底，釉面上可见少量褐色斑点，足端刮釉，内壁素面无纹，外腹下部饰有连续的青花蕉叶纹，其上饰成组的连续青花“寿”字纹和卷草纹，两种花纹之间用两周青花弦纹分开，腹部与圈足相接处饰一周青花弦纹，外底中部饰青花花卉纹，青花钴料为蓝色。口径 11.4、足径 4.4、残高 6.1 厘米（图二二，5；图二六）。

2016AHTL 采：8，仅存器底。平底、矮圈足，足端较尖，白胎，胎土纯净，胎质细腻紧密，

图二八　2016AHTL 采：9

图二九　2016AHTL 采：10

白釉，内外壁皆施，釉层较薄，釉色光亮、莹润，施釉至底，圈足足端刮釉，粘有砂粒，内底正中饰青花纹，纹样不详，外腹部由于残缺较甚，青花纹样不详，腹部与圈足相接处饰青花弦纹，外底中部有一方形青花押款，款识不辨，其外饰两周青花弦纹，青花钴料为蓝色，略泛黑。足径 7.1、残高 2.1 厘米（图二二，6；图二七）。

2016AHTL 采：9，仅存下腹部及器底。平底、矮圈足，足端较尖，白胎，胎土纯净，胎质细腻紧密，白釉，内外壁皆施，釉层较薄，釉面上多处可见小的褐色斑点，圈足及外底未施釉，内壁素面无纹，外腹部残缺较甚，青花纹样不详，青花钴料为蓝色，略泛黑。足径 5.7、残高 2.4 厘米（图二二，4；图二八）。

2016AHTL 采：10，仅存下腹部及器底。斜弧腹、平底、圈足，圈足较高，挖足过肩，足端较尖，白胎，胎土纯净，胎质细腻紧密，白釉，内外壁皆施，釉层较薄，釉色偏灰，施釉至底，腹部内壁饰有两周青花弦纹，内底中部有一青花圆形“寿”字纹，外腹部残缺较甚，青花纹样不详，外底正中有一方形青花押款，款识不辨，青花钴料为蓝色，略泛黑。足径 5.8、残高 3.6 厘米（图二二，7；图二九）。

图三〇　2016AHTL 采：11

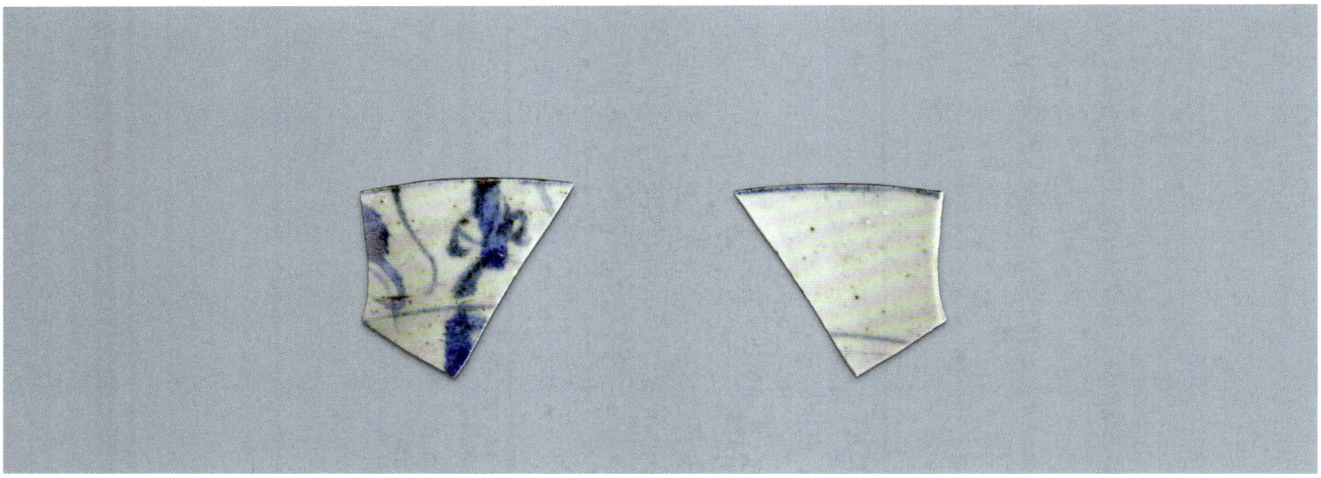

图三一　2016AHTL 采：12

2016AHTL 采：11，仅存下腹部及器底。斜弧腹、平底、圈足，圈足较高，挖足过肩，足墙内直外斜，足端刮削去釉，外侧呈火石红，内侧粘有砂粒，外底坑洼不平，灰白胎，胎质较粗，白釉，内外壁皆施，釉层较薄，釉面不平，釉色白中泛青，多处可见褐色斑点，内腹下部饰两周青花弦纹，内底正中有一青花文字，由于残损，文字已不可辨，外壁饰有青花纹样，纹样样式不详，青花钴料为蓝色，略泛黑。足径 7.1、残高 3.5 厘米（图二二，8；图三〇）。

2016AHTL 采：12，仅存口沿及腹部残片。敞口、尖唇、斜弧腹，白胎，胎土纯净，质地细密、坚硬，白釉，釉色偏灰，釉面上多处可见小的褐色斑点，内外壁皆施，釉层较薄，口沿内外壁饰有一周青花弦纹，腹部内壁饰两周青花弦纹，腹部外壁饰成组的青花折枝花卉纹和灵芝纹，青花钴料为蓝色，略泛黑。残宽 4.5、残高 6.5 厘米（图二二，9；图三一）。

2016AHTL 采：13，仅存腹部及底残片。斜弧腹、圈足，白胎，胎土纯净，质地细密、坚硬，

图三二　2016AHTL 采：13

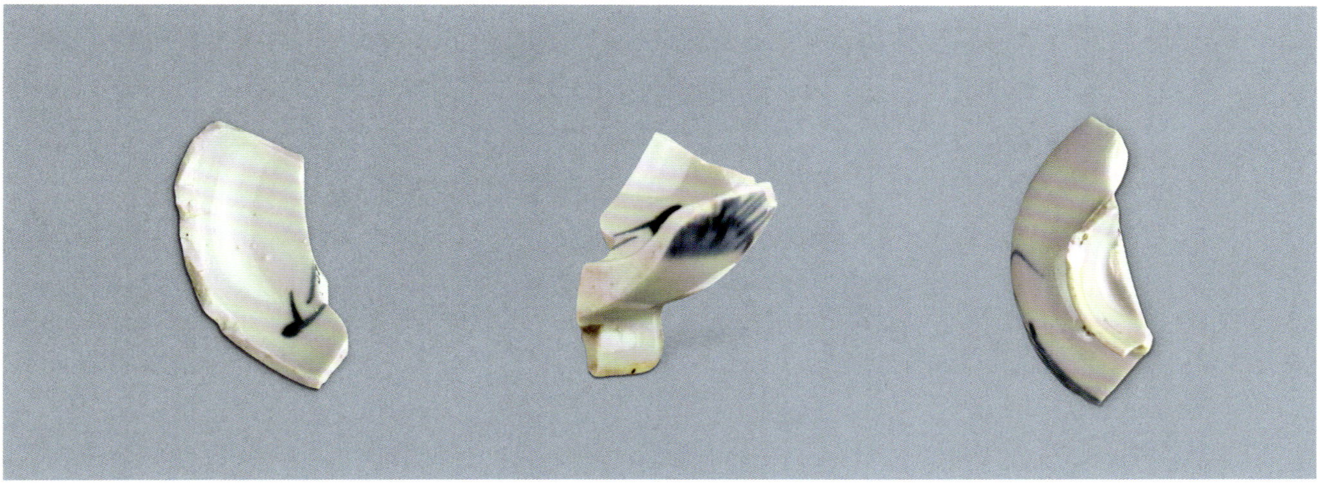

图三三　2016AHTL 采：5

图三四　2016AHTL 采：7

白釉，内外壁皆施，釉层较薄，釉色光亮莹润，内壁素面无纹，腹部外壁施青花缠枝花卉纹，腹部与圈足相接处饰青花弦纹，青花钴料为蓝色，清淡素雅。残宽4.6、残高2.3厘米（图二二，10；图三二）。

青花瓷盏 2件。

2016AHTL采：5，残存下腹部及器底。斜弧腹、平底、圈足，圈足较高，挖足过肩，足墙直，足端较尖，白胎，胎土纯净，质地细密、坚硬，内外壁皆施白釉，仅圈足底端刮削去釉，釉层较薄，釉色光亮莹润，内底饰有青花纹，花纹式样不详，腹部外壁饰青花树叶纹，青花钴料为蓝色，略泛黑。足径3.6、残高3.3厘米（图二二，11；图三三）。

2016AHTL采：7，仅存器底。平底、矮圈足，足墙厚，外斜内直，白胎，胎土纯净，质地细密、坚硬，内外壁皆施白釉，仅圈足底端刮削去釉，釉层较薄，釉色光亮莹润，内底正中饰有青花纹，花纹寥寥数道，简洁大方，腹部与圈足相接处饰青花弦纹，青花钴料为蓝色。足径3.8、残高1.5厘米（图二二，12；图三四）。

蓝釉瓷杯 1件。2016AHTL采：14，残存下腹部及器底。斜弧腹、平底、矮圈足，足墙内低外高，向内倾斜，白胎，胎土纯净，质地细密、坚硬，内施白釉，外施蓝釉，釉色明亮，施釉至圈足下部，圈足及器物外底未施釉，素面无纹。足径2.4、残高1.8厘米（图二二，13；图三五）。

青花瓷杯 1件。2016AHTL采：15，残存下腹部及器底。斜弧腹、平底、矮圈足，足墙内低外高，向内略倾斜，圈足底部外侧有一圈火石红，胎质较细，胎色白，内外施釉，釉面不平，圈足及器物外底未施釉，内底饰有青花纹，呈现黑色，由于残损严重，纹样不详，腹部外壁饰青花草叶纹，青花钴料为蓝色，略泛黑。足径2.5、残高1.8厘米（图二二，14；图三六）。

图三五 2016AHTL采：14

图三六　2016AHTL 采：15

图三七　2016AHTL 采：16

图三八　2016AHTL 采：17

酱釉陶盆　1件。2016AHTL 采：16，仅存口沿及上腹部。敛口、卷沿、圆唇鼓腹，灰胎，胎质较粗，内含较多砂粒，内外皆施酱色釉，内壁釉色泛青，颜色灰暗，釉层较厚，口沿及外壁大部分釉面已脱落，口沿沿面上饰有两周凹弦纹，器身素面无纹。残宽 7.0、残高 5.3

图三九　2016AHTL 采：18

图四〇　2016AHTL 采：1

厘米（图二二，15；图三七）。

酱釉陶罐　1 件。2016AHTL 采：17，仅存口沿及上腹部。敛口、卷沿、圆唇、斜弧腹，红褐胎，胎质较粗，夹杂较多砂粒，内外皆施酱釉，釉色明亮，釉层较厚，坑洼不平，口沿无釉。残宽 6.6、残高 6.5 厘米（图二二，16；图三八）。

铜钱　1 枚。2016AHTL 采：18，圆形，锈蚀严重，外表呈红褐色。铜钱正面饰有两道联珠纹，联珠纹之间书汉文“丙午　户部　当制钱十文”和四字满文，小圈联珠纹内书汉文“大清铜币”四字。铜钱背面也饰有两道联珠纹，联珠纹之间书汉文“光绪年造”和英文“TAI—CHING—TI—KUO COPPER COIN”，小圈联珠纹内饰蟠龙图案。直径 2.8、厚 0.1 厘米（图二二，17；图三九）。

石杵　1 件。2016AHTL 采：1，粉砂岩砾石制成，长条形，横断面近椭圆形，两端残断，

为受力截断面，有多次使用破损后形成的片疤，器身中间可见多处细密疤点。残长 11.5、直径 3.3 ~ 4.6 厘米（图二二，18；图四〇）。

3. 夏村遗址

夏村遗址位于太平湖大桥西南约 2000 米处的太平湖水下，地处四山环抱的丘陵盆地之中，四周主要有骆驼山、雨台山、李家山、芦山等山脉，余溪河与清溪河在夏村的上街头——双河口汇入舒溪河，北至大同，南至中冲淦，西至王村河，东至湾里陈，方圆近十里，曾有住家三百户、人口千有余（图八、图四一）。

《石埭县志稿大事表》、《民国石埭备志汇编》等记载"夏村"作为地名的由来疑与宋代夏贤贵大将军有关。夏村地处舒溪河畔，明清鼎盛时期是石埭县四大集镇之一，有青（阳）黟（县）大道贯通南北，交通便利，是一处颇具规模的集镇，村外有门楼和土石围墙，村内庙宇庵堂、碑亭塔坊星罗棋布，街道为合面街，清一色青石板铺就，街道两边有数十家商店，极为繁荣兴盛。历史沧桑变迁，尤其是清末清军与太平军长期在夏村附近交战，自咸丰三年（1853 年）起，至同治二年（1863 年）止，连年战事，导致夏村人口骤减，大量宗祠、房屋被焚，《太平湖志》记载自北伐战争以来，至抗日战争、解放战争期间，日军战机轰炸、国共连年争战，亦使人口大量外逃，经济衰退，村内早期建筑遭到较大程度的破坏，饱经战乱、灾荒，逐渐衰败，1970 年陈村水库蓄水时没于水下，仅残存有一些建筑基址，水深 8 ~ 15 米，分布范围约 4 平方千米。

图四一　夏村遗址房屋基础

夏村遗址暴露出水面的山坡上分布有大量陶瓷器碎片以及路基、房基等文化遗存，2008 ~ 2010 年安徽水下考古陆上调查时采集了 7 件文物标本，计有陶器碎片 4 件，其中罐 2 件、盆 1 件、杯 1 件，瓷器碎片 3 件，其中碗 2 件、盘 1 件（图四二）。

陶罐　2 件。

夏村采：01，仅存罐口及腹部残片。直口微敛、卷沿、圆唇、短束颈、圆鼓腹，上腹部有流，流部残缺，红褐胎，胎质坚硬，夹杂有较多的细砂，内外壁皆施灰褐色釉，釉色泛绿，

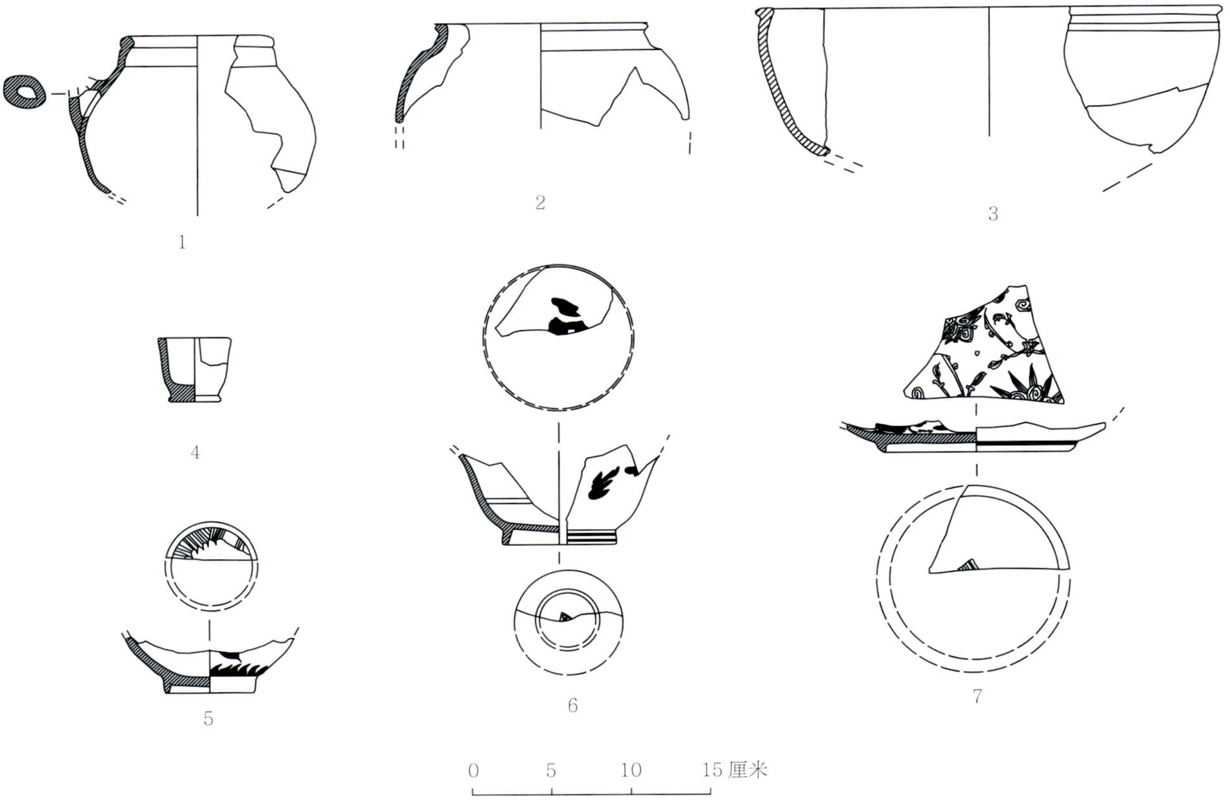

图四二　夏村遗址采集陶瓷器

1、2. 陶罐（夏村采：01、03）3. 陶盆（夏村采：02）4. 陶杯（夏村采：07）
5、6. 青花瓷碗（夏村采：04、06）7. 青花瓷盘（夏村采：05）

图四三　夏村采：01

斑驳不纯，有流釉现象，颈部有凹弦纹两周，腹部素面无纹。口径 7.7、残高 10.6 厘米（图四二，1；图四三）。

夏村采：03，仅存罐口及腹部残片。直口微敛、卷沿、圆唇、短束颈、圆鼓腹，灰褐胎，胎质坚硬，夹杂有较多的细砂，内外壁皆施灰褐色釉，釉色泛绿，釉面较粗糙，素面无纹，内壁可见制作的旋痕。口径 13.4、残高 6.4 厘米（图四二，2；图四四）。

陶盆 1 件。夏村采：02，仅存口沿及腹部残片。敛口、卷沿、尖圆唇、斜弧腹，口沿残留有三处支烧痕迹，红褐胎，胎质坚硬，内壁满施酱釉，釉色均匀，外壁口沿和上腹

图四四 夏村采：03

图四五 夏村采：02

图四六 夏村采：07

部施酱釉，有流釉现象，下腹部未施釉，素面无纹。口径 29、残高 9.5 厘米（图四二，3；图四五）。

陶杯 1 件。夏村采：07，直口、平沿、方唇、直腹、圜底、假圈足。假圈足较厚，灰胎，胎质坚硬，满施绿釉，素面无纹。口径 4.5、底径 3.2、残高 4.2 厘米（图四二，4；图四六）。

青花瓷碗 2 件。

夏村采：04，仅存碗底及腹部残片。斜弧腹、平底微凹、矮圈足，足端较尖，外墙向内斜直，内墙竖直，白胎，胎土纯净，质地细密、坚硬，内外壁皆施白釉，仅圈足底端刮削去釉，釉层较薄，釉色光亮莹润，内底饰有两周青花弦纹和水草纹，外壁饰青花缠枝花卉纹，花纹颜色较淡，青花钴料为蓝色。足径 5.5、残高 3.5 厘米（图四二，5；图四七）。

夏村采：06，仅存碗底及腹部残片。斜弧腹、平底微凹、圈足，圈足较高，挖足过肩，圈足外撇，外墙斜直，微向外撇，内墙向内斜直，近底处内斜尤甚，足端较平，圈足足端内壁局部粘有细砂，白胎，胎土纯净，胎质细腻紧密，白釉，内外壁皆施，釉层较薄，釉色光亮莹润，内底饰有两周青花弦纹和花卉纹，腹部外壁饰青花花卉纹，圈足饰两周青花弦纹，外底饰两周青花弦纹，弦纹内为一方形押款，款识不辨，青花钴料为蓝色。足径 7.1、残高 5.8 厘米（图四二，6；图四八）。

图四七 夏村采：04

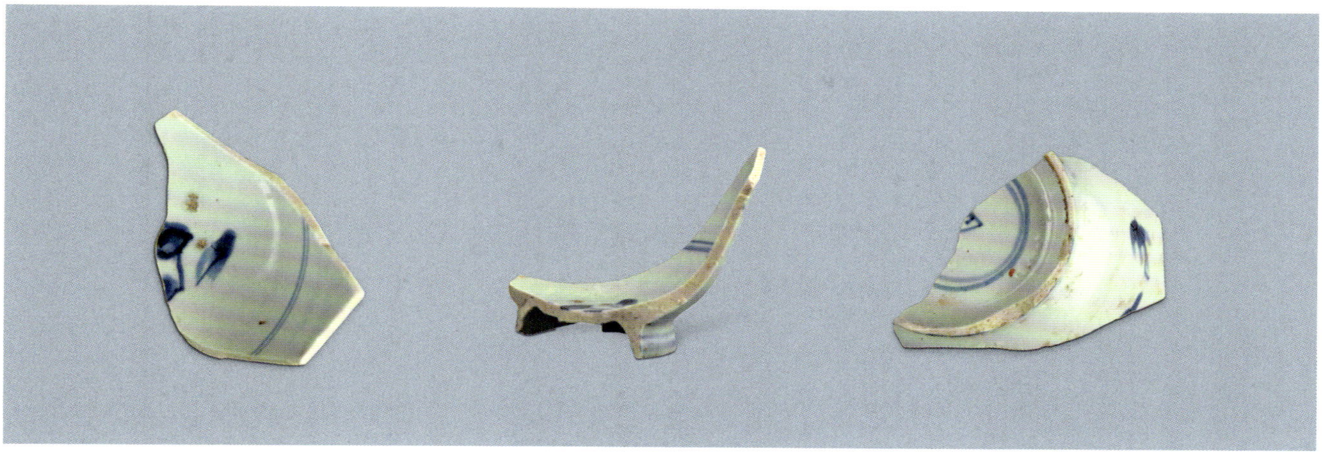

图四八　夏村采：06

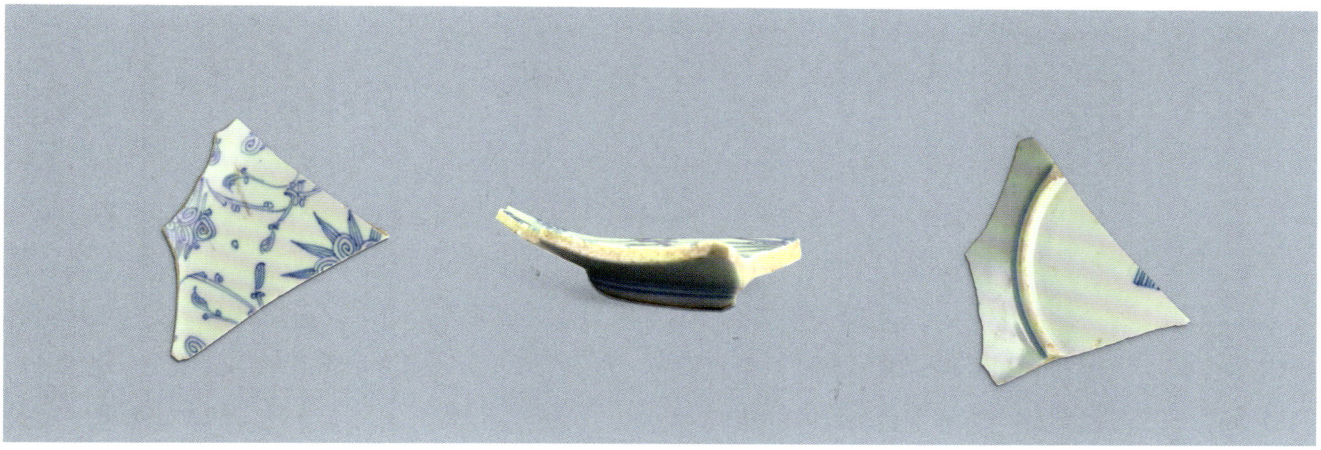

图四九　夏村采：05

青花瓷盘　1 件。夏村采：05，仅存底及腹部残片。斜弧腹、平底、中部微凸、矮圈足，足端较尖，外墙向内斜直，内墙竖直，白胎，胎土纯净，质地细密、坚硬，内外壁皆施白釉，仅圈足底端刮削去釉，釉层较薄，釉色光亮莹润，内壁满饰青花缠枝花卉纹，圈足外壁上施三道平行青花弦纹，外底中部有一青花方形押款，款识不辨，青花钴料为蓝色。足径 6.2、残高 2.2 厘米（图四二，7；图四九）。

4. 秧溪街遗址

秧溪街位于秧溪河西岸、秧和大畈的中心，曾是皖南地区重要的粮油生产中心，明清时期是附近重要的商贸集镇和生产、生活用品的交易场所，主要由商业街和水街组成，主要建筑有苏家祠、邵氏宗祠、弓背桥、八面佛等，1970 年陈村水库蓄水后没于水下（图八、图五〇）。

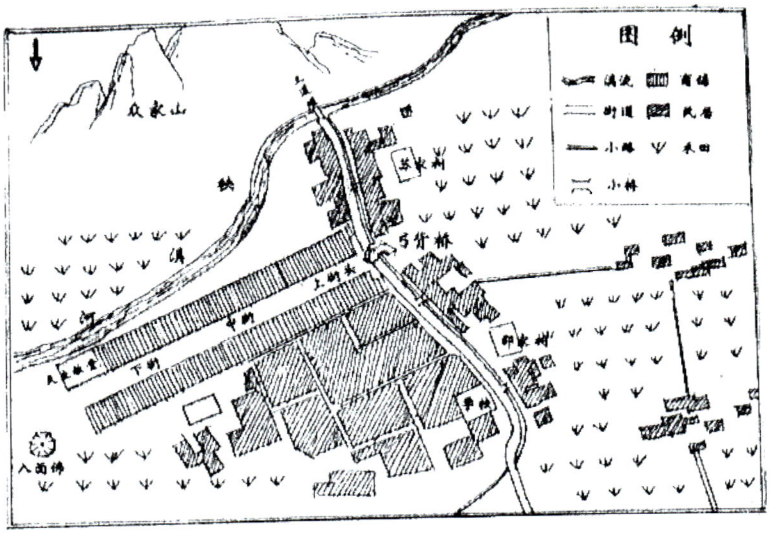

图五〇　秧溪街示意图

（引自《太平湖志》）

5. 梅渚湾遗址

梅渚湾遗址地处舒溪河支流佘溪河畔，在夏村石板街上街头出口外右侧的李家山上，李家山是一处高出湖面约 20 米的高地，是梅渚湾与夏村的分界岭，淹没前山上原有一座“梅渚庵”，梅渚湾遗址在水库蓄水移民前是自然村落“金星队”所在地，位于山间河谷开阔地带，1970 年陈村水库蓄水时没于水下（见图八）。

安徽水下考古陆上调查期间适逢太平湖处于枯水期，梅渚湾遗址地表散布有大量的陶瓷器残片、石质文物及房基和路基等文化遗存，在调查中采集陶瓷器标本 5 件，时代自明清至民国。李家山遗址地表发现有红烧土堆积及部分陶片，是一处新石器时代遗址（图五一～图五三）。

青花瓷碗　3 件。

梅渚湾采：01，仅存底及腹部残片。斜弧腹、平底、中部微凸、圈足，圈足较高，挖足过肩，内外墙均较直，足端较平，白胎，胎土纯净，质地细密、坚硬，通体施白釉，釉层较薄，釉色光亮莹润，内外壁皆饰有青花纹样，腹部内壁饰青花弦纹两周，内底正中饰青花花卉纹。腹部外壁饰青花缠枝花卉纹，圈足外墙饰青花弦纹两周，外底周边有两周青花弦纹，中部有青花方形押款，款识不辨，青花钴料为蓝色。足径 4.3、残高 3.8 厘米（图五四；图五九，1）。

梅渚湾采：02，仅存底及腹部残片。斜弧腹、平底、圈足，圈足较高，挖足过肩，内

图五一　梅渚湾遗址周边环境

图五二　梅渚湾遗址残存石臼

图五三　李家山遗址地层剖面

外墙均较直，足端较平，白胎，胎土纯净，质地细密、坚硬，白釉，釉层较薄，釉色光亮莹润，施釉至底，足端无釉，内墙刮削一周露胎，内外壁均有青花纹样，腹部内壁近碗底处有压印细弦纹一周，内底正中饰青花莲花纹，腹部外壁饰青花叶脉纹，圈足与腹部交界处有青花弦纹一周，圈足外墙中间饰青花戳点纹，青花钴料为蓝色，略泛黑。足径 4.6、残高 2.9 厘米（图五五；图五九，2）。

梅渚湾采：05，仅存底及腹部残片。斜弧腹、圜底、圈足，圈足较高，挖足过肩，外墙内收，内墙较直，足端较尖，白胎，胎土纯净，质地细密、坚硬，白釉，釉层较薄，釉色光亮莹润，施釉至底，足端无釉，外侧浅刮削一周露胎，内外壁均有青花纹样，腹部内壁近底处有青花弦纹两周，内底正中饰青花花卉纹，腹部外壁饰青花纹，由于残损严重，纹样不详，圈足与腹部交界处有青花弦纹两周，青花钴料为蓝色。足径 6.0、残高 3.0 厘米

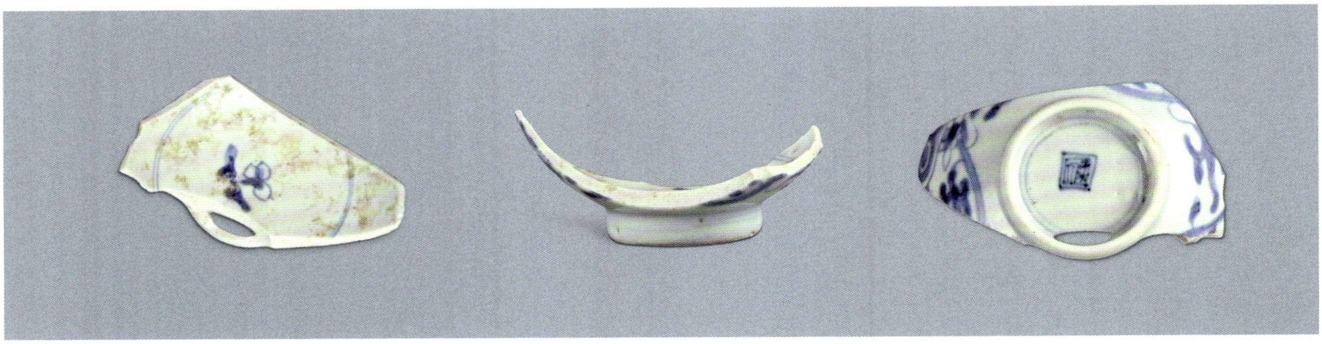

图五四　梅渚湾采：01

图五五　梅渚湾采：02

图五六　梅渚湾采：05

（图五六；图五九，3）。

青瓷罐　1件。梅渚湾采：04，仅存口沿及上腹部。敛口、卷沿、圆唇、鼓腹，灰胎，胎质较硬，内外壁均施青釉，外壁釉色不均，上部釉色较浅，下部釉色较深，呈深绿色，口沿内唇上有凹弦纹一周，外壁素面无纹。残高3.0厘米（图五七；图五九，4）。

陶盆　1件。梅渚湾采：03，仅存口沿及上腹部。直口、尖唇、矮领、斜弧腹，灰黄色胎，夹杂有较多砂粒，胎质坚硬，口沿及颈部施黄褐色釉，口沿下有垂釉现象，腹部未施釉，呈红褐色，素面无纹，内壁可见制作痕迹。口径18.0、残高5.1厘米（图五八；图五九，5）。

图五七　梅渚湾采：04

图五八　梅渚湾采：03

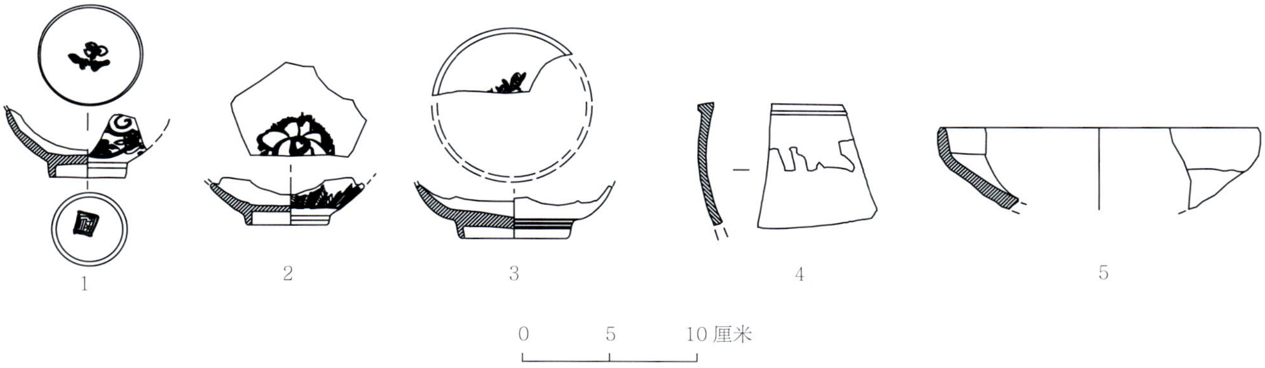

图五九　梅渚湾遗址采集陶瓷器

1～3. 青花瓷碗（梅渚湾采：01、02、05）　4. 青瓷罐（梅渚湾采：04）　5. 陶盆（梅渚湾采：03）

6. 小河口遗址

小河口遗址位于太平湖东北角泾县境内，原为麻川乡驻地，1970 年陈村水库蓄水时没于水下。通过陆上走访调查，从当地居民中了解到曾有新四军兵工厂及后方医院在此，为茅草房，兵工专家吴运铎曾在此工作，周恩来赴云岭时也由此路过，新四军在此驻扎期间设施简陋，房屋建筑也比较简单，多为茅草房，被水淹后荡然无存，留下的痕迹较少（见图八）。

7. 众家山遗址

众家山遗址位于太平湖南岸国家森林公园中，因遗址处于众家山山脉一处高坡上，故名众家山遗址，面积 1 万余平方米。众家山遗址是新石器时代晚期至商周时期的遗址，1970 年陈村水库建成蓄水，遗址大部分被水淹没，旱季枯水季节水位下降时遗址部分可露出水面，地面可见大量的石器、陶器等遗物（见图八）。

众家山遗址发现于 1993 年，黄山区文物局多次派人到实地进行调查，采集了大量标本，有磨制石斧、石刀、石铲、网坠等石器 30 余件；陶器和原始青瓷豆、尊、壶等完整器 10 余件，另有红、灰印纹陶片百余件。陶片多为灰陶，红陶次之；有夹砂陶和硬陶两种，可辨识的主要器形有鼎、罐、钵、尊、豆、碗等，从采集标本看，石刀多为双把石刀，在皖南古遗址中少见（图六〇）。

2008 ～ 2010 年安徽水下考古陆上调查时在众家山遗址采集了 2 件文物标本。

陶纺轮　1 件。众家山采：01，较完整，呈扁圆形，中部有圆形穿孔，两面对钻而成，夹砂灰陶，器表残留有粗绳纹，应为陶片改制而成。直径 5.4、孔径 0.6、厚 1.2 厘米（图六一；图六三，1）。

陶陀螺　1 件。众家山采：02，器身为圆柱形，上部残缺，下部呈圆锥形，泥质灰陶，夹杂有少量细砂，素面无纹。残长 3.6、直径 2.7 厘米（图六二；图六三，2）。

图六〇　众家山遗址出土石器

（黄山区博物馆藏）

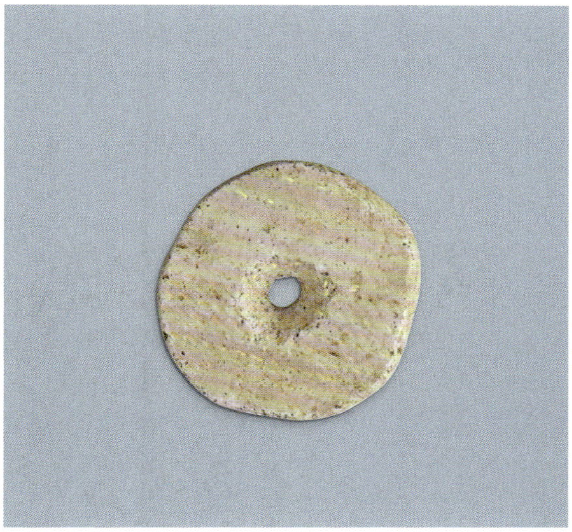

图六一　众家山采：01

图六二　众家山采：02

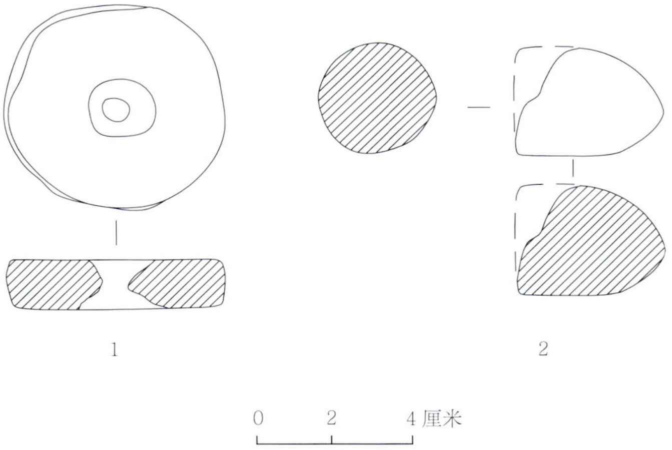

图六三　众家山遗址采集陶器

1. 陶纺轮（众家山采：01）　2. 陶陀螺（众家山采：02）

8. 乌石垅遗址

乌石垅遗址位于乌石乡驻地杨村西北约 2 千米处，曾为乌石人民公社驻地。地处山间河谷，地势平坦开阔，舒溪河自南向北穿流而过，面积约 5 平方千米（图八、图六四、图六五）。

1959 年以前乌石陇归石埭县管辖，石埭县撤销之后划归太平县，明清至民国期间，乌石陇在石埭县是除了广阳之外影响和规模都比较大的一个集镇，1970 年陈村水库建成蓄水后，乌石垅没于水下，乌石乡驻地迁到杨村，《民国石埭备志汇编》记载民国时期石埭县划分为 5 个区，其中第二区就设在乌石陇。

太平湖水位下降时，原乌石陇的残垣断壁会随着平整的土地一起短暂地露出水面。2008 ～ 2010 年安徽水下考古陆上调查时在乌石垅遗址采集了 8 件文物标本，多为残片，其中瓷器 7 件、陶器 1 件。

青瓷罐　1 件。乌石垅采：01，仅余腹部残片。灰褐胎，胎质紧密，胎体厚，绿釉，釉层较厚，器表贴塑有动物造型的装饰。残长 6.1、残宽 3.9 厘米（图六六；图七四，1）。

青瓷盆　1 件。乌石垅采：03，仅存口沿及腹部残片。侈口微敛、卷沿、圆唇、鼓腹，灰褐色胎，胎质疏松，胎体较薄，满釉，口沿有流釉现象，釉色为青灰色，素面无纹。口径 18.2、残高 6.9 厘米（图六七；图七四，2）。

青瓷钵　1 件。乌石垅采：07，敞口、圆唇、上腹直、下腹斜收、圜底、假圈足，灰褐胎，胎质紧密，胎体厚，外口沿及上腹施青绿釉，有较严重的流釉现象，其余各处无釉，无釉部

图六四　乌石垅遗址周边环境

图六五　乌石垅遗址地表堆积

图六六　乌石垅采：01

图六七　乌石垅采：03

图六八　乌石垅采：07

图六九　乌石垅采：08

分呈红褐色，素面。口径 11.6、底径 4.8、通高 4.5 厘米（图六八；图七四，3）。

青瓷壶　1 件。乌石垅采：08，侈口、卷沿、圆唇、长颈略内收，灰褐胎，胎质细密，胎体较薄，外壁满釉，口沿内壁部分施釉，釉色青中偏绿，素面无纹。口径 8.6、残高 5.0 厘米（图六九；图七四，4）。

青花瓷碗　3 件。

乌石垅采：02，仅存底及腹部残片。斜弧腹、平底、圈足，圈足较高，挖足过肩，外墙斜内收，内墙较直，足端平，圈足外墙坑洼不平，足墙与下腹部结合处裂痕明显，灰白胎，胎质疏松，制作粗糙，白釉，釉层较薄，釉色偏黄，施釉至底，足底刮釉露胎，圈足内无釉，内底饰有青花弦纹一周，腹部外壁饰青花涡纹和花卉纹，腹部与圈足相接处饰青花弦纹一周，青花钴料为蓝色，略泛黑。足径 5.0、残高 2.7 厘米（图七〇；图七四，5）。

乌石垅采：04，仅存底及腹部残片。斜弧腹、平底、圈足，圈足较高，挖足过肩，内外墙均较直，足端平，白胎，胎土纯净，质地细密、坚硬，内外壁皆施白釉，仅圈足底端刮削去釉，釉层较薄，釉色光亮莹润，内壁素面无纹，腹部外壁饰有青花纹样，由于残损较甚，纹样不详，腹部与圈足相接处饰青花弦纹一周，外底与足墙交接处有青花弦纹一周，外底正中有四字青花文字款识，款文不可识，青花钴料为蓝色。足径 3.0、残高 2.1 厘米（图七一；图七四，6）。

乌石垅采：05，仅存底及腹部残片。斜弧腹、平底、圈足，圈足较高，挖足过肩，外墙斜内收，内墙较直，足端平，白胎，胎土纯净，质地细密、坚硬，内外壁皆施白釉，仅圈足底端刮削去釉，釉层均匀，较厚，内底局部可见褐色斑点，内底中部绘有四组青花花卉纹，花卉纹以外为两周青花弦纹，腹部外壁饰有青花纹样，由于残损较甚，纹样不详，

图七〇　乌石垅采：02

图七一 乌石垅采：04

图七二 乌石垅采：05

腹部与圈足相接处饰青花弦纹一周，圈足外墙上有青花弦纹两周，青花钴料为蓝色，略泛黑。足径4.3、残高1.8厘米（图七二；图七四，7）。

陶罐 1件。乌石垅采：06，仅存一半。敞口、卷沿、圆唇、束颈、溜肩、圆鼓腹、凹圜底，肩部现存一扁圆状横系器耳，耳孔上下贯通。灰褐胎，胎质紧密，夹杂有较多细砂，内外壁施酱色釉，釉层较薄，涂抹不均，外腹部有滴釉现象，外腹下部及器底无釉，内腹施釉不均匀，局部素胎，素面无纹。口径4.8、底径3.6、通高5.9厘米（图七三；图七四，8）。

图七三 乌石垅采：06

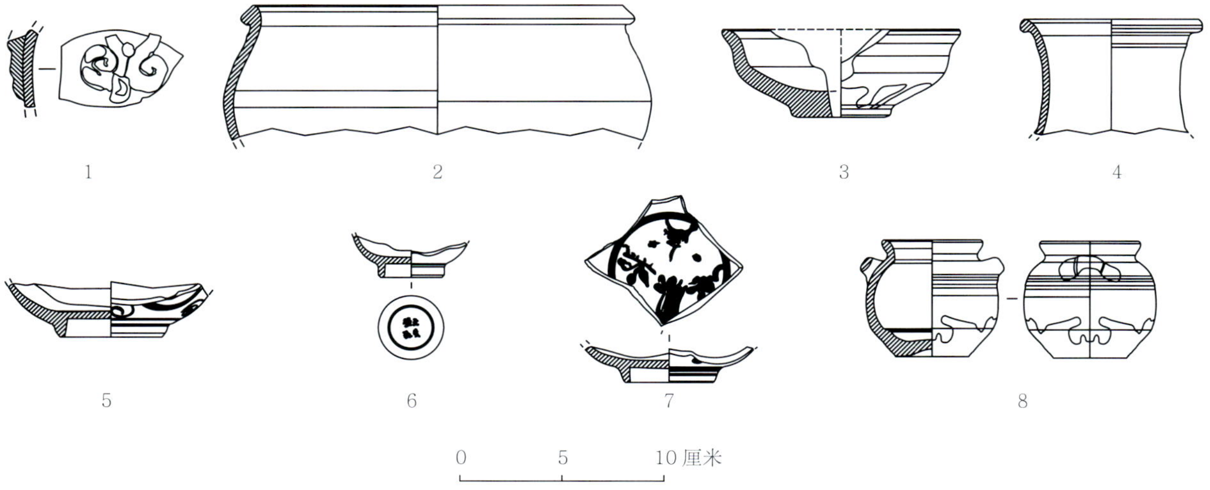

图七四 乌石垅遗址采集陶瓷器

1. 青瓷罐（乌石垅采：01） 2. 青瓷盆（乌石垅采：03） 3. 青瓷钵（乌石垅采：07） 4. 青瓷壶（乌石垅采：08）
5~7. 青花瓷碗（乌石垅采：02、04、05） 8. 陶罐（乌石垅采：06）

9. 丁家山遗址

沿舒溪河经李家山上溯约3千米，在舒溪河河道转弯处东侧有一山地为丁家山，现为茶园，丁家山遗址就位于丁家山的山坡上，丁家山西部河道转弯处有一块巨石横卧水面，上面刻字疑为“章董五公界”，另有小刻字若干，陆上调查时在丁家山遗址地表发现有红烧土堆积及少量陶片，应为一处新石器时代遗址（图八、图七五～图七八）。

图七五 丁家山遗址周边环境

图七六 丁家山遗址地层剖面

图七七　丁家山遗址石刻

图七八　丁家山遗址石刻近景

10. 小岛墓地

小岛墓地位于太平湖东北部黄山区新华乡鸡公山南侧，高出水面约 2 米，据了解水面扩大时此岛被淹没于水下，此岛未定名（见图八）。

陆上调查时在小岛墓地地表发现有网坠、陶片、青瓷及青花瓷片等，湖边的山坡上因水面下降暴露出墓葬多处，时代自唐宋至明清，地表散布有大量墓砖。据了解以前曾有渔民在此处捡到陶器和青铜器，小岛周边水面下也存有部分墓砖及碎瓷片（图七九、图八〇）。

11. 留杯荡遗址

留杯荡遗址位于黄山区谭家桥镇留东村麻川河上游支流之中，205 国道横跨其上。遗址形成于清代后期，由于突发山洪将泄水口堵塞致使原村庄一夜之间被淹没于湖面之下。据了解，新中国成立前后当地居民在湖上作业时还能经常看到房屋屋脊，留杯荡水面面积约 4 平方千米，由于水土流失造成湖底淤积较厚，水深约 4 米，此处水下文化遗存应为一处明清时期的古村落遗址（图八、图八一）。

太平湖水域水下文化遗存资源非常丰富，类型多样，可以分为古城址、古村落、古遗址和墓葬四类。古城址有 1 处即广阳城遗址，古村落有龙门镇、夏村、秧溪街、梅渚湾、小河口等 5 处，古遗址有众家山遗址、乌石垅遗址、李家山遗址、丁家山遗址等 4 处，古墓葬 1 处即小岛墓地。这些古城镇和古村落的布局基本没有受到现代化建设大潮的影响，较大程度地保留了明清时期的特征。同时这些遗存淹没于水下的时间较早，水库蓄水前没有进行有效和全面的保护与搬迁，受现代化建设大潮的影响较小，保存现状较好，为水下

图七九　小岛墓地被盗掘情况（水下）

图八〇　小岛墓地被盗掘情况（陆地）

图八一　留杯荡遗址周边环境

考古工作的开展提供了丰富的资源。

其中广阳城遗址是水下城址遗迹，根据相关文献记载，广阳城现存城墙的时代为明清时期，虽然城内原有建筑在水库蓄水前已做部分拆迁，但是城垣及大部分城内建筑仍处于相对稳定和较好的保存状态，且工作水深较浅，比较适合开展水下探摸调查工作，故可作为水下考古调查的重点对象。

通过陆上考古调查，在龙门镇遗址所在区域附近山坡和高地上采集了大量的文物标本，这些标本类型丰富，以瓷器、陶器、石器和铜钱为主，瓷器尤其是青花瓷器多装饰成组的青花折枝花卉纹、灵芝纹、缠枝花卉纹以及寿字纹，部分器物外底有方形押款，这些青花纹样和方形押款多见于明清时期的青花瓷器装饰中[1]，铜钱为清光绪年间铸造，还发现有少量磨制石器，因此龙门镇遗址存在新石器时代以及明清等不同时期的文化遗存，晚期遗存尤其是明清时期的遗存应为一处古村镇遗址。由于 1970 年陈村水库建成蓄水，龙门镇作为一处明清时期的村镇遗址被淹没于太平湖底，可作为水下考古仪器探测和水下探摸的重点调查对象。

根据陆上考古调查采集的瓷器和陶器标本看，夏村遗址大部分遗物的时代为明清时期，

[1] 耿宝昌：《明清瓷器鉴定》，紫禁城出版社，1993 年。

因此夏村遗址应为一处明清时期的古村落遗址，可作为水下考古仪器探测和水下探摸的重点调查对象。

从乌石垅遗址附近采集的遗物看，部分遗物如青瓷罐、钵、壶的时代较早，与晚唐、五代时期安徽发现的同类型器物特征相同[1]，而采集的青花瓷器的时代则晚至清代，因此乌石垅遗址应该存在晚唐、五代至清多个时代的遗存堆积，而现存于水下的乌石垅遗址的主体应为明清时期的一处古村落遗址，可作为仪器探测和水下探摸的重点调查对象。

秧溪街遗址、梅渚湾遗址、小河口遗址、留杯荡遗址、小岛墓地线索比较单一，而李家山遗址、众家山遗址、丁家山遗址皆为新石器时代遗址，堆积比较复杂，存在水下和地下二重埋藏环境和介质，水下考古调查和发掘工作难度较大，仅作为水下考古仪器探测和水下探摸的一般调查对象。

[1] 周京京:《熠熠生辉的安徽古陶瓷器》，《文物鉴定与鉴赏》2016年第5期；《古瓷靓影——安徽博物院古瓷器赏析》，《收藏界》2016年第11期。

二、新安江流域歙县段水下文化遗存

新安江歙县段自歙县浦口，流经南源口、坑口、漳潭、深渡、小川、三港、溪口，从街口进入浙江，歙县境内新安江长54.6千米，流域面积2500余平方千米，江面宽90～180米，主要汇入支流有练江、棉溪、昌溪、大洲源、小洲源、街源河等。深渡以上新安江河形弯曲，滩多、水浅、流急，右岸靠山，左岸为河谷平原，河面宽窄不一，深度以下为狭谷河段[1]（图八二；表一）。

1. 太平桥

太平桥位于歙县徽城镇，跨越练江，太平桥是安徽省境内现存最长的古桥，也是全省最长的公路石拱桥，全长279米（图八二、图八三）。

太平桥又名河西桥，始建于宋端平元年（1234年），初为浮桥，元朝末年因兵乱被毁，改建为木桥，明弘治年间（1488～1506年）改建为石桥，历代均有修葺，民国18年（1929年）芜屯路歙县至屯溪段建成后，该桥被利用以通行汽车。1969年7月发生特大洪水，练

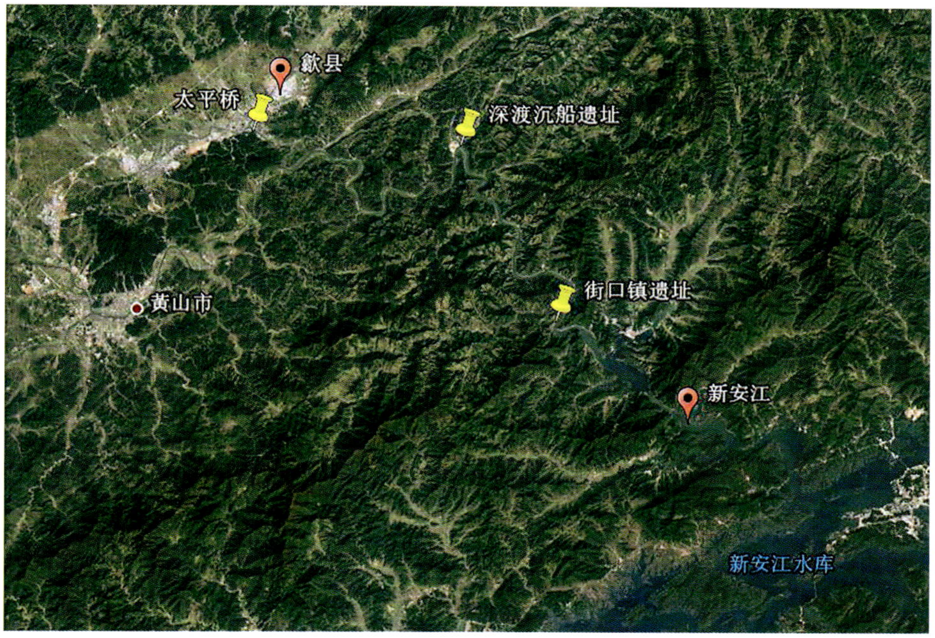

图八二　新安江流域歙县段水下文化遗存分布图

[1] 安徽省地方志编纂委员会：《安徽省志·自然环境志》，方志出版社，1998年。

图八三 歙县太平桥

江水位高出太平桥桥面 3.4 米，全桥被淹，沿河地带许多房屋倒塌，条石栏杆等部分建筑构件被冲至桥东侧数百米远的水下，大桥主体基本无损，水退后车辆仍通行无阻。太平桥选用淳安优质茶园石，用糯米汁拌石灰砌筑而成，施工精细，其承载能力和使用寿命居安徽全省古桥之冠。1981 年太平桥被公布为安徽省第二批省级重点文物保护单位。此处遗存可作为仪器探测和水下探摸的重点调查对象。

2. 深渡沉船遗址

深渡镇位于歙县东部新安江左岸，距县城 26 千米，棉溪、昌溪在此汇入新安江，上距渔梁港 35.5 千米，有客运、货运码头共 4 座，前沿水深 10 米以上，不仅是歙县重要的水运码头和物资集散地，而且是杭州—千岛湖—新安江—歙县—黄山旅游线上唯一的水陆衔接点。通过陆上走访与调查，获悉在深渡镇下游约 2 千米处有清代中后期一艘转运石雕的商船沉没，水深 30 米左右。此处水下文化遗存线索比较单一，可作为仪器探测和水下探摸的一般调查对象（图八二）。

3. 街口镇遗址

街口镇地处歙县东南部，原为街口区，区公所驻地为巨川乡新门村，距歙县县城 31 千米，总面积约 345 平方千米，境内西南部多千米以上山岭，新安江自北向南流经本区，街源河在街口注入新安江，所在地区陆路交通较为不便，主要依靠新安江水运。街口是一座千年古镇，位于新安江南岸，沿江下行 2 千米即进入浙江境内，俗称“歙县南大门”。

明清鼎盛时期，江面船筏成群，街道店铺林立，商旅川流不息。20 世纪 50 年代因修建新安江水库，街口开始大规模拆迁，古镇村落、楼堂庙宇、街道桥梁，能拆则拆，无法移动的全被淹没。新安江水库歙县库区与浙江省淳安县毗邻，正常水位 108 米，库区淹没千人以上集镇 29 个，其中街口镇水深约 40 米，水下遗存有桥梁和部分古建筑构件。此处水下文化遗存应为一处明清时期的古村落遗址，可作为仪器探测和水下探摸的重点调查对象（图八二）。

三、黟县东方红（奇墅）水库水下文化遗存

东方红水库位于黟县县城东北 12 千米的宏村镇奇墅村，又名奇墅水库，是一座中型水库，是以灌溉为主，结合防洪、发电、养殖等综合利用的水利枢纽工程。1958 年开工，1978 年建成，坝高 29.9 米，蓄水量达 2900 万立方米。库区淹没了际联公社（现宏村镇）的奇墅、考桥、东山、芳村、宏村、际村等多个村落，共淹没农田 1431 亩、茶园 215 亩、经济林 206 亩，移民 188 户共计 680 人。奇墅村地处山间河谷台地之上，沿虞山溪梯次分布，羊栈河在此汇入虞山溪并经库区后流入新安江的支流横江。奇墅村分布面积约 2 平方千米，淹没前原有建筑地面以上部分大多被拆迁[1]（图八四；表一）。

2008 ~ 2010 年安徽水下考古陆上调查期间，在奇墅遗址地表堆积发现有较多陶瓷片、柱础、墙基、墓葬和道路等遗存，采集文物标本 16 件，多为陶瓷器碎片，以青瓷、青白瓷和青花瓷为主，另有少量的酱釉陶器，同时因为调查期间属枯水期，现场亦发现有盗掘迹象（图八五、图一〇二）。

青瓷碗　2 件。

奇墅采：01，仅存口沿及腹部残片，器底无存。敞口、斜弧腹，腹部较浅，泥质，灰胎，胎质细密坚硬，青绿色釉，釉色较深，腹部外壁近底处有垂釉现象，素面无纹。口径 13、残高 3.7 厘米（图八六；图一〇二，1）。

奇墅采：02，敞口、卷沿、尖唇、浅弧腹、平底略凹、矮圈足，足墙较厚，外墙竖直，内墙倾斜较甚，足端较平，泥质，灰褐胎，胎质坚硬，施青绿色釉，釉色略暗，内壁满釉，釉色均匀，外壁施釉至底，圈足有流釉现象，圈足内露胎，外壁唇下有凹弦纹一周，内底及圈足底均有支烧痕迹。口径 11.2、足径 6、通高 3.2 厘米（图八七；图一〇二，2）。

[1] 黟县地方志编纂委员会：《黟县志》，光明日报出版社，1989 年。

图八四 奇墅水库水下文化遗存分布图

图八五 奇墅遗址地表残存的建筑基础

图八六　奇墅采：01

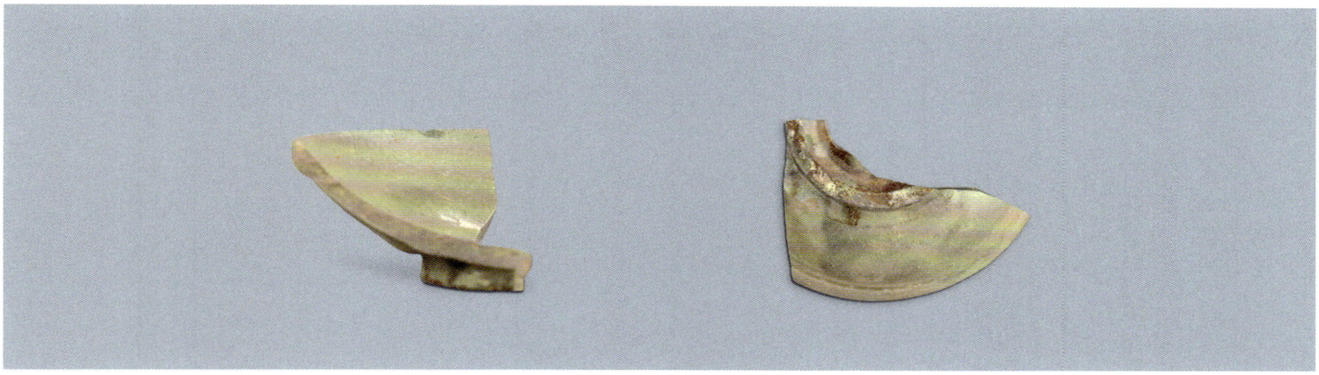

图八七　奇墅采：02

青瓷盏　3 件。

奇墅采：04，敞口、圆唇、浅弧腹、平底、底部较厚、矮圈足，圈足外墙较直，内墙倾斜较甚，足端较平，泥质，灰褐胎，胎质细密坚硬，内壁满施青绿色釉，外壁施釉至底，上腹部为青绿色釉，下腹部施红褐色釉，有流釉现象，圈足及外底无釉，素面无纹。口径 11.5、足径 3.9、通高 4.5 厘米（图八八；图一〇二，3）。

奇墅采：06，敞口、圆唇、浅弧腹，泥质，灰胎，胎质细密坚硬，内壁满施青绿釉，外壁施釉至底，上腹部为青绿色釉，下腹部为红褐色釉，素面无纹。口径 11、残高 2.5 厘米（图八九；图一〇二，4）。

奇墅采：12，敞口、圆唇、斜直腹、平底，内底中部有按压窝痕、矮圈足，圈足内墙较矮，斜直，外墙竖直，足端较平，泥质，红胎，胎质细密坚硬，青绿色釉，釉色较浅，内壁施满釉，外壁施釉至下腹部，有流釉现象，圈足及底部无釉，呈红褐色，圈足底有四处疑似支烧痕迹。口径 11.6、足径 4、通高 4.2 厘米（图九〇；图一〇二，5）。

青白瓷碗　5 件。

奇墅采：03，仅存腹及底部残片。斜弧腹、小平底、矮圈足，圈足外墙向内斜直，内墙较浅，器底较厚，外底平，周边刮削一周成凹槽，白胎，胎质细密坚硬，青白釉，内壁

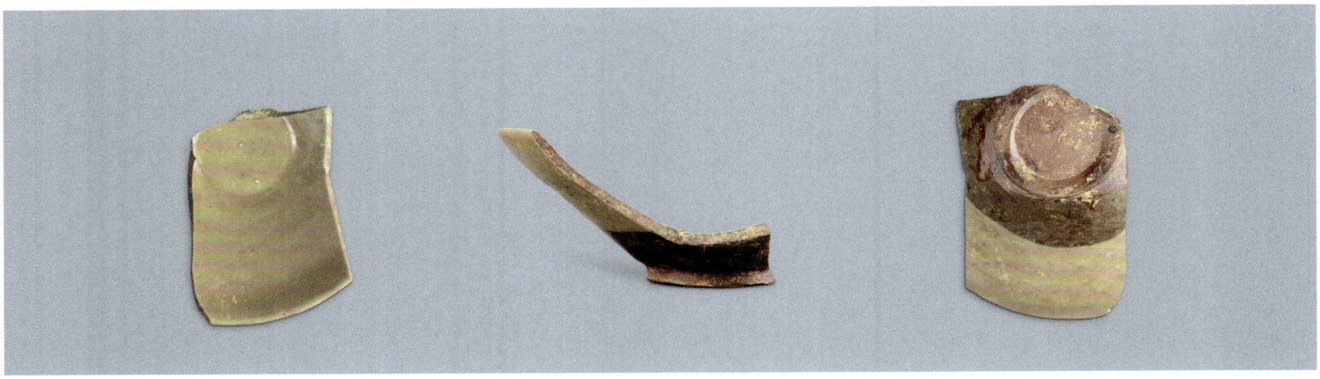

图八八 奇墅采：04

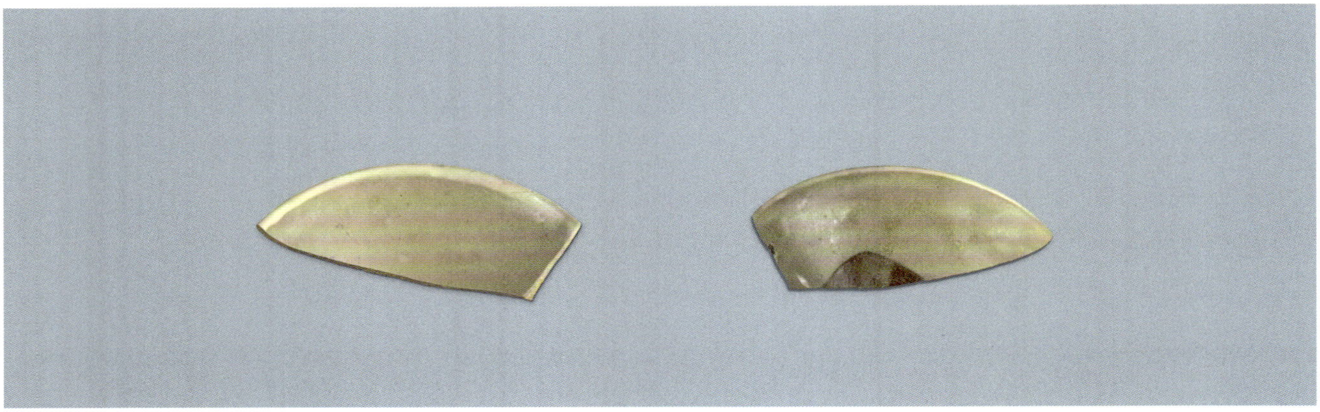

图八九 奇墅采：06

图九〇 奇墅采：12

施满釉，外壁施釉至底，圈足足端及外底无釉露胎，可见多处支烧痕迹，内壁饰刻划花卉纹，内外壁可见冰裂纹。足径5.9、残高2.1厘米（图九一；图一〇二，6）。

奇墅采：07，仅存腹及底部残片。斜弧腹、平底、矮圈足，圈足外墙较直，内墙较斜、较浅，足端斜刮削一周，形成尖足端，白胎，胎质细密，内外皆施青白釉，釉色泛青，有垂釉现象，局部可见少量褐色斑点，圈足与外底无釉，外底有墨书，但已模糊不可辨认，

素面无纹。足径 6.6、残高 2.4 厘米（图九二；图一〇二，7）。

奇墅采：09，仅存腹及底部残片。斜弧腹、圜底，外底较平，圈足残，灰白胎，胎质较细，青白釉，略泛黄，内壁满釉，外壁施釉至圈足足端，外底无釉，内外釉层有明显裂纹，内壁用褐彩绘有枝叶纹，寥寥数笔，较为简洁。足径 4.8、残高 4 厘米（图九三；图一〇二，8）。

奇墅采：13，仅存口沿及腹部残片。敞口、尖圆唇、斜弧腹，白胎，胎质细密，青白釉，釉色泛青，釉面有冰裂纹，内壁刻划花卉纹，外壁口沿以下刻划花瓣纹。残长 7.1、残宽 4.6、壁厚 0.5 厘米（图九四；图一〇二，9）。

奇墅采：15，敞口、尖唇，斜直腹、平底、矮圈足，内底周边下凹成一周凹槽，圈足外墙较直，内墙较矮，白胎，胎质细密，青白釉，内施满釉，外壁施釉至底，圈足及外底无釉，外腹中部有凹弦纹一周。口径 12、足径 4.8、通高 3.6 厘米（图九五；图一〇二，10）。

图九一　奇墅采：03

图九二　奇墅采：07

图九三 奇墅采：09

图九四 奇墅采：13

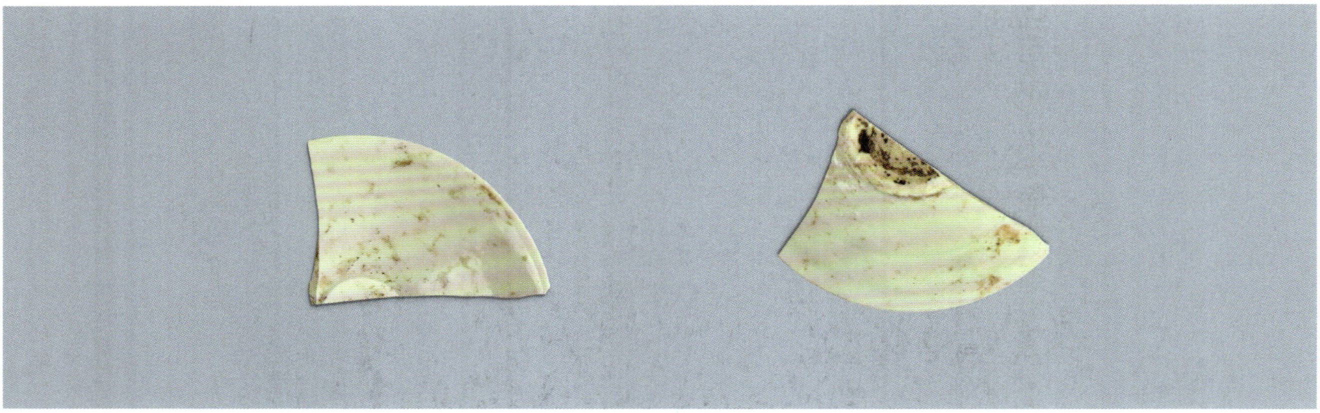

图九五 奇墅采：15

青白瓷碟 1件。奇墅采：05，仅存口沿及腹部残片。敞口、尖唇、斜弧腹，腹部较浅，白胎，胎质细腻，内外壁皆施青白釉，釉色光亮莹润，芒口，口沿内外刮削一周露胎，素面无纹。口径11.4、残高2.6厘米（图九六；图一〇二，11）。

青白瓷盏 1件。奇墅采：08，仅存腹部和底部残片。斜弧腹、平底、饼状假圈足，

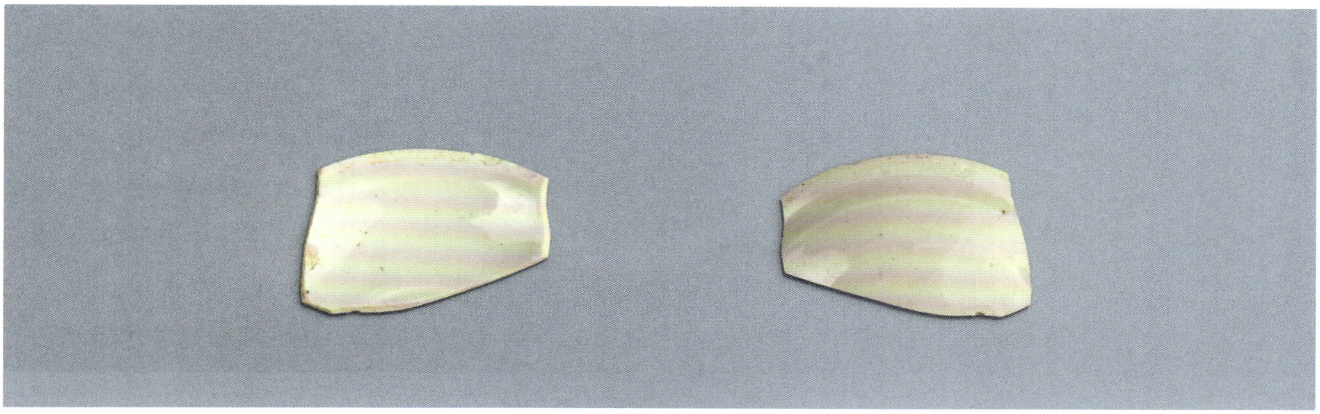

图九六　奇墅采：05

图九七　奇墅采：08

白胎，胎质细密，青白釉，内壁施满釉，外壁施釉至饼足，足底无釉，内壁饰有刻划花卉纹。足径 2.8、残高 1.6 厘米（图九七；图一〇二，12）。

酱釉陶灯　1 件。奇墅采：10，仅存腹部和底部残片。弧腹较直、圆柱形短柄、圆饼状底座、平底，内底近平，正中中空，形似倒喇叭状，灰胎，夹杂有较多的砂粒，胎质较硬，内壁施红褐色釉，外壁施酱釉，施釉至底，有流釉现象，柄及底座无釉，呈红褐色，颜色不太均匀，柄饰有凸弦纹两周，底座有凹槽一周。足径 4.9、残高 7.25 厘米（图九八；图一〇二，13）。

酱釉陶罐　1 件。奇墅采：16，残存口沿及柄。敞口、平沿、圆唇，短颈，颈下有圆柱状柄，略扁圆，中空似喇叭形，灰黄胎，含少量细砂粒，胎质疏松，内外壁皆施酱釉，素面无纹。残长 6.3、残宽 4.5、壁厚 0.5 厘米（图九九；图一〇二，14）。

青花瓷碗　2 件。

奇墅采：11，仅存腹部和底部残片。斜弧腹、凹圜底、圈足，圈足外墙高，内墙较矮，足端较平，白胎，胎质细腻，内外壁满施白釉，釉层较厚，釉面光亮莹润，仅在足端及外墙刮削一周露胎，内底绘青花海螺纹和水草纹，圈足外墙饰两周青花弦纹，青花钴料为蓝色。

足径 5.8、残高 1.7 厘米（图一〇〇；图一〇二，15）。

奇墅采：14，仅存口沿及腹部残片。敞口、圆唇、斜直腹、近底部内收，白胎，胎质细密，内外壁满施白釉，釉层较薄，釉面光亮莹润，内壁口沿与下腹部各饰青花弦纹两周，外壁口沿下饰青花弦纹两周，腹部饰青花花卉纹，青花钴料为深蓝色。残长 4.9、残宽 4.3、壁厚 0.4 厘米（图一〇一；图一〇二，16）。

从奇墅遗址地表采集的遗物看，多以青瓷、青白瓷和青花瓷为主，其中青瓷、青白瓷与华光礁一号沉船、南海一号沉船等宋代沉船遗址及福建、浙江宋元时期窑址内发现的同类型青瓷、青白瓷在器形、制作方法及装饰上相近，而青花瓷器从造型、釉色、青花纹样

图九八　奇墅采：10

图九九　奇墅采：16

图一〇〇　奇墅采：11

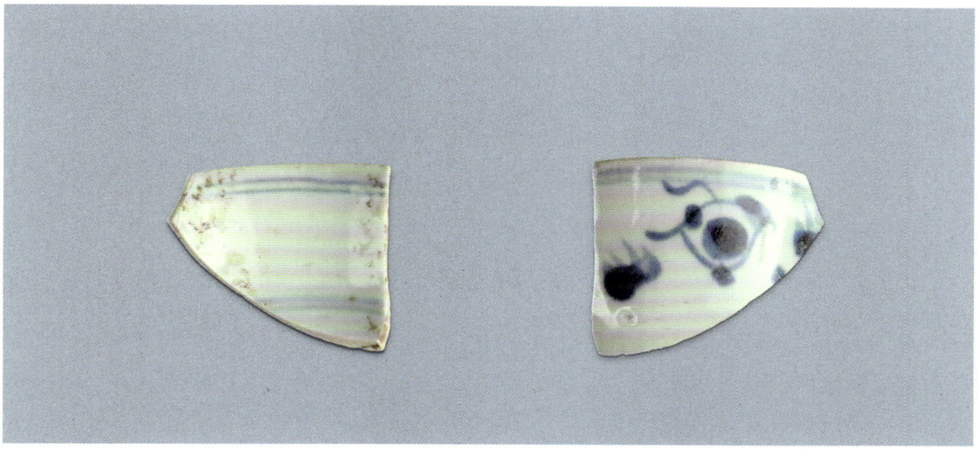

图一〇一　奇墅采：14

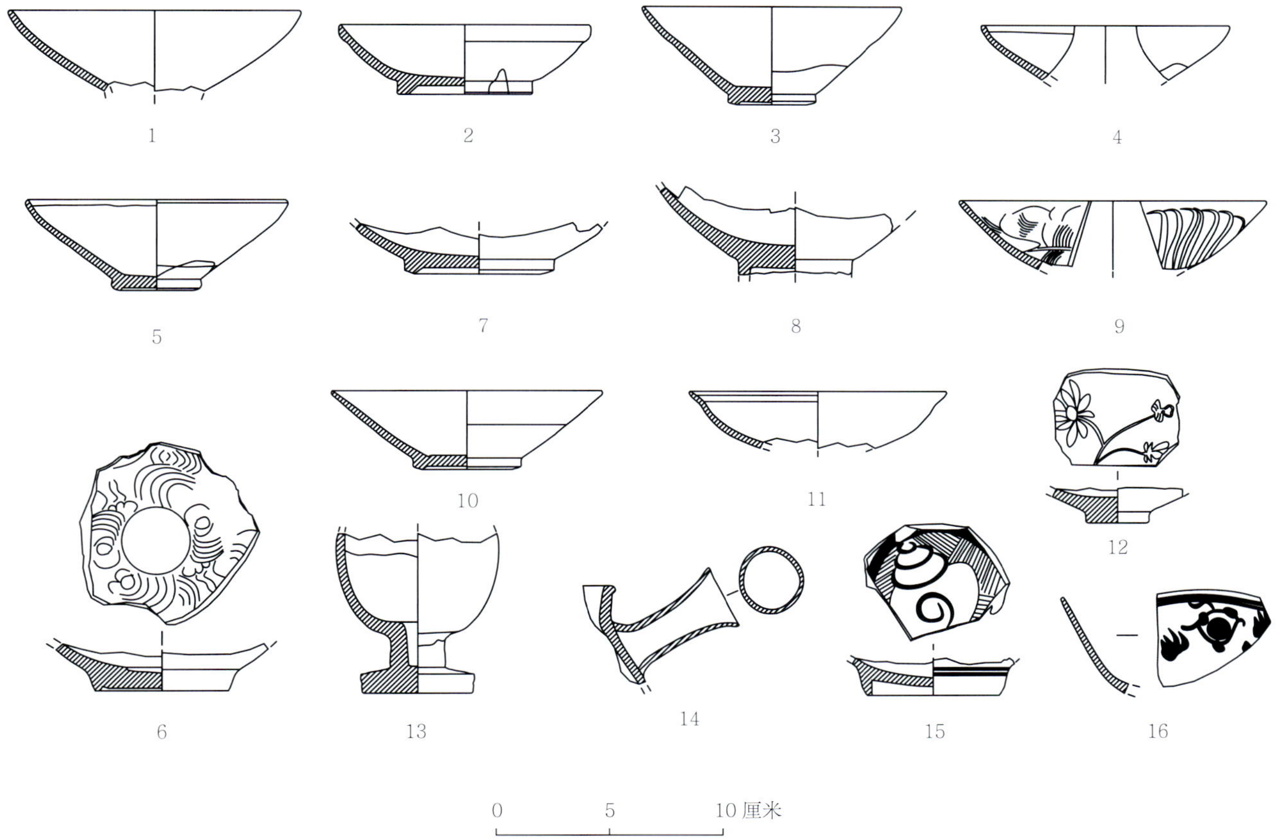

图一〇二　奇墅遗址采集陶瓷器

1、2. 青瓷碗（奇墅采：01、02）3~5. 青瓷盏（奇墅采：04、06、12）6 ~ 10. 青白瓷碗（奇墅采：03、07、09、13、15）11. 青白瓷碟（奇墅采：05）12. 青白瓷盏（奇墅采：08）13. 酱釉陶灯（奇墅采：10）14. 酱釉陶罐（奇墅采：16）15、16. 青花瓷碗（奇墅采：11、14）

等方面看多与明清时期青花瓷器的风格相近，因此奇墅遗址的时代从宋元一直到清代，延续时间较长，文化内涵比较丰富，晚期遗存尤其是清代遗存应为一处古村落遗址，可作为仪器探测和水下探摸的重点调查对象。

四、当涂姑溪河水下文化遗存

姑溪河是石臼湖通往长江的重要通道，石臼湖作为安徽省当涂县和江苏省溧水县、高淳县三县间的界湖，又名北湖，是由古丹阳湖分化而成，历史上丹阳湖、石臼湖、固城湖连成约 3000 平方千米的湖面，长期受泥沙淤积，三湖分离。石臼湖北接三汊河、博望河、高潮河，南承运粮河、老沟河，在当涂太平口与长江相连[1]（图一〇三；表一）。

1．牛头湾遗址

牛头湾遗址位于当涂县城南郊，姑溪河自石臼湖入江从遗址旁边经过，交通方便（图一〇三）。20 世纪 80 年代姑溪河清淤时曾发现大量精美的宋元瓷器，2008～2010 年安徽水

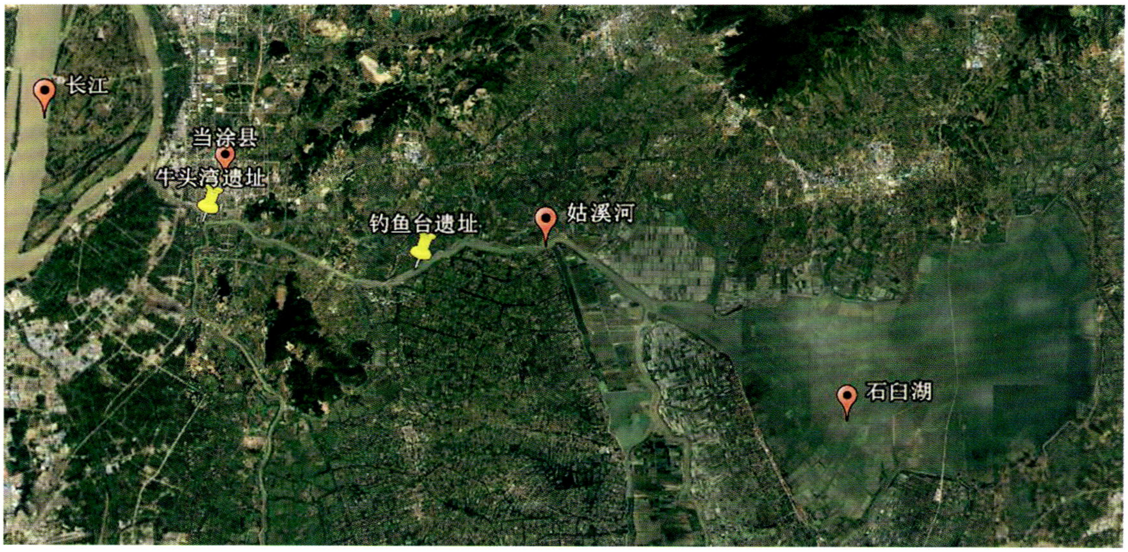

图一〇三　当涂姑溪河水下文化遗存分布图

［1］安徽省地方志编纂委员会：《安徽省志·自然环境志》，方志出版社，1998 年。

下考古陆上调查期间，在牛头湾遗址附近地表采集文物标本18件，多为陶瓷器碎片，以青瓷、青白瓷为主。

青白瓷碗 5件。

牛头湾采：01，仅存腹及底部残片。斜弧腹、平底、圈足，圈足外直内斜，足端较尖，胎色灰白，胎泥中夹杂有较多的细小砂粒，质地坚硬细密，腹部内外施青白釉，内底有少量褐色斑点，圈足无釉，圈足内可见刀痕及旋刀后翻起的瓷胎，素面无纹，腹部外壁有制作过程中留下的弦痕，制作较粗糙。足径4.7、残高3.7厘米（图一〇四；一二二，1）。

牛头湾采：04，仅余下腹部及圈足。斜弧腹、平底微凸、圈足，足墙外直内斜，足端较尖，内底较小，与腹部交接处有凹痕一圈，灰白胎，质地细密坚硬，青白釉，圈足内壁及外底不施釉，素面无纹。足径3.2、残高2.2厘米（图一〇五；图一二二，2）。

牛头湾采：09，敞口、尖圆唇、斜弧腹、平底、圈足，足墙外直内斜，外腹可见两条内凹棱线，内底宽于外底，向中心倾斜，在中心区域形成一圆形小平底，灰白胎，质地细

图一〇四　牛头湾采：01

图一〇五　牛头湾采：04

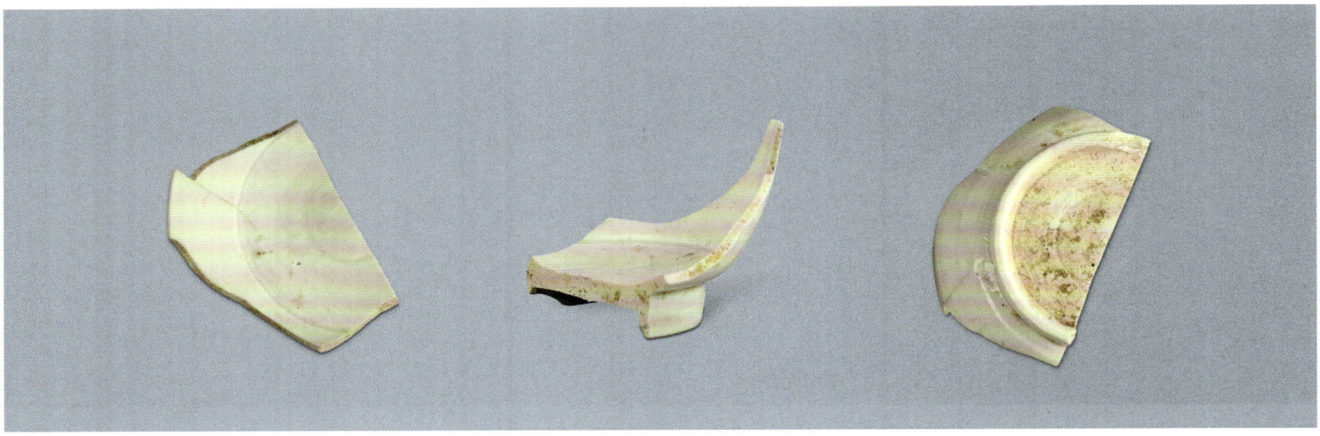

图一〇六　牛头湾采：09

图一〇七　牛头湾采：12

密坚硬，青白釉，釉层均匀，有裂纹，外底无釉，有刮削弦痕，素面无纹。口径 11.4、足径 6.6、通高 6.0 厘米（图一〇六；图一二二，3）。

牛头湾采：12，仅存下腹部及圈足。斜弧腹、平底微凹、圈足，足墙内外皆斜，足端较窄，挖足极浅，外底近足墙处有加工时形成的凹槽，外底平削，灰白胎，质地细密坚硬，青白釉，足底刮釉露胎，外底无釉，釉层有裂纹，内底饰有刻划纹饰，外壁素面无纹。足径 5.7、残高 2.7 厘米（图一〇七；图一二二，4）。

牛头湾采：16，仅存下腹部及圈足。斜弧腹、平底微凹、圈足，足墙较厚，挖足浅，足墙外较直，内斜严重，足底宽，外侧向上斜削，内底大于外底，内底与腹部交接处有一圆形印痕，内底中部微凸，白胎，质地细密坚硬，青白釉，圈足底及外底无釉，素面无纹。足径 6.4、残高 2.5 厘米（图一〇八；图一二二，5）。

青白瓷高柄杯　2 件。

牛头湾采：02，仅存杯底及足部。内底略凹、高圈足，圈足呈喇叭状，足墙高直，足底平，

图一〇八　牛头湾采：16

图一〇九　牛头湾采：02

图一一〇　牛头湾采：05

灰白胎，质地细密坚硬，夹杂有少量细砂粒，胎壁较厚，青白釉，釉层有裂纹，足底刮釉露胎，内外可见刮痕，圈足内无釉，素面无纹。足径3.6、残高4.1厘米（图一〇九；图一二二，6）。

牛头湾采：05，仅存足部。高圈足、喇叭底，足底平，灰白胎，质地细密坚硬，胎壁较厚，青白釉，足底刮釉露胎，足底两侧有刮痕，圈足内壁近足底处有粘釉，其余部分无釉，素面无纹，胎色灰白，胎壁较厚。足径3.8、残高5.4厘米（图一一〇；图一二二，7）。

青白瓷盏托　1件。牛头湾采：17，直口微敛、圆筒形壁、深腹、圈足，腹部内壁斜收，内底平滑略凹，托壁较直，外腹部与圈足相接处锐折，挖足较深，足墙外直内斜，足端较尖，胎色灰白偏黄，胎质疏松，间有杂质或气泡，满施青白釉，釉层均匀，圈足刮釉露胎，素面无纹。口径13.7、足径6.6、通高3.5厘米（图一一一；图一二二，8）。

青瓷碗　4件。

牛头湾采：03，仅存下腹部及圈足。斜弧腹、平底、圈足，足墙较厚，足墙外直内斜，足底刮釉露胎，灰白胎，胎壁较厚，质地细密坚硬，夹杂有较多细小砂粒，满施青釉，釉

层较薄，足底及圈足内无釉，腹部内壁近底处饰有刻划纹，具体纹样不详，内腹与底交接处有凹痕一周。足径 4.9、残高 2.5 厘米（图一一二；图一二二，9）。

牛头湾采：13，仅存下腹部及圈足。斜弧腹、平底略凹、圈足，足墙内外均较斜，足底宽，外底可见支钉痕迹，红褐色胎，胎质紧密，胎体较厚，内壁满施青釉，釉色泛灰，上腹部外壁施青釉，下腹部近底处外壁施酱釉，有流釉现象，圈足足端及外底无釉，素面无纹。足径 6.1、残高 2.9 厘米（图一一三；图一二二，10）。

图一一一 牛头湾采：17

图一一二 牛头湾采：03

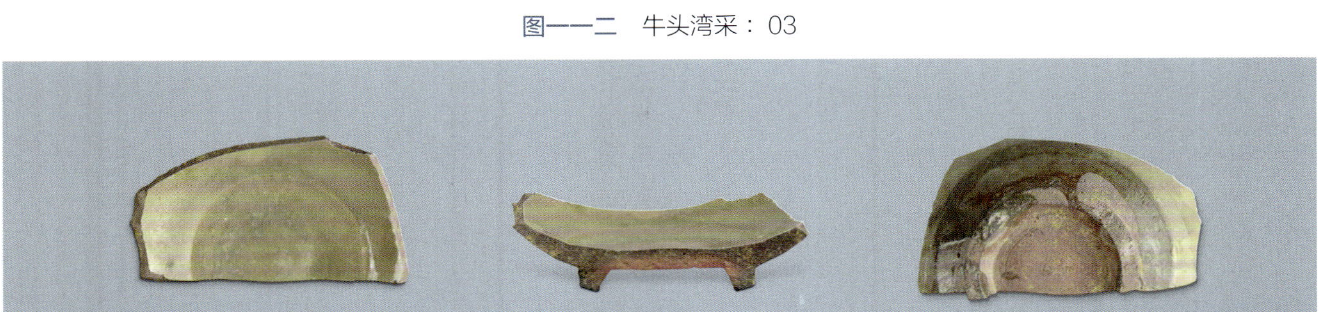

图一一三 牛头湾采：13

牛头湾采：15，敞口、尖唇、斜弧腹、平底略凹、圈足，腹部较深，内底与腹部交接处有一周凹槽，圈足足墙外直内斜，挖足较深，足底外沿有刮痕，圈足足端可见五处支烧痕迹，红褐色胎，胎质细密坚硬，内壁满施青釉，口沿部位有流釉现象，外壁上腹部施青釉，青釉以下有一酱釉条带，下腹部、圈足及外底无釉，素面无纹。口径13.7、足径5.5、通高6.4厘米（图一一四；图一二二，11）。

牛头湾采：18，仅存底部。凹圜底、矮圈足，圈足较厚，挖足浅平，灰白胎，胎质疏松有杂质，胎壁较厚，制作粗糙，内底有凸起小颗粒，残留有支烧痕迹，内外壁施青釉，颜色泛黄，足部及底无釉，釉层有明显开裂现象。足径8.7、残高2.3厘米（图一一五；图一二二，12）。

青瓷盏　2件。

牛头湾采：07，敞口、尖唇、浅斜弧腹、平底、圈足，足墙外直内斜，足端宽平，圈足底存有三个支钉痕，外底中心有制作过程中留下的弦线一周，内壁底部亦有三个支钉痕迹，灰黑色胎，胎质疏松，夹杂有较多砂粒，釉色为青灰色，内壁满釉，外壁施釉至上腹部，

图一一四　牛头湾采：15

图一一五　牛头湾采：18

图一一六　牛头湾采：07

图一一七　牛头湾采：11

施釉不均匀，留釉严重，火候偏低，釉面气泡严重，下腹部、圈足及外底无釉，呈红褐色，素面无纹。口径 10.6、足径 4.6、通高 3.7 厘米（图一一六；图一二二，13）。

牛头湾采：11，敞口、圆唇、斜直腹、平底、圈足，挖足较浅，足墙外直内斜，足端较宽，可见四处支烧痕迹，灰褐色胎，胎质紧密，釉色呈青灰色，内壁施满釉，口沿内壁釉层较厚，下腹部釉色斑驳不纯，以红褐色为主，流釉现象严重，圈足足端及外底未施釉，呈红褐色，素面无纹。口径 11.3、足径 3.7、通高 4.3 厘米（图一一七；图一二二，14）。

青瓷罐　1 件。牛头湾采：08，仅存部分口沿及上腹部。敛口、卷沿、圆唇、短束颈、溜肩、鼓腹，红褐色胎，胎质细密，夹杂有少量砂粒，釉色青灰不均匀，釉层较薄，素面无纹。口径 16.3、残高 6.0 厘米（图一一八；图一二二，15）。

青瓷盘　1 件。牛头湾采：10，仅存口沿残片。敞口，口沿有花边，呈菱口状，灰白色胎，胎质细密坚硬，满施青釉，釉层有裂纹，釉色光亮莹润，口沿内壁饰有刻划弦纹三周，腹部内壁饰刻划斜向平行纹饰，纹样似菊瓣，外壁刻划有花草纹样。瓷片残长 10.1、残宽 4.0、壁厚 0.4 ～ 0.7 厘米（图一二〇；图一二二，16）。

青瓷器座　1 件。牛头湾采：14，圆筒状，直口微敛、圆唇、直腹、平底，口沿外壁有两道凸棱，凸棱间的凹槽内有多个小圆孔，似为施釉工艺不细致所致，器腹中部残留有两处花形十字镂空，外下腹部与底交接处有一周较深的凹槽，器底厚度明显宽过腹部，外

图一一八　牛头湾采：08

图一一九　牛头湾采：14

图一二〇　牛头湾采：10

图一二一　牛头湾采：06

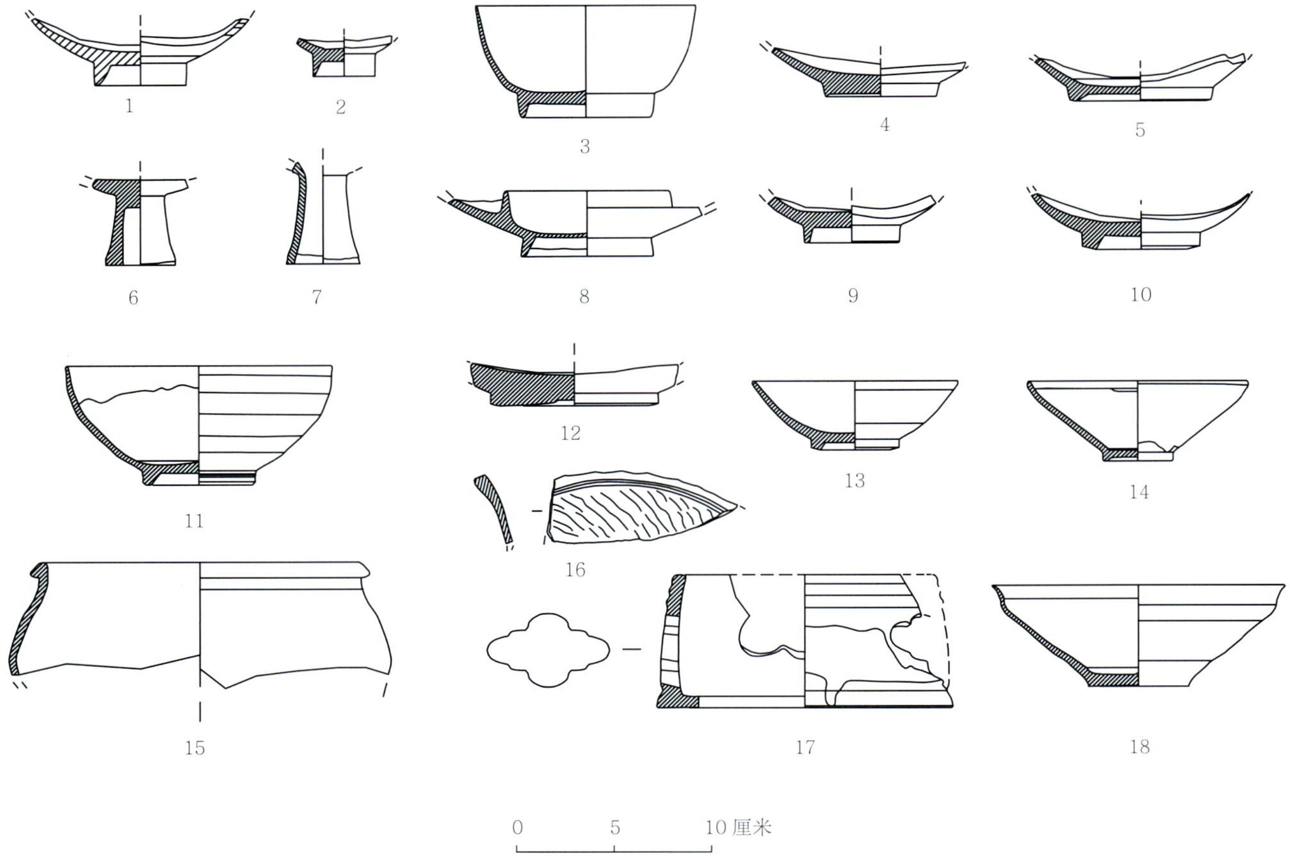

图一二二 牛头湾遗址采集陶瓷器

1 ~ 5. 青白瓷碗（牛头湾采：01、04、09、12、16） 6、7. 青白瓷高柄杯（牛头湾采：02、05） 8. 青白瓷盏托（牛头湾采：17） 9 ~ 12. 青瓷碗（牛头湾采：03、13、15、18） 13、14. 青瓷盏（牛头湾采：07、11） 15. 青瓷罐（牛头湾采：08） 16. 青瓷盘（牛头湾采：10） 17. 青瓷器座（牛头湾采：14） 18. 黑釉盏（牛头湾采：06）

沿有刮痕，灰褐色胎，胎质细密，内外壁均施青釉，釉色泛黄，流釉现象严重，器底无釉，素面无纹。口径 13.2、底径 15.4、通高 7.1 厘米（图一一九；图一二二，17）。

黑釉盏 1 件。牛头湾采：06，敞口、尖唇、短束颈、斜腹、平底，内底中部有鸡心状凸起，红褐色胎，夹杂有较多砂粒，胎质疏松，内壁、外壁口沿及颈部施黑釉，外壁流釉现象严重，外腹及底部未施釉，呈红褐色，素面无纹。口径 15.1、底径 5.2、通高 5.4 厘米（图一二一；图一二二，18）。

牛头湾遗址附近地表采集的文物标本以青瓷、青白瓷为主，与华光礁一号沉船、南海一号沉船等宋代沉船遗址及福建、浙江宋元时期窑址内发现的同类型青瓷器、青白瓷器在器形、制作方法及装饰上相近，因此牛头湾遗址应该存在宋元时期的遗存，但是遗存的具体性质仍需进一步确认，可作为仪器探测和水下探摸的一般调查对象。

图一二三　钓鱼台遗址周边环境

2. 钓鱼台遗址

钓鱼台遗址位于当涂县城东南，姑溪河转弯处，三面临水，据传李白曾垂钓于此，故得名。陆上调查时由于遗址所在区域植物丰茂，实物发现不多，仅发现少量宋代影青瓷片，但据当地文博部门介绍，遗址地表经常可以发现一些新石器时代至商周时期的陶片。此地应为一处早期遗存，但水下存有遗存的可能性很小，可作为仪器探测和水下探摸的一般调查对象（图一〇三、图一二三）。

五、宣州区水下文化遗存

宣州区为宣城市下辖区，东邻郎溪县、广德县，东南、西南接宁国市、泾县，正西，西北连芜湖市南陵县、芜湖县，北与南京市高淳区毗邻，南部低山广布，中部丘陵起伏，北部以圩区为主，水面共计 54 万亩，水阳江贯穿宣州区南北达 90 千米，南湖在宣州区境内的面积达 160 多平方千米。南湖又名南漪湖，为皖南第一大湖泊，是古丹阳湖的一部分，

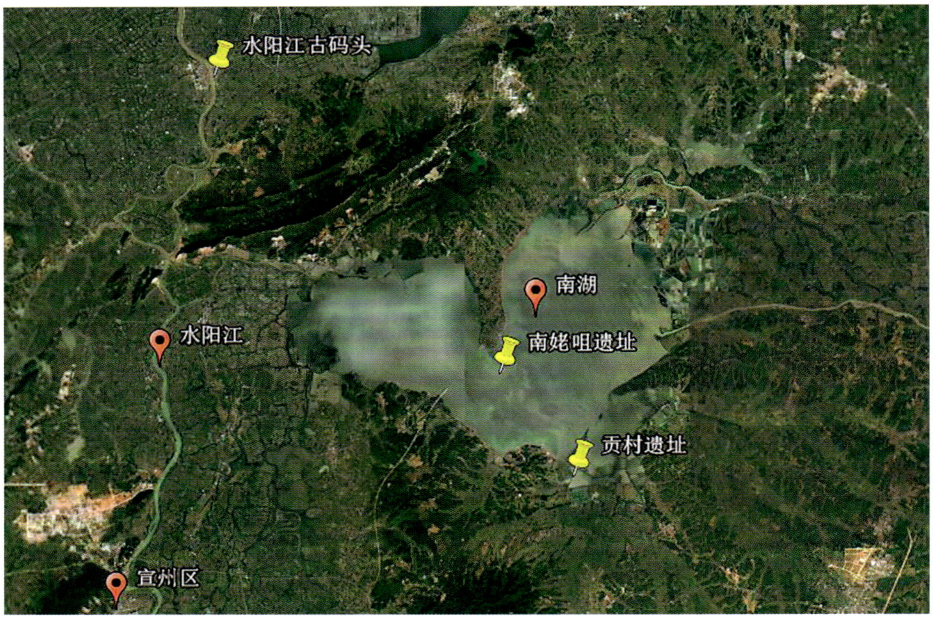

图一二四 宣州区水下文化遗存分布图

位于宣州区东北，跨郎溪县一隅，为断裂带局部凹陷洼地长期积水淤积而成，北岸有一岗咀伸向湖中，岗咀东部称大南湖，岗咀西部称小南湖，湖区呈腰子形，东西长 19 千米，南北最大宽度 14 千米，水深 5.5 米。湖水呈淡黄色，能见度 0.2 ～ 0.45 米，pH7.4，矿化度 98 毫克／升，为重碳酸盐类钙组Ⅱ型水[1]（图一二四；表一）。

1. 贡村遗址

贡村遗址位于南湖南岸，属宣州区洪林镇。据《江南通志》载“南湖在府东北四十里，南曰南埼，北曰北埼，总称南湖，周广四十余里”，唐《李白集》有《游北湖》诗云“朝游北湖亭，一望瓦屋山”，《嘉靖宁国府志》载“南漪湖在城东北，其北为北漪湖，今总谓之南湖，周四十余里”，清嘉庆《宁国府志》载“南湖境内一巨浸也，西南出曲河至油榨沟，西北出绥溪至浑水港并与太河即句溪合”。宋代大将贡祖文扈从高宗南渡，家于此。此村历史悠久，元、明时期出过不少名人，经济文化较发达，明后期开始衰落。村内多处可见石质建筑构件如斗拱、柱础、雕花石板及青花瓷片、龙泉青瓷片等，最有价值者为石质“曲水流觞台”，据当地文化站长介绍湖边水下曾挖出一些石条，湖岸边有清嘉庆年间

[1] 安徽省地方志编纂委员会：《安徽省志·自然环境志》，方志出版社，1998 年。

图一二五　贡村遗址周边环境

图一二六　贡村遗址残存石质曲水流觞

图一二七　贡村遗址残存石斗拱

所立的贡祖文衣冠冢。此处应为明清时期的建筑遗存，但水下保存有遗存的可能性较小，可作为仪器探测和水下探摸的一般调查对象（图一二四～图一二七）。

2. 南姥咀遗址

南姥咀遗址位于南湖北部，为一插入湖中心的半岛（当地人呼之曰“咀”），半岛顶端三面环水，湖水深三四米。20 世纪三四十年代，天气大旱，水位下降，湖底曾发现有一座三孔石桥，后湮没。南湖原为一条通向水阳江的河道，后积水成湖，石桥由南姥咀通往许家咀（贡村附近），是沟通河流两岸的交通要道，随着湖面积水扩大而被湮没，此处水下文化遗存为一处古桥梁遗存，可作为仪器探测和水下探摸的重点调查对象（见图一二四）。

3. 水阳江古码头

水阳江古码头位于宣州区水阳镇，水阳江自镇东流入长江，交通便利，为明清时期一处重要的水运古码头，是进出古宣州的交通孔道，现在仍然发挥作用。据了解，码头附近挖砂点曾挖出一些瓷器，但陆上调查时未见到实物。水阳江为航运要道，此处水下文化遗存为一处码头遗存，可作为仪器探测和水下探摸的一般调查对象（见图一二四）。

六、泾县水下文化遗存

泾县位于安徽省东南部，东与宣州区、宁国市接壤，南与黄山市黄山区、旌德县毗连，西与青阳县交界，北与南陵县为邻，青弋江古称“清水”、“冷水”或“泾溪”、“泾水”，唐及北宋时称青弋水。“青弋江”之名始自南宋，源出石埭县黄山北麓，舒溪河与麻溪河在泾县合流后称青弋江，自西南向东北贯穿泾县县境。青弋江属雨水性河流，水位、

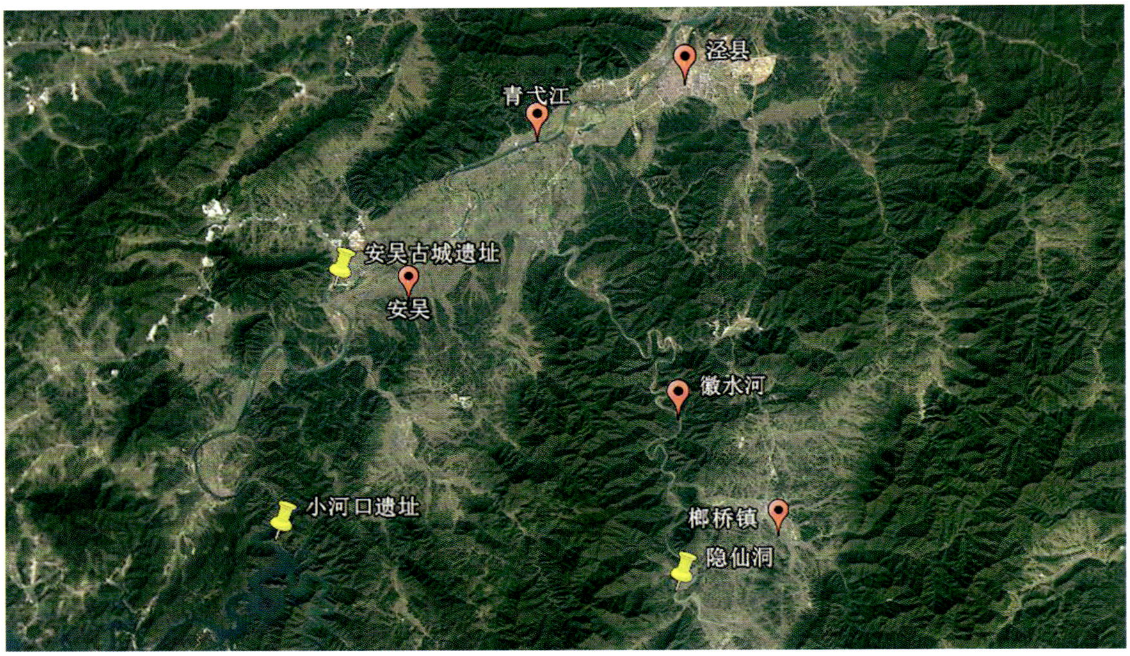

图一二八　泾县水下文化遗存分布图

流量随降雨量变化而变化，在泾县县境主要支流有徽水、渣溪河、许溪河、云岭河、琴溪河、孤峰河、寒亭河、小坑河等，经蒋山于芜湖市西南郊注入长江[1]（图一二八；表一）。

1. 安吴古城遗址

安吴古城遗址位于泾县安吴乡焦石村青弋江河沿，泾县西南五十里，为三国安吴县城故址。《校补三国疆域志》、《宋书州郡志汇释》等记载三国吴桓王渡江时置安吴县，城址在泾县西南五十里蓝山南面的沙洲上，旧时此地有一牌坊上书“安吴古城”四字。《江南通志》载“吴故城在泾县西南五十里落星潭东，俗称沙城，宋志云三国吴置，水经注云晋太康元年分宛陵置，今有安吴市及安吴渡”。当地村民介绍，水下曾捞出石板数块，菜地里挖出过汉代陶罐，原有祠堂，后来迁出，原址被淹。由于泾水改道，安吴故城被淹水下，此处应为一处水下古城址，其他遗迹、遗物存于水下，可作为仪器探测和水下探摸的一般调查对象（见图一二八）。

2. 小河口遗址

小河口遗址位于太平湖东北角泾县境内，详见前文“太平湖水域水下文化遗存”介绍。

3. 隐仙洞

隐仙洞位于徽水河北岸紫山边椰桥镇星潭村，距泾县县城约30里，为一石灰岩天然洞穴，面积约24平方米，高约5米，洞内有一巨石倒悬，形似象鼻，俗称“马石胯”。

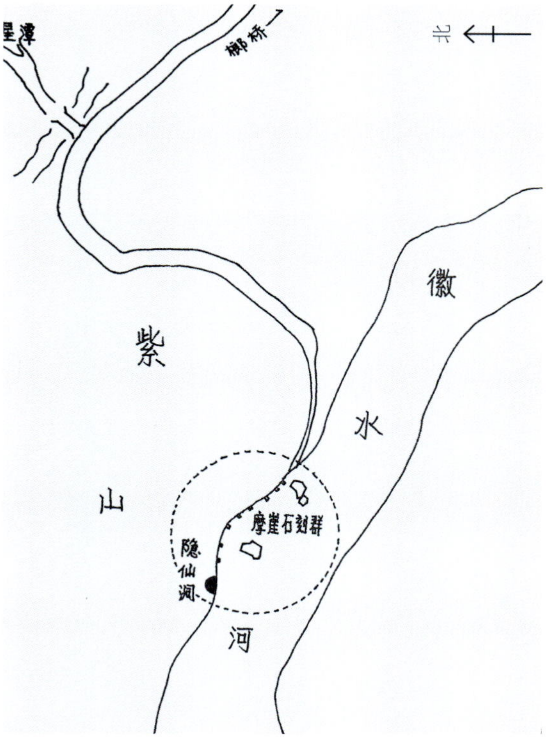

图一二九　隐仙洞摩崖石刻位置图

[1] 安徽省地方志编纂委员会：《安徽省志·自然环境志》，方志出版社，1998年。

《泾县志·文物古迹》载隐仙洞摩崖石刻位于徽水河南岸的紫山上，山脚下距徽水河河面 60 ～ 70 厘米处有古栈道遗迹，该栈道即为泾县西南至旌德县境的古道（旧时泾县通往毗邻县境的主要古道共有 6 条，该栈道即为其中之一）。紫山及徽水河中大石上目前已发现的清代摩崖石刻共 4 方，隐仙洞洞口及洞内石壁上共有 5 方。此处摩崖石刻已发现暴露出水面的有 4 方，但不能排除存在水下摩崖石刻的可能性，可作为仪器探测和水下探摸的重点调查对象（图一二八、图一二九）。

七、池州市水下文化遗存

池州市位于安徽省西南部，北与安庆市隔江相望，南接黄山市，西南与江西省九江市为邻，东和东北分别与芜湖市、铜陵市、宣城市接壤，境内河流较多，主要有龙泉河、尧渡河、黄湓河、秋浦河、白洋河、九华河、青通河等，除龙泉河流入江西鄱阳湖外，其余均流入长江，有中型湖泊 2 个即升金湖、太泊湖，小型湖泊有西岔湖、高桥湖、黄泥湖、七里湖、狭阳湖等（图一三〇；表一）。

升金湖位于长江右岸，东至县北部，跨池州市一隅，为河流汇聚发育而成，升金湖四周地形多样，湖岸曲折，湖汊较多，自西南向东北依次为大清湖、麻湖、澄潭湖、升金湖、坦埠湖、唐田湖、黄湓湖，以升金湖面积最大，故统称升金湖，因日产鲜鱼价值“升金”故而得名。升金湖东南岸是九华山山脉的一部分，为低山丘陵，西北属沿江冲积平原，入湖主要河流有张溪河、唐田河、黄湓河（亦称后河），来水面积 1548 平方千米。黄湓河经张溪镇后至余家咀附近进入湖区，河湖一体，于池州市的黄湓闸注入长江。升金湖长 27 千米，最大宽度 8 千米，正常水位 13 ～ 14 米。升金湖湖水呈黄绿色，透明度 0.15 ～ 0.30 米，pH6.8，矿化度 158 毫克 / 升，为重碳酸盐类钙组 Ⅰ 型水[1]。

［1］安徽省地方志编纂委员会：《安徽省志·自然环境志》，方志出版社，1998 年。

图一三〇 池州市水下文化遗存分布图

1. 皇姑墩遗址

皇姑墩遗址位于池州市贵池区牛头山镇马料湖，马料湖面积5000余亩，水深4～5米，据传为岳飞牧马场，故名，1974年建圩。1974年在湖中修围埂时曾翻出新石器时代陶片，1984年第一次文物普查时发现，由于水草茂盛，2009年现场调查时未发现实物。此处应为新石器时代遗址，可作为仪器探测和水下探摸的一般调查对象（见图一三〇）。

2. 石城遗址

石城遗址位于池州市贵池区殷汇镇沧埠村，《贵池县地名录》载西汉元封二年（公元前109年）置县，取石山夹河如城之意，得名石城县。孙权封韩当为石城侯，三国东吴名将黄盖曾任石城长。龙舒河和秋浦河在此交汇，丰水季节没于水下，枯水季节露出地表，现为挖砂工地，挖砂时曾挖出石条、井台等，但2009年现场调查时未发现实物。此处应为一处古城址，可作为仪器探测和水下探摸的一般调查对象（见图一三〇）。

3. 铁铺遗址

铁铺遗址位于池州市贵池区殷汇镇沧埠村秋浦河河湾处，石城遗址附近，枯水季节露出地表。2009年现场调查时曾发现少量新石器时代陶片。此处为一处新石器时代遗址，可作为仪器探测和水下探摸的一般调查对象（见图一三〇）。

4. 姜坝遗址

姜坝遗址位于升金湖北岸池州市东至县胜利镇姜东村。20 世纪 50 年代姜东村村民曾目睹有货船沉于水下，并救起数名落水船员，但数年后沉船已被成功打捞。黄湓河姜东村段河上原有石桥通两岸，清末以来积水成湖，该桥隐于水下。20 世纪 60 年代有渔民下水摸到石桥，并将石桥部分构件拆下作门槛之用。此处应为一处古桥梁遗址，可作为仪器探测和水下探摸的一般调查对象（见图一三〇）。

八、安庆市、铜陵市水下文化遗存

安庆市位于安徽省西南部，长江下游北岸，辖桐城市及枞阳、怀宁、潜山、岳西、太湖、望江、宿松 7 县，境内地貌主要由山脉、丘陵、台地和平原等组成。安庆地处长江下游，河网密布，水系发达，有二郎河、横埠河、尧渡河、青通河等 12 条支流汇入长江，龙泉河、鹰山河向南注入鄱阳湖和太白湖，淠河向北注入淮河，杭埠河向东注入巢湖，湖泊主要有龙感湖、大官湖、黄湖、泊湖、武昌湖、破罡湖、菜子湖、白荡湖、花亭湖等。

泊湖古名雷池，位于长江北岸，跨太湖、宿松、望江三县，主属望江县，为断裂带局部凹陷洼地，经长江长期洪水漫滩淤积，成为江湖分割的浅湖，主要入湖河流有华阳河、芦溪河、凉亭河。泊湖与华阳河相通，通过华阳河注入长江，湖区自西北向东南倾斜，湖面不规则，湖岸曲折，湖汊较多，长 21 千米，最大宽度 19 千米，平均水深 15 米，湖水呈绿色至淡黄色，能见度 0.1 ～ 0.35 米，pH7，为重碳酸盐类钙组Ⅱ型水。

菜子湖位于长江北岸，跨桐城、枞阳两县，为断裂带局部凹陷洼地积水，受长江影响淤积形成的湖泊，由菜子湖、代赛湖、鸭寺湖、嬉子湖、白兔湖、连城湖等湖群组成，构成统一的菜子湖水系，以菜子湖面积最大，故统称。于双河口接长河经枞阳闸入长江，主要入湖河流有源潭河、大沙河、挂车河、龙眠河、高赛河等。入湖河流都具有山间河流特征，湖盆四周多为低山丘陵区域，来水带来大量泥沙入湖后，受长江水位顺托而沉积。湖区长 23 千米，最大宽度 10 千米，平均水深 4 米，湖水呈黄绿色，能见度约 0.19 米，pH7.3，为重碳酸盐类Ⅰ型水。

白荡湖位于长江北岸，地处铜陵市枞阳县境腹部，西南距县城 21 千米，为断裂带局部凹陷洼地，经长江长期冲刷淤积而成，属于河迹洼地型湖泊，入湖河流有罗昌河、钱桥河、横埠河等，白荡湖原为河道，后积水成湖，天旱时水退，可露出湖底，白茫茫一片，故名

图一三一　安庆、铜陵水下文化遗存分布图

白荡湖。湖水经白荡闸和汤沟河至老湾王家套出口入长江。现存湖泊长12千米，最大宽度6千米，水面面积51平方千米，正常水深11.5米，容积1.54亿立方米，湖水呈黄绿色，透明度0.18米，pH7.1，矿化度147毫克/升，为重碳酸盐类钙组Ⅰ型水。

铜陵市位于安徽省南部、长江下游南岸，东距芜湖80千米，东南与繁昌县接壤，西距安庆约90千米，南与青阳县、南陵县交界，西南与池州市毗邻，西北与无为县、枞阳县一江之隔。铜陵地处长江中下游平原与皖南山区的交接地带，境内南部低山、丘陵纵横交结，北部平原，地势低洼平坦，水网密度高，河沟纵横，湖沼广布，主要有顺安河、黄浒河、青通河、长湖、桂家湖、天井湖、枫沙湖、竹丝湖、陈瑶湖、白荡湖等[1]（图一三一；表一）。

1. 山口遗址

山口遗址位于安庆市山口乡山口镇村，安庆市区以西10千米，七里湖以北，为一水湾，涨水期为湖，退水期为岸。通过向导了解曾挖出宋代铁钱、陶瓷片及明代陶瓷片等物。2009年现场调查时也发现有少量陶瓷片。山口遗址应为一处宋至明代的滩涂型遗址，可作为仪器探测和水下探摸的一般调查对象（图一三一、图一三二）。

[1] 安徽省地方志编纂委员会：《安徽省志·自然环境志》，方志出版社，1998年。

图一三二 山口遗址周边环境

图一三三 老街遗址周边环境

2. 白荡湖遗址

白荡湖遗址位于白荡湖中心区域。通过陆地走访获悉，20 世纪 80 年代曾有当地渔民在枯水季节时于湖中捞到大量清道光时期的铜钱，数量多达数百枚，但 2009 年陆上调查时在现场未发现铜钱，铜钱出水的具体位置不明确。此处应为一处清代的水下墓葬或者窖藏，可作为仪器探测和水下探摸的一般调查对象（见图一三一）。

3. 老街遗址

老街遗址位于铜陵市枞阳县官桥镇石金村（又名老屋里、老街）菜子湖以东。通过 2009 年陆上走访调查获悉，清末老街东边有河道，由长江经枞阳可通桐城、合肥，比较繁华，后被淹没于水下，陆上调查时在菜子湖边发现有陶瓷器碎片。此处应为古村镇遗存，水下存在建筑遗迹的可能性较大，可作为仪器探测和水下探摸的重点调查对象（图一三一、图一三三）。

4. 陈咀遗址

陈咀遗址位于桐城市嬉子湖镇松山村菜子湖与嬉子湖中间的半岛河滩地，也是嬉子湖与菜子湖交界处，为交通要冲，涨水时没于水下（见图一三一）。20 世纪 70 年代中期，在河滩地发现大量瓷器，有碗、盘等，散落面积近千平方米。2008 ～ 2010 年安徽水下考古陆上调查期间，在陈咀遗址地表采集文物标本 11 件，皆为陶瓷器碎片，以青瓷、青白瓷为主，另有少量的酱釉陶器，器形多为碗、罐。

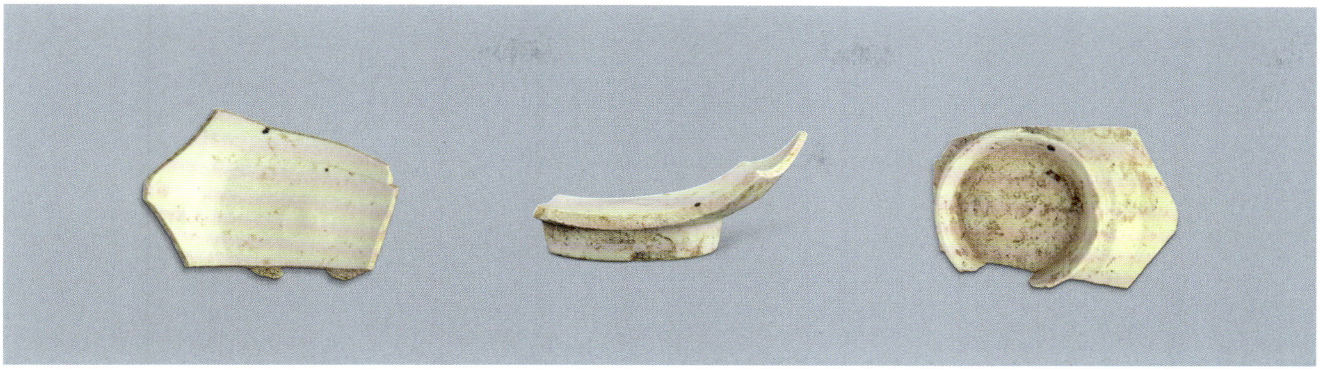

图一三四 陈咀采：01

图一三五 陈咀采：02

青白瓷碗 5件。

陈咀采：01，仅存下腹部及圈足。斜弧腹、平底微凹、圈足，圈足足墙外直内斜，足端较窄，挖足较深，白胎，胎质细密有杂质，胎体较薄，青白釉，内外壁皆施，圈足底无釉，素面无纹，制作较粗糙，圈足有烧结、破损后继续施釉的现象。足径6.3、残高4.3厘米（图一三四；图一四五，1）。

陈咀采：02，仅存下腹部及圈足。斜弧腹、平底微凹、圈足，圈足内外足墙外均较直，足端较窄，挖足很深，白胎，胎质细密坚硬，胎体薄，青白釉，内外壁皆施，釉面光亮莹润，圈足内侧及外底无釉，釉层有开裂现象，腹部内壁满饰刻划波浪纹，内底中部饰2尾刻划鱼纹，外壁素面无纹。足径5.7、残高4.2厘米（图一三五；图一四五，2）。

陈咀采：03，仅存下腹部及圈足。斜弧腹、凹圜底、圈足，圈足较高，外墙内斜，挖足极浅，白胎，胎质细密坚硬，胎体薄，青白釉，内外壁皆施，釉面光亮莹润，足底无釉，内壁素面，可见多道制作过程中形成的弦纹，外壁饰有印花菊瓣纹。足径5.4、残高5.6厘米（图一三六；图一四五，3）。

陈咀采：08，仅存下腹部及圈足。斜弧腹、平底微凹、圈足，圈足外直内斜，足墙略向外斜收，白胎，胎质细密坚硬，胎体较薄，青白釉，内外壁皆施，圈足足端及外底无釉，

腹部内壁与底交接处有压印痕一周，素面无纹。足径 4.8、残高 3.4 厘米（图一三七；图一四五，4）。

陈咀采：09，仅存下腹部及圈足。斜弧腹、平底微凹、圈足，圈足挖足较深，足墙外直内斜，足底有刮削痕迹，白胎，胎质细密坚硬，胎体较薄，青白釉，内外壁皆施，圈足

图一三六 陈咀采：03

图一三七 陈咀采：08

图一三八 陈咀采：09

图一三九 陈咀采：04

图一四〇 陈咀采：05

足端及外底无釉，素面无纹。足径 7.1、残高 2.7 厘米（图一三八；图一四五，5）。

青瓷碗 3 件。

陈咀采：04，敞口、尖唇、深斜腹、圜底略凹、玉璧底，足墙矮，足底宽，挖足很浅呈小鸡心底状，足底可见支钉痕迹四处，灰白色胎，胎质坚硬，其间夹杂有细小颗粒，胎体厚，青釉，釉色泛黄，内外壁皆施，釉层均匀，素面无纹。口径 14.9、足径 5.8、通高 5.2 厘米（图一三九；图一四五，6）。

陈咀采：05，仅存下腹部和圈足。斜弧腹、厚平底、圈足，圈足足墙较斜，足端略窄，有刮痕，挖足较浅，灰白胎，胎质较硬，中间有杂质及空隙，胎体厚，青釉，釉色较深，内外壁皆施，足端和外底无釉，内腹与底交接处有印痕一周，腹部内壁饰有刻划纹及篦点纹，腹部外壁饰有刻划花瓣纹。足径 4.6、残高 3.5 厘米（图一四〇；图一四五，7）。

陈咀采：11，仅存部分口沿及腹部残片。敞口、圆唇、斜弧腹，灰胎，胎质细密坚硬，胎体较薄，青釉，釉色泛黄，内外壁皆施，下腹部外壁釉色变为灰褐色，素面无纹。口径 15.6、残高 5.2 厘米（图一四一；图一四五，8）。

图一四一 陈咀采：11

图一四二 陈咀采：06

图一四三 陈咀采：07

图一四四 陈咀采：10

青瓷罐 2件。

陈咀采：06，仅存部分口沿及上腹部。敛口、卷沿、圆唇、鼓腹，灰褐色胎，胎质坚硬，间有杂质及孔隙，胎体薄，青釉，内外皆施，釉色不均匀，局部泛白，外壁有三道凸棱纹。口径18、残高8.2厘米（图一四二；图一四五，9）。

陈咀采：07，仅存部分口沿及上腹部。敛口、卷沿、圆唇、鼓腹，红褐色胎，胎质坚硬，间有杂质及孔隙，胎体薄，青釉，内外皆施。残高9.0厘米（图一四三；图一四五，10）。

酱釉陶壶 1件。陈咀采：10，仅存部分口沿及腹部残片。敞口、斜折沿、长直颈，灰褐胎，胎质细密，胎体较薄，内外均施酱釉，内壁仅施口沿部分，施釉较厚，外壁有剥釉现象，素面无纹。口径8.2、残高5.4厘米（图一四四；图一四五，11）。

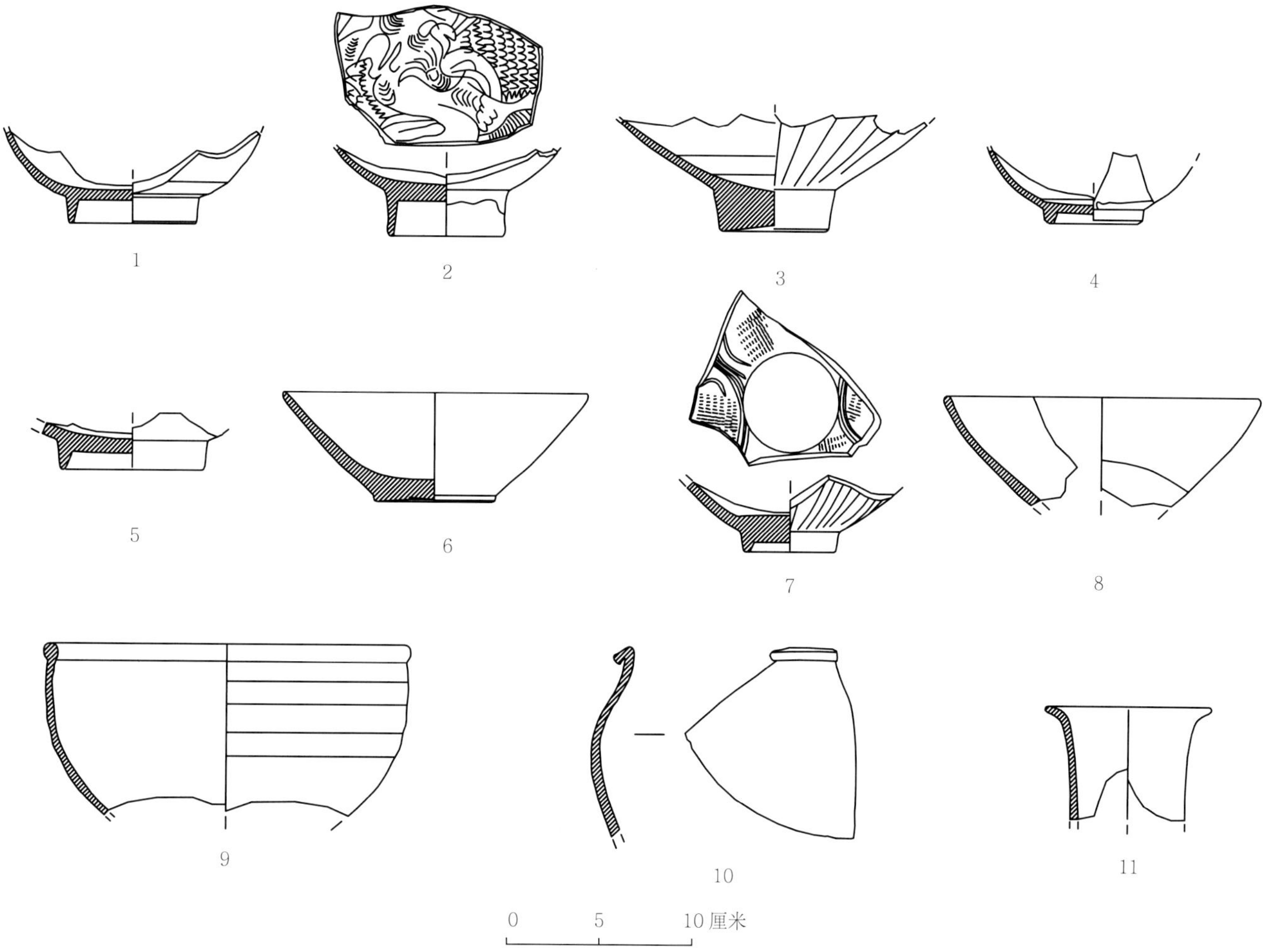

图一四五 陈咀遗址采集陶瓷器

1 ~ 5. 青白瓷碗（陈咀采：01、02、03、08、09） 6~8. 青瓷碗（陈咀采：04、05、11）
9、10. 青瓷罐（陈咀采：06、07） 11. 酱釉陶壶（陈咀采：10）

陈咀遗址采集的文物标本以青瓷、青白瓷为主，与华光礁一号宋代沉船及福建、浙江宋元时期窑址内发现的同类型青瓷器、青白瓷器在器形、制作方法及装饰上相近，因此陈咀遗址应该存在宋元时期的遗存，但是遗存的性质仍需进一步确认，可作为仪器探测和水下探摸的一般调查对象。

图一四六　古城遗址周边环境

5. 古城遗址

古城遗址位于泊湖中部，通过陆上走访和文献查找，泊湖中部的古城遗址有可能即为东晋时在雷池设立的大雷戍。20 世纪 50 年代泊湖湖底曾发现有石板、石条等文物，有浮雕图案，长至数米，望江县大桥修建时也曾在湖中捞起不少青砖，2009 年陆上调查时在太湖县大石乡田祥咀也发现了一些陶瓷器残片及少量青砖。根据太湖县、望江县泊湖两岸断面的地形地貌观察，泊湖极有可能是因为地震原因形成的湖泊，湖底可能保存有古代建筑遗迹，可作为仪器探测和水下探摸的重点调查对象（图一三一、图一四六、图一四七）。

图一四七　古城遗址残存石质文物

花亭湖是 20 世纪 50 ～ 70 年代因修建花凉亭水库而形成的水库型人工湖泊。花凉亭水库是以防洪、灌溉为主，结合发电、养殖、航运等综合利用的大型水利枢纽工程，水库控制流域面积 1870 平方千米，正常蓄水水位 88 米，能见度 0.6 ～ 1.2 米。水库大坝位于皖河的支流长河之上，距离太湖县城约 5 千米。花亭湖主要有店前河、前铺河、寺前河等十二条河流注入，地势西北高、东南低，湖底底质多为花岗岩、片麻岩，风化严重。花亭湖流域内受季风影响较大，汛期为 6 ～ 8 月，流域长度为 68 千米[1]（图一四八）。

[1] 安徽省地方志编纂委员会：《安徽省志·自然环境志》，方志出版社，1998 年。

图一四八　花亭湖水下文化遗存分布图

6. 赵朴初祖居

赵朴初祖居位于太湖县花凉亭水库北岸寺前镇。花凉亭水库蓄水时，赵文楷状元府未及拆迁。当年赵朴初回乡时，曾乘船至祖居地水面，并做诗怀念，后在寺前镇新街仿原有建筑异地重建。赵文楷为清代嘉庆元年恩科状元，士至山西雁平兵备道，于嘉庆五年出使琉球。

《太湖县志·地理志》载寺前古称寺前河。唐垂拱四年（688 年），六祖禅师慧能在此建解元寺（今已不存），香火旺盛，后逐年增加铺户而成小集镇，寺前老街在石头矶，为花凉亭水库所淹。新中国成立前有店铺、作坊 30 余家，其中以汪万顺药店和周三和杂货店较为有名，清代状元赵文楷的状元府府邸以及清末至民国年间富甲太湖的“王家熙福堂”均位于太湖县寺前镇，今已无存。此处应为清代古建筑遗址，可作为仪器探测和水下探摸的重点调查对象（图一四八）。

7. 桔子洲遗址

桔子洲遗址位于花亭湖西南半岛上，丰水时全部没于水下，附近原为河道，交通便利，陆上调查期间在遗址现场发现有大量新石器时代陶器碎片、石刀、石斧等文物。此处应为一处新石器时代遗址，可作为仪器探测和水下探摸的重点调查对象（图一四八、图一四九）。

图一四九　桔子州遗址地表陶片

8. 狄公墓

狄公墓位于太湖县花凉亭水库北岸，与赵朴初祖居遥遥相对。花凉亭水库山坡上复建有狄公亭和石碑，石碑刻有“狄仁杰……昔本镇九村畈有其墓庙，1958年被花凉亭水库淹没。为恢复人文景观，弘扬狄公风范，特建亭是记”碑文，据向导介绍当年狄公墓庙就淹没在目前碑亭以外的水面之下，此处应为古建筑或古墓葬遗存，但应该并非狄仁杰之墓，可作为仪器探测和水下探摸的一般调查对象（图一四八）。

9. 十里晋陵畈墓地

观音洞水库属国家中型水库，始建于1958年，地处安庆市怀宁县秀山乡独秀山下，东距安庆市30千米，北距怀宁县城18千米。观音洞水库水面面积1.5平方千米，蓄水量1100万立方米，平均水深8.1米，最大水深17.3米。水库周边历史文化人文景观较多，如观音洞、观音岩、香炉冲、谷泉寺、温泉井以及汉代冶炼遗址、晋陵遗址等[1]。

十里晋陵畈墓地位于观音洞水库库区内，水库岸边附近山坡上现存有清代及民国纪年墓葬数座。20世纪90年代观音洞水库清库整修水位下降后，露出大量墓葬封土堆。据怀宁县文物管理所工作人员介绍，水位下降后水库附近盗掘古墓葬的案件时有发生，后经文物、公安部门联合打击，盗掘古墓葬的现象得到有效遏制。此处应为一处规模较大的古墓葬群，时代自南北朝直至清代，可作为仪器探测和水下探摸的重点调查对象（图一四八）。

[1] 安徽省地方志编纂委员会：《安徽省志·自然环境志》，方志出版社，1998年。

九、巢湖水下文化遗存

巢湖曾称南巢、居巢湖，俗称焦湖，位于安徽省中部，由合肥市、巢湖市、肥东县、肥西县、庐江县二市三县环抱，是安徽最大的湖泊，也是中国五大淡水湖之一。巢湖湖水主要靠地面径流补给，随着入湖径流量和降水量的变化，湖面面积、容积、水深的变化也较大，每年4月因春雨湖水上涨，5～6月汛期开始，7～8月水位最高，9月水位下降。巢湖东西长54.5千米，南北平均宽15.1千米，湖岸线最长181千米，最大水域面积约825平方千米，最大容积48.10亿立方米，最大深度0.98～7.98米，巢湖湖底平坦，水面辽阔，水质一般，湖水夏季呈黄色、冬季呈黄绿色，能见度0.15～0.2米，pH7.0～8.9，为重碳酸盐类钙组Ⅱ型水。巢湖属北亚热带季风气候，年平均水温17.5℃，1月份平均水温为3.8℃，7月份平均水温25℃。

巢湖流域面积为一万多平方千米，沿湖共有河流30余条，较大的河流有杭埠河、丰乐河、白石天河、派河、南淝河、烔炀河、柘皋河、兆河等[1]。

巢湖南可截长江，北控合肥，左与大别山形成犄角之势，右可以威胁南京，军事地位异常重要，同时巢湖水域宽阔，湖中有岛，既是水军聚集训练的优良场所又是天然的粮仓（图一五〇；表一）。

1. 四方城遗址

四方城遗址位于巢湖市居巢区中垾镇沿湖村南部的巢湖之中。新中国成立前当地渔民迫于生计，经常进行一种叫做“赶湖拣鱼”的危险性极高的生产活动，即每当冬季强劲的西北风刮过，巢湖湖面会产生较大波浪，波峰与波谷之间形成很大落差。当落差大于或等于湖水深度时，来不及随波峰游走的鱼就会搁浅在湖底，渔民随即跑进湖底迅速抓起搁浅的鱼再跑回岸上，稍有不慎即会葬身湖底。据当地老渔民回忆当时看到湖底四方形城墙的情形，城周长二里，高2～3米，有南、北两个石砌城门，实地调查时用乘船之竹篙下捅湖底感觉到湖底有较硬的堆积存在，此处应为一处古城遗址或古建筑遗址，可能与“陷巢州”的典故有关，可作为仪器探测和水下探摸的重点调查对象（见图一五〇）。

[1] 安徽省地方志编纂委员会：《安徽省志·自然环境志》，方志出版社，1998年。

图一五〇 巢湖水下文化遗存分布图

2. 东库门遗址

东库门遗址位于巢湖市居巢区银屏镇东库门村的巢湖东岸，靠近巢湖闸。现场调查发现原村庄已拆迁，现为房地产开发建设工地，岸边已作护坡，暂未发现实物。在相邻的徐庙村调查时，村民告知，20 世纪 80 年代在东库门村西侧 200 ～ 500 米范围内的水面下发现过青砖和瓦当，此处应为一处古建筑遗存，但线索比较单一，可作为仪器探测和水下探摸的一般调查对象（见图一五〇）。

3. 唐咀遗址

唐咀遗址位于巢湖市居巢区中垾镇唐咀村的巢湖北岸。遗址大部分淹没于水下，湖岸仅存部分遗存，水面观察发现遗址呈二级梯次分布，自岸边向水下延伸约 30 米距离为第一梯次，东西长约 500 米，水深约 1 米；向水下延伸 30 米距离外遗址陡折向下，并向湖内延伸约 300 米，深度 3 ～ 5 米（见图一五〇）。

20 世纪 90 年代末，巢湖市文物部门调查时发现并采集到部分标本，有汉代铜钱、青铜箭镞、陶器、网坠等。2009 年现场调查时在巢湖边发现大量绳纹板瓦、瓦当、陶罐、陶壶残片等遗物，此处应为一处汉代遗址，可作为仪器探测和水下探摸的重点调查对象（图一五一）。

图一五一　唐咀遗址地表遗物

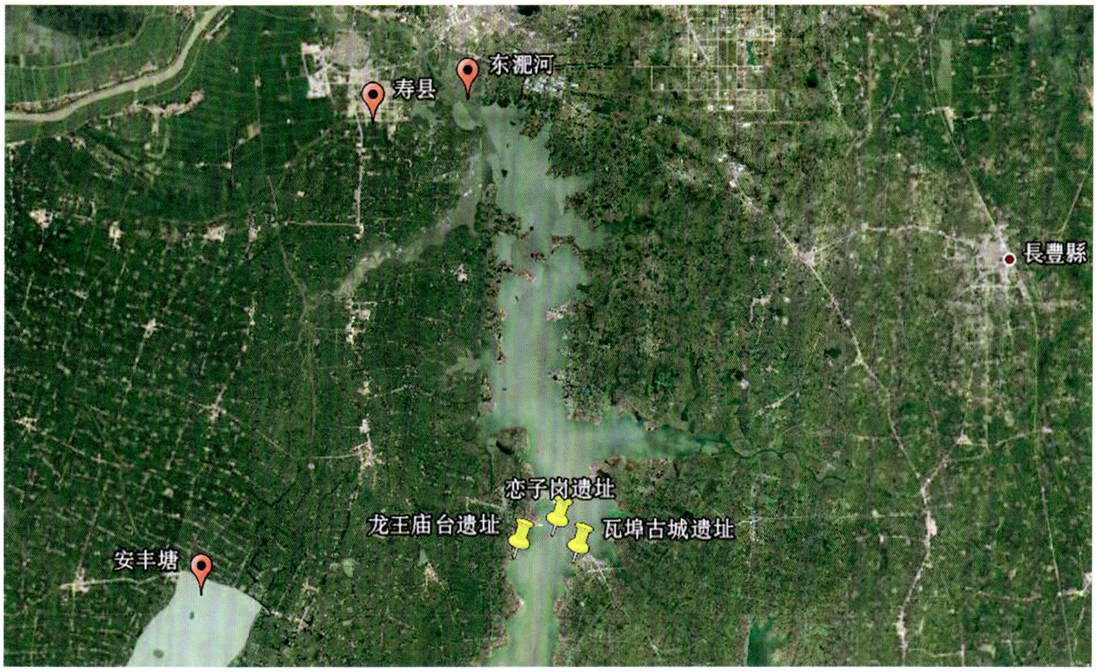

图一五二　瓦埠湖水下文化遗存分布图

十、寿县水下文化遗存

瓦埠湖位于淮河右岸寿县境内，东淝河的下游，河湖一体，为河道扩展的湖泊，受南北不均匀升降运动，黄河南泛，河口段被淤，洼地积水逐渐形成，因瓦埠街（现为瓦埠镇）滨其右，故名。湖面跨寿县、长丰两县及淮南市，主要在寿县境内。湖区南北长 52 千米，东西平均宽约 5 千米，正常水位 18 米，水面面积约 156 平方千米，湖底高程 15.5 米。主

要来水南有东淝河，流域呈扇形，属丘陵区，一支源出肥西的大潜山，一支出六安的龙穴山，两支于董铺汇合后进入平原，至白洋淀进入湖区；东有瓦埠河，亦称沿河、庄墓河，即古阎涧水；西有陡涧河。湖水呈淡绿黄包，透明度 0.1 ~ 0.3 米，pH8.4，矿化度 256 毫克 / 升，为重碳酸盐类钙组 I 型水[1]（图一五二；表一）。

1. 瓦埠古城遗址

瓦埠古城遗址位于寿县瓦埠镇赵圩村的瓦埠湖东岸，湖堤护坡水面之下，据向导介绍，瓦埠古城分布范围约5平方千米。2009年陆上调查时在瓦埠湖岸边发现了较多的青砖、瓦当、瓷片等遗物，遍布岸边坡地、滩涂以及水下。此处当为明清时期的城址遗址，可以作为仪器探测和水下探摸的重点调查对象（图一五二～图一五四）。

2. 龙王庙台遗址

龙王庙台遗址位于瓦埠湖西岸寿县陶店乡湖滨村，为一处高台，距湖较近，分布面积较大，涨水时部分淹没于水下，目前由于水面较小，高台已经与湖岸连成一体，附近农田里散布有较多陶片，高台临水面现存有部分商周时期的陶片等遗物，此处应为一处商周时期的遗址，可以作为仪器探测和水下探摸的一般调查对象（见图一五二）。

3. 恋子岗遗址

恋子岗遗址位于瓦埠湖中心区域，由大、小两个呈西南—东北方向分布的岛屿组成，两岛相距约 600 米（见图一五二）。恋子岗大岛地表散布有较多的汉代陶片，小岛发现的唐宋陶瓷器碎片较多。2009 年安徽水下考古陆上调查期间，在恋子岗遗址采集文物标本 30 件，多为瓷器碎片，以青白瓷和青瓷为主（图一五五、图一五六）。

青白瓷盘　3 件。

恋子岗采：01，敞口、圆唇、浅腹、平底，圈足残损较甚，白胎，胎质细密坚硬，青白釉，内外壁皆施，局部有流釉现象，内壁饰有缠枝花卉纹样，外壁素面无纹。口径 15.4、残高 3.8 厘米（图一五七；图一八七，1）。

恋子岗采：04，仅存腹及底部残片。浅腹、平底、矮圈足，挖足极浅，白胎，胎质细密坚硬，青白釉，内壁满釉，外壁仅器底无釉，其他部位皆为青白釉，圈足有流釉现

[1] 安徽省地方志编纂委员会：《安徽省志·自然环境志》，方志出版社，1998 年。

图一五三　瓦埠古城遗址周边环境

图一五四　瓦埠古城遗址地表遗物

象，外壁器底可见多道制坯时形成的圆圈纹，其他部位素面无纹。足径 9、残高 2.3 厘米（图一五八；图一八七，2）。

恋子岗采：14，口、腹均残缺，仅存器底及部分腹部。平底，中部隆起，圈足挖足较深，足墙直，足底平削，白胎，胎质细腻，器身满施青白釉，釉面开片，外底有圆形垫圈痕迹，残存部分素面无纹。足径 4.6、残高 1.7 厘米（图一五九；图一八七，3）。

青白瓷碗　8 件。

恋子岗采：07，仅存腹及底部残片。浅腹、平底、矮圈足。圈足足墙斜，挖足较浅，白胎，

图一五五　恋子岗遗址周边环境

图一五六
恋子岗遗址地表遗物

胎质细腻，器身施青白釉，外底无釉，釉面开片，内壁施刻划花草纹和水波纹，外壁饰模印花瓣纹。足径 4.5、残高 3.4 厘米（图一六〇；图一八七，4）。

恋子岗采：09，仅存底部残片。平底、高圈足，挖足较深，足端平削，白胎，胎质细腻，器身施青白釉，圈足足端及外底无釉，足墙局部有流釉现象，残存部分素面无纹。足径 5.4、残高 2.1 厘米（图一六一；图一八七，5）。

恋子岗采：11，敞口、圆唇、斜弧腹、平底、圈足，挖足较深，足墙斜，足底平

削，白胎，胎质细腻，内壁满施青白釉，外壁施釉至下腹部，釉面开片，内壁残存部分素面无纹，外壁饰模印花瓣纹。口径 12.8、足径 4.8、通高 3.6 厘米（图一六二；图一八七，6）。

恋子岗采：16，仅存口沿及腹部残片。敞口、尖唇、弧腹，白胎，胎质细腻，器身满施青白釉，釉面开片，内壁施刻划花草纹和水波纹，外壁饰模印花瓣纹。瓷片残长 7.2、宽 5.1、壁厚 0.4 厘米（图一六三；图一八七，7）。

恋子岗采：22，仅存下腹部和器底。浅弧腹、平底、矮圈足，足端略残，挖足较深，足墙直，白胎，胎质细腻，器身施青白釉，圈足足端及外底无釉，残存部分素面无纹。足径 5、残高 3.4 厘米（图一六四；图一八七，8）。

恋子岗采：23，仅存下腹部和器底。斜弧腹、凹圜底、高圈足，挖足较浅，足墙外斜，足端较平，白胎，胎质细腻，器身施青白釉，圈足足端及外底无釉，内壁施刻划花草纹和水波纹，外壁饰模印花瓣纹。足径 3.8、残高 4 厘米（图一六五；图一八七，9）。

图一五七　恋子岗采：01

图一五八　恋子岗采：04

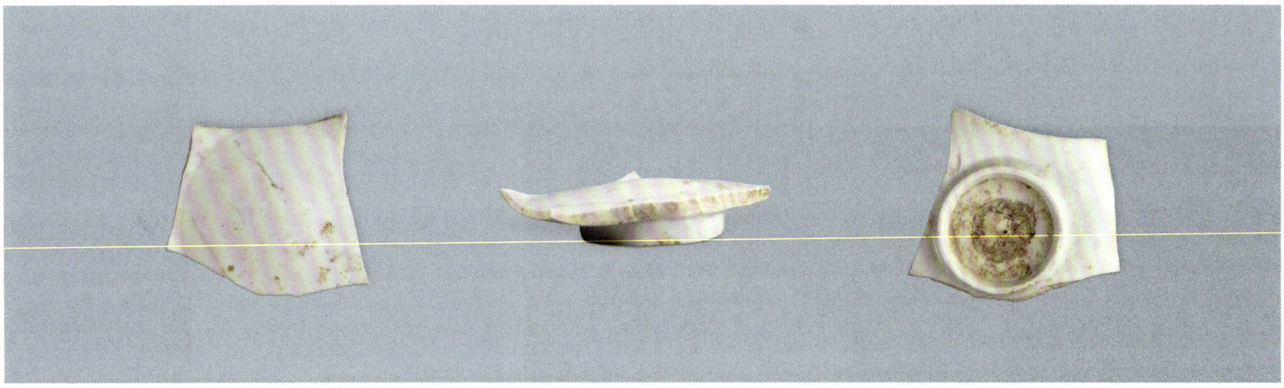

图一五九　恋子岗采：14

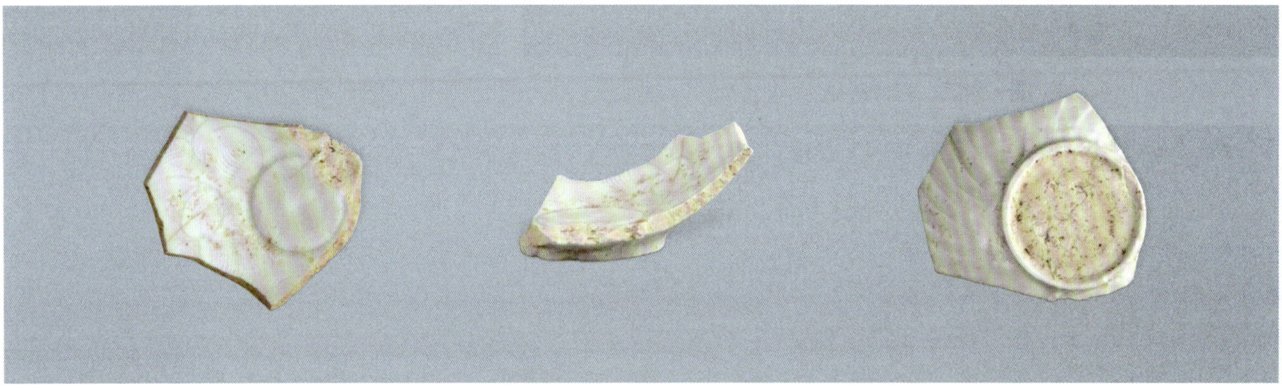

图一六〇　恋子岗采：07

图一六一　恋子岗采：09

恋子岗采：27，仅存口沿及腹部残片。敞口、尖唇、弧腹，白胎，胎质细腻，器身满施青白釉，内壁施刻划花草纹和水波纹，外壁饰模印花瓣纹。瓷片残长7、宽6.2、壁厚0.7厘米（图一六六；图一八七，10）。

恋子岗采：28，仅存口沿及腹部残片。敞口略外撇、圆唇、斜弧腹，白胎，胎质细腻，器身满施青白釉，外壁饰模印花瓣纹，内壁素面无纹。瓷片残长5、宽4.1、壁厚0.35厘米（图一六七；图一八七，11）。

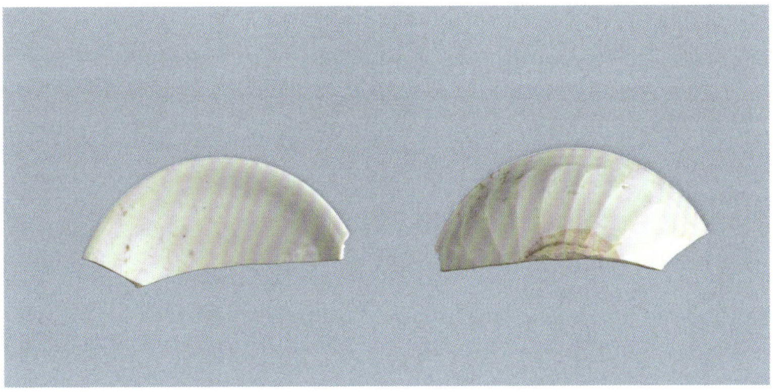

图一六二　恋子岗采：11

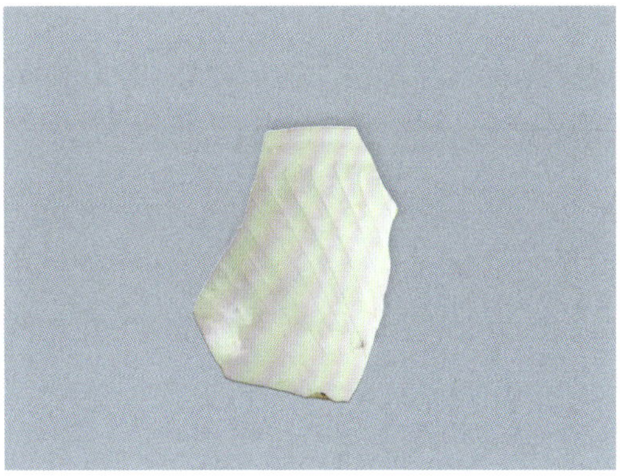

图一六三　恋子岗采：16

图一六四　恋子岗采：22

青白瓷花口钵　2件。

恋子岗采：12，口沿呈花边形，敞口、尖唇、斜折腹、平底，白胎，胎质细腻，器身施青白釉，外底无釉，素面无纹。口径14.1、足径6.2、通高4.1厘米（图一六八；图一八七，12）。

恋子岗采：18，口沿呈花边形，敞口、尖唇、斜折腹、平底，白胎，胎质细腻，器身施青白釉，外壁折腹处饰有数道凹弦纹，外底残留有多道制作加工时留下的圆圈纹。口径13.2、足径5.8、通高3.6厘米（图一六九；图一八七，13）。

青白瓷罐　1件。恋子岗采：15，子母口，子口内敛，尖唇，上腹部较直，下腹部内折斜收，凹圜底，内底中部隆起，矮圈足，挖足较浅，足端斜削，斜挖足，足底斜削，白胎，胎质细腻，器身施青白釉，内壁除口部外满釉，外壁口部及底部无釉，残存部分素面无纹。口径4.6、足径4、通高3.6厘米（图一七〇；图一八七，14）。

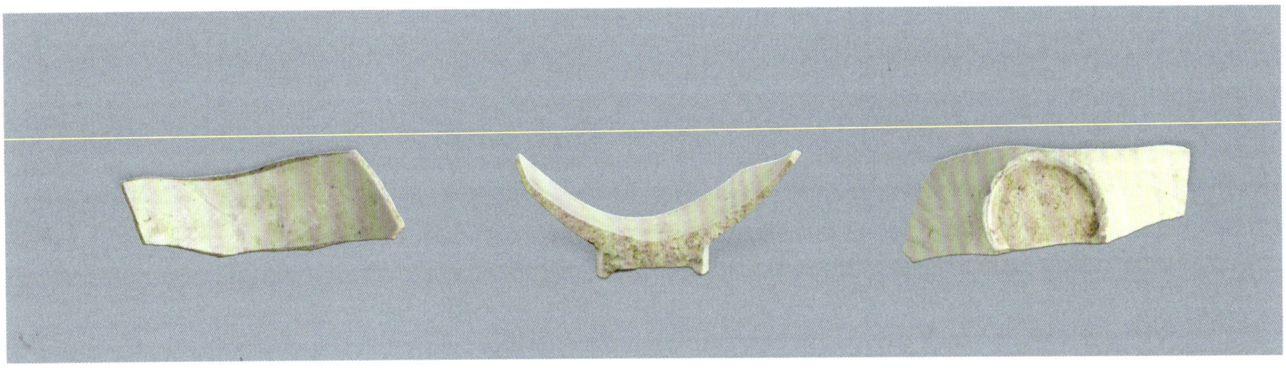

图一六五 恋子岗采：23

图一六六 恋子岗采：27

图一六七 恋子岗采：28

图一六八 恋子岗采：12

青白瓷杯　1 件。恋子岗采：02，仅存器底和杯座。平底略凹，杯座为一高圈足，足底呈喇叭口，外沿向上内卷，白胎，胎质细腻，器身施青白釉，内底无釉，外壁施釉较厚，部分位置有流釉现象，外底无釉，圈足内可见装烧时的垫饼痕迹，残存部分素面无纹。足径 7.7、残高 3.6 厘米（图一七一；图一八七，15）。

青瓷盘　1 件。恋子岗采：20，敞口、圆唇、斜直腹、平底、矮圈足，挖足极浅，削足内收，足端较尖，白胎，胎质细腻，器身施青釉，釉面有开片现象，外底施青白釉，圈足无釉，残存部分素面无纹。口径 11.6、足径 6.8、通高 2.4 厘米（图一七二；图一八七，16）。

图一六九　恋子岗采：18

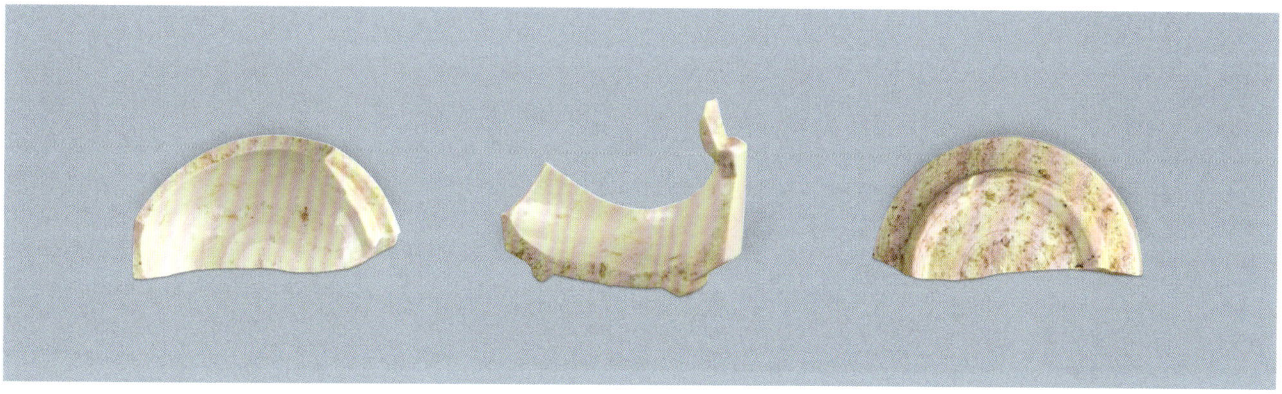

图一七〇　恋子岗采：15

图一七一　恋子岗采：02

图一七二　恋子岗采：20

青瓷碗　3 件。

恋子岗采：05，仅存下腹部、器底和圈足部分。斜弧腹、平底略凹、矮圈足，挖足较浅，足底斜削，白胎，胎质细腻，器身满施青釉，釉层较厚，外底有垫片痕迹，内底模印有缠枝花卉纹。足径 7.3、残高 1.7 厘米（图一七三；图一八七，17）。

恋子岗采：17，仅存下腹部、器底和圈足部分。斜弧腹、平底、矮圈足，挖足较浅，足墙外撇，足底斜削，红褐色胎，火候偏低，器身施青灰色釉，釉色泛白，足底刮釉，残存部分素面无纹。足径 6.3、残高 3.2 厘米（图一七四；图一八七，18）。

恋子岗采：26，侈口、卷沿、圆唇、斜弧腹、平底略凹、矮圈足，挖足较浅，足墙外撇，足底斜削，红褐色胎，火候偏低，器身施青灰色釉，釉色泛白，残存部分素面无纹。口径 14.2、足径 6.4、通高 5.3 厘米（图一七五；图一八七，19）。

青瓷盏　4 件。

恋子岗采：06，仅存下腹部、器底和圈足部分。斜弧腹、平底略凹、矮圈足，挖足较浅，足墙外撇，足底宽平，内底残留有三个支钉痕迹，红褐色胎，火候偏低，内壁施青灰色釉，外壁下腹部、圈足及器底没有施釉，呈红褐色，残存部分素面无纹。足径 5.8、残高 2.5 厘米（图一七六；图八七，20）。

图一七三　恋子岗采：05

图一七四　恋子岗采：17

图一七五　恋子岗采：26

图一七六　恋子岗采：06

恋子岗采：10，仅存下腹部、器底和圈足部分。斜弧腹、平底略凹、矮圈足，挖足较浅，足墙外撇，足底宽平，红褐色胎，火候偏低，内壁施青釉，外壁上腹部施青釉，下腹部施酱釉，圈足及外底没有施釉，呈红褐色，残存部分素面无纹，外底残留有多道制作加工时留下的圆圈纹。足径 5、残高 2.2 厘米（图一七七；图一八七，21）。

恋子岗采：29，敞口、卷沿、圆唇、斜弧腹、圜底中部隆起、矮圈足，挖足较浅，足墙外撇，足端较尖，红褐色胎，火候偏低，内壁满施青釉，外壁口沿和上腹部施青釉，釉层较厚，有流釉现象，下腹部施酱釉，圈足和外底无釉，残存部分素面无纹，外底残留有多道制作加工时留下的圆圈纹。口径 11.2、足径 5.3、通高 3.5 厘米（图一七八；图一八七，22）。

恋子岗采：30，敞口、卷沿、圆唇、斜弧腹、圜底中部隆起、圈足，挖足较深，足墙外撇，足端较宽，红褐色胎，火候偏低，内壁满施青灰色釉，釉面起泡严重，外壁口沿和上腹部施青灰色釉，下腹部施酱釉，圈足和外底无釉，残存部分素面无纹，外底残留有多道制作加工时留下的圆圈纹。口径 11.4、足径 5.1、通高 3.8 厘米（图一七九；图一八七，23）。

青瓷罐　5 件。

恋子岗采：03，仅存口沿和上腹部残片。敛口、斜折沿、圆唇、溜肩、鼓腹，红褐色胎，火候较低，器身内外壁皆施青灰色釉，釉面开片，釉色斑驳不纯，残存部分素面无纹。口径 21、残高 10.2 厘米（图一八〇；图一八七，24）。

恋子岗采：08，仅存口沿和上腹部残片。敛口、卷沿、圆唇、短束颈、溜肩、鼓腹，红褐色胎，胎质细密，夹杂有少量砂粒，釉色青灰不均匀，釉层较薄，残存部分素面无纹。口径 20、残高 7.5 厘米（图一八一；图一八七，25）。

图一七七　恋子岗采：10

图一七八 恋子岗采：29

图一七九 恋子岗采：30

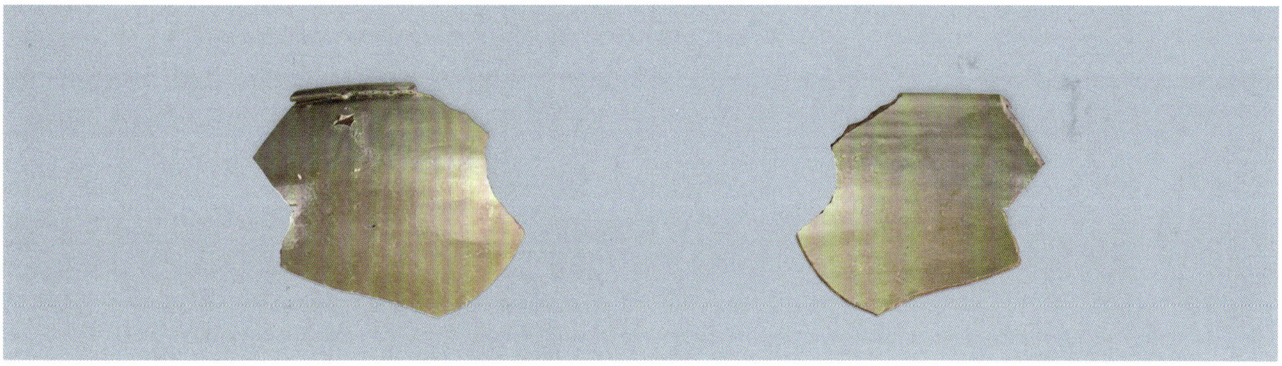
图一八〇 恋子岗采：03

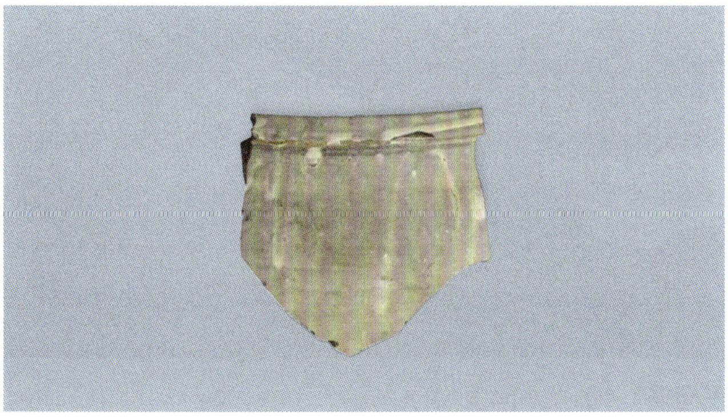
图一八一 恋子岗采：08

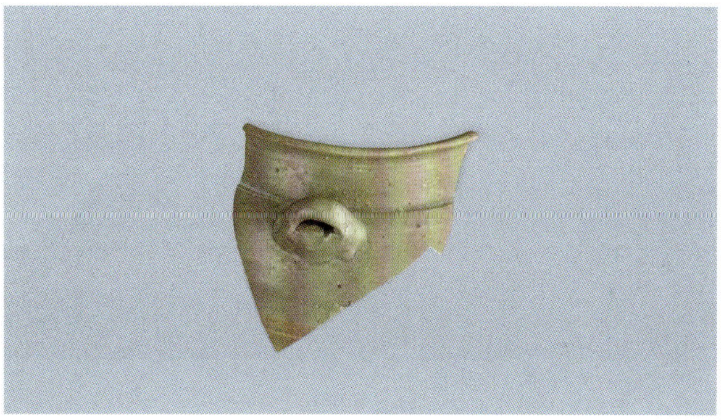
图一八二 恋子岗采：13

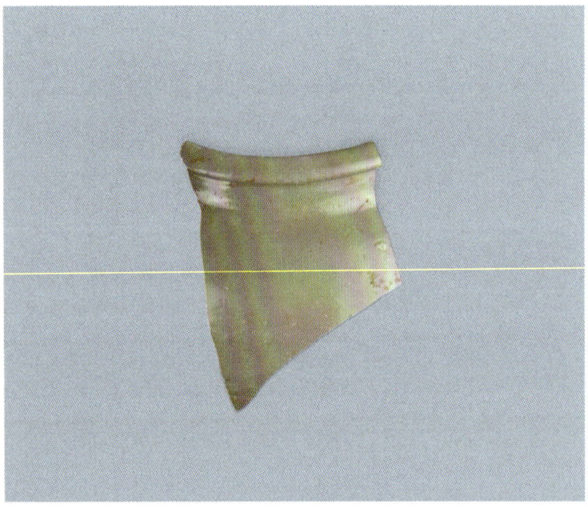

图一八三 恋子岗采：21

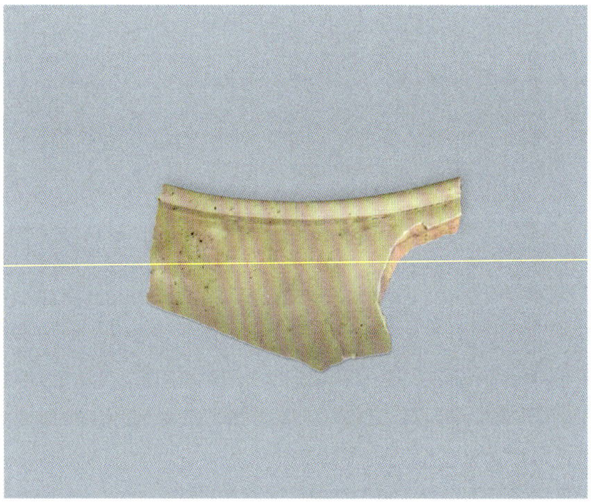

图一八四 恋子岗采：25

图一八五 恋子岗采：19

图一八六 恋子岗采：24

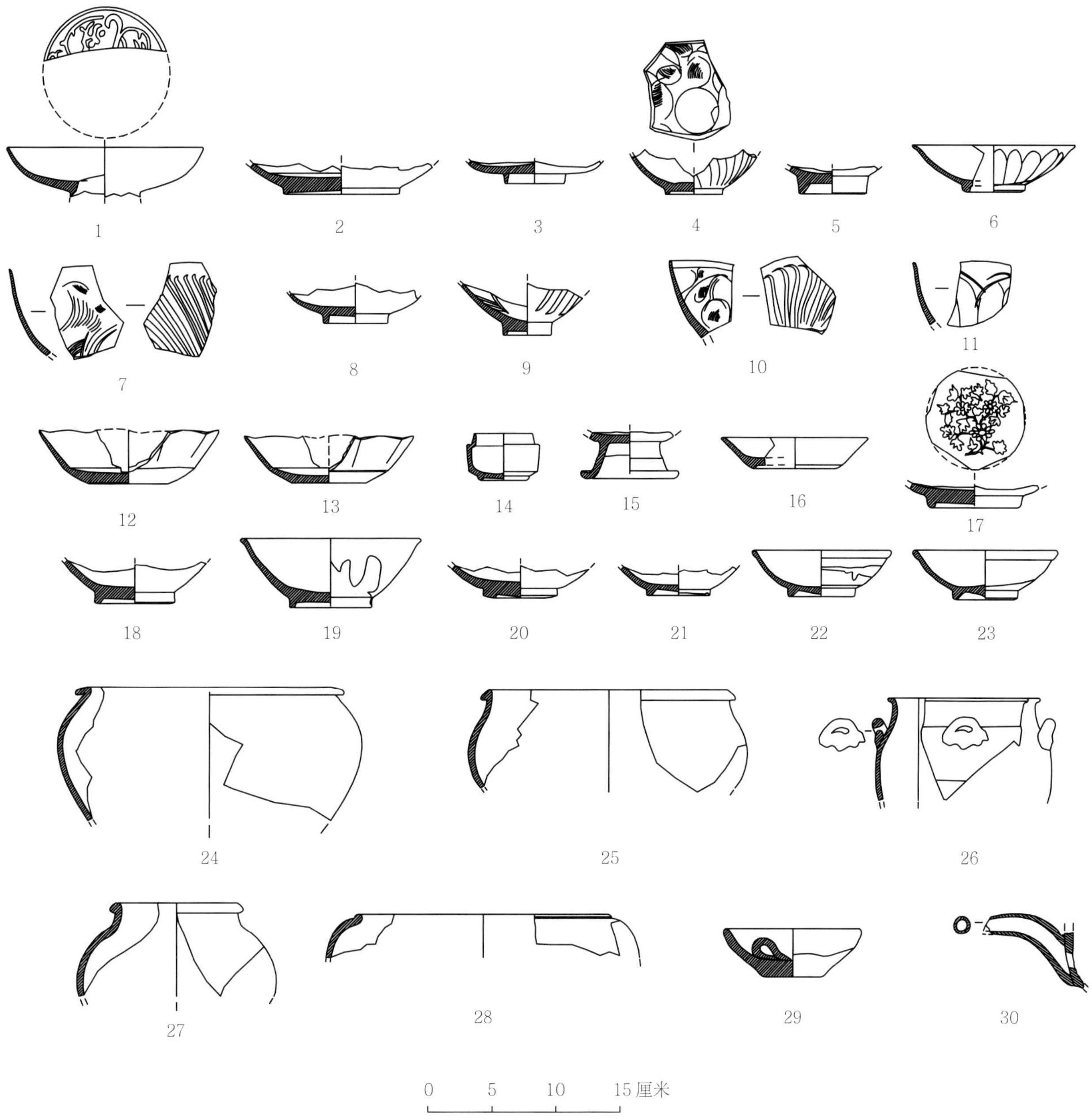

图一八七　恋子岗遗址采集瓷器

1 ~ 3. 青白瓷碗（恋了岗采：01、04、14） 4 ~ 11. 青白瓷碗（恋子岗采：07、09、11、16、22、23、27、28）
12、13. 青白瓷花口钵（恋子岗采：12、18） 14. 青白瓷罐（恋子岗采：15） 15. 青白瓷杯（恋子岗采：02）
16. 青瓷盘（恋子岗采：20） 17 ~ 19. 青瓷碗（恋子岗采：05、17、26） 20 ~ 23. 青瓷盏（恋子岗采：06、10、29、30）
24 ~ 28. 青瓷罐（恋子岗采：03、08、13、21、25） 29. 青瓷灯（恋子岗采：19） 30. 青瓷流（恋子岗采：24）

恋子岗采：13，仅存口沿和上腹部残片。敛口、卷沿、圆唇、长束颈、溜肩、鼓腹，肩部贴附有半圆形桥纽，灰胎，胎质细密，青釉，外壁施釉至上腹部，内壁仅口沿部位施釉，残存部分素面无纹。口径12、残高7.8厘米（图一八二；图一八七，26）。

恋子岗采：21，仅存口沿和上腹部残片。敛口、卷沿、圆唇、短束颈、溜肩、鼓腹，红褐色胎，胎质细密，满施青釉，釉层较薄，残存部分素面无纹。口径10.4、残高7.1厘米（图一八三；图一八七，27）。

恋子岗采：25，仅存口沿和上腹部残片。敛口、卷沿、圆唇、鼓腹，红褐色胎，器身施青釉，釉色泛黄，残存部分素面无纹。口径20、残高3.3厘米（图一八四；图一八七，28）。

青瓷灯 1件。恋子岗采：19，敞口、圆唇、斜弧腹、厚平底，内底有一椭圆形纽，应为放置灯芯用，红褐色胎，胎质细密，夹杂有少量砂粒，青灰色釉，釉色泛黄，釉层较薄，内壁满釉，外壁仅口沿部位施釉，下腹部及器底无釉，残存部分素面无纹。口径11、足径4.9、通高3.7厘米（图一八五；图一八七，29）。

青瓷流 1件。恋子岗采：24，应为壶的流部，口部略残，灰褐色胎，青釉。残长9.2、宽4.2、壁厚0.7厘米（图一八六；图一八七，30）。

恋子岗为河边两处高岗，河口堵塞积水后形成了两个岛，陆上调查采集的文物标本以瓷器为主，其中以青白瓷、青瓷为主，器形有碗、盘、杯等，纹饰有刻划水波纹、花草纹、模印花卉纹等，从釉色、器形、纹饰等方面看，青白瓷器与西沙华光礁一号宋代沉船遗址、青瓷器与福建平潭大练岛元代沉船遗址出水的同类型器物相近，因此恋子岗遗址的堆积以宋元时期为主，应是长期生活留下的文化遗存，可作为仪器探测和水下探摸的一般调查对象。

4. 迎水寺遗址

迎水寺位于淮河右岸寿县正阳关镇东北约400米处淮河大堤内临河的一处高台上，淮河在此处转向东北流，故称“迎水”，高台外围砌石，高3米，面积约1000平方米，陆上调查时发现有乾隆通宝一枚及瓷片和瓦当等残片。据向导介绍，新中国成立前曾建有庙宇，此处应为一处建筑遗址，时代为清代中后期，可作为仪器探测和水下探摸的一般调查对象。

十一、金寨县水下文化遗存

金寨县地处安徽省西部，东连六安市霍山县，南接湖北省英山县、罗田县，西邻湖北省麻城市、河南省商城县，北界河南省固始县，境内地势自西南向东北倾斜，山脉、丘陵

与盆地、河谷相间分布，境内有史河、西淠河两大水系以及梅山水库和响洪甸水库两处人工水利设施，东北部有汲水水系的泉河和白塔畈河，这些水系下游均汇入淮河。

响洪甸水库是淮河支流西淠河上的一座大型水库，是20世纪50年代中国治理淮河水患的枢纽工程之一，是以防洪灌溉为主，结合发电、城市供水、航运、水产养殖等综合利用的大型水利水电工程。响洪甸水库地处江淮分水岭，地势南高北低，多为山区，属大别山系，平均海拔500米，植被率90%，森林覆盖率64%，坝顶高程为143.4米，最大坝高87.5米，水库正常蓄水位128米，蓄水量为14.13亿立方米。响洪甸水库属亚热带气候区，年平均气温15℃，雨量充沛，但年际分布不均，降雨主要集中在汛期（5～9月），5月份以前的降雨系长江流域降雨过程的影响，6月下旬至7月上旬为梅雨期，降雨量大且频繁，易造成洪水，7月降雨量占年平均降雨量的17%。水质优良，为Ⅱ类水质，水库来水主要靠降雨补给。入库来水含沙主要在洪水期，枯水期含沙量较少，淤积地段主要集中于上游各支流河口，大坝附近水域淤积较少。

梅山水库是位于淮河支流史河上游的一座大型水库，库区周围山势雄伟，植被良好，两岸地形一般高出河床200米以上，流域内最高峰达1700米，平均坡降2.5%，梅山水库蓄水区南北长40千米，平均宽1.66千米，正常蓄水位下形成湖泊面积达58平方千米，平均水深25米，最大蓄水面积92平方千米。主要来水河流有根河、白沙河、麻河、白水河等，均为坡陡流急的山溪性河流，随雨量的变化暴涨暴落，历时短，流速大，夹带大量泥沙沉积于水库上游河流入口金家寨一带。梅山水库所在流域属亚热带气候区，年平均气温15℃，雨量充沛，但年际分布不均，主要集中在汛期（5～9月），水质优良，为Ⅱ类水质[1]（图一八八；表一）。

1. 刘新圩、麻埠镇遗址

刘新圩、麻埠镇遗址皆位于金寨县响洪甸水库水下。《肥西县志》载刘铭传于1891年5月称病辞职，离开台湾，返回故乡，在麻埠九官山一带修建别墅，名刘大圩或刘新圩，常住此地，1896年1月12日，刘铭传在刘新圩去世，遗骨暂时安放在圩内，拟择时安葬。1896年春，刘新圩遭山洪破坏严重，刘铭传归葬于距离刘老圩约十几里的金桥吴家院墙（图一八九）。

[1] 安徽省地方志编纂委员会：《安徽省志·自然环境志》，方志出版社，1998年。

图一八八　金寨县水下文化遗存分布图

《金寨县志》载响洪甸水库的移民高程是132.7米，淹没了麻埠镇、流波镇等，淹没面积约71平方千米，淹没区总人口5万余人，麻埠镇古称“麻步山”、“麻步川”，清代正式称为麻埠镇。淹没前整个麻埠镇市面约3平方千米，有大街（分为北、中、南三段）、顺河街、新街三条主要街道，还有西城街、兴隆街、太平街、后街等，水陆通达，市场昌盛，原是金寨县境东北的门户和农副产品集散地，旧有“金麻埠”、“小上海”之称（图一九〇、图一九一）。

陆上走访调查时，在茶花岛附近村民家中发现了一批石质文物，这些石质文物有门枕石、石磨、石柱础、条石等，通过走访获悉这些石质文物为当地村民在响洪甸水库水位降低后从刘新圩遗址打捞出水，调查中在刘新圩遗址所在水域周边小岛上还发现有石砌的墙基、房屋建筑基址、砖瓦等遗存，麻埠镇遗址所在水域附近小岛上也发现有石砌的房屋建筑基址、砖瓦等遗存。

虽然刘新圩曾遭受洪水破坏，但破损程度不大，20世纪50年代前曾作为花轿乡政府办公驻地，保存状况相对较好。响洪甸水库蓄水前对刘新圩做了简单的门窗拆迁，原有的石构建筑主体框架基本上都被淹没于水库之下。

刘新圩作为淮军统帅刘铭传自台湾返乡后的归宿地，建筑等级及风格应与全国重点文物保护单位刘老圩相近，可以作为仪器探测和水下探摸的重点调查对象，以进一步完善和丰富刘老圩的建筑布局和文化内涵。

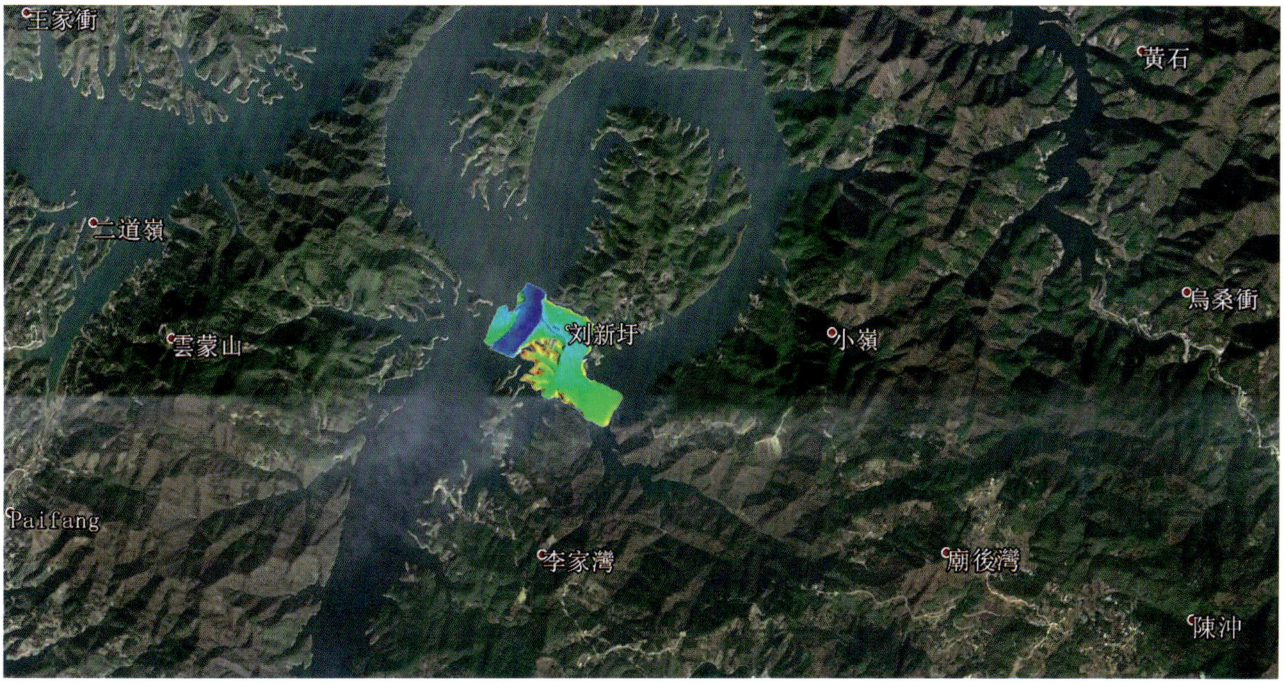

图一八九　刘新圩遗址地理位置图

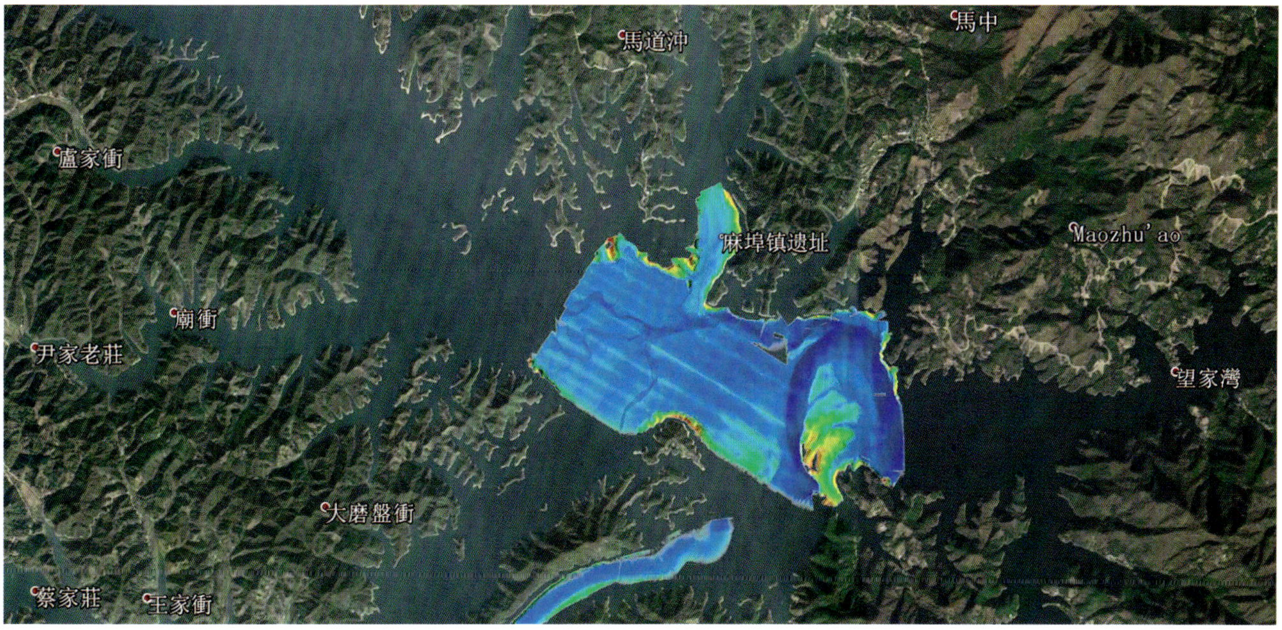

图一九〇　麻埠镇遗址地理位置图

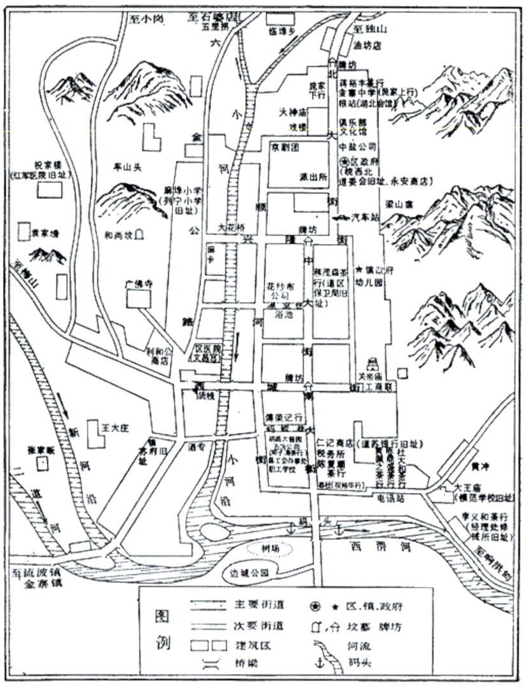

图一九一 麻埠镇示意图

（引自《金寨县志》）

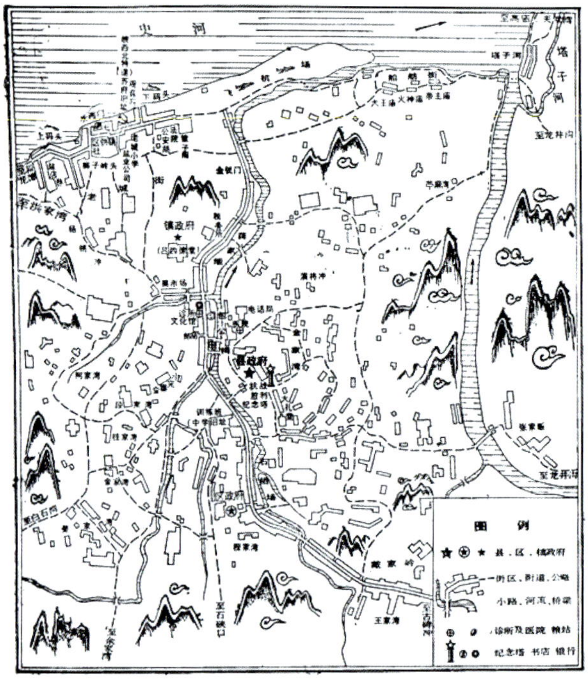

图一九二 金家寨示意图

（引自《金寨县志》）

2. 金家寨遗址

金家寨遗址位于金寨县槐树湾乡梅山水库之下。《金寨县志》载金家寨“唐末始形成集市”，抗战期间作为安徽省政府所在地（民国 27 ～ 34 年），同时也曾是立煌县治所在地，是金寨县“金家寨、麻埠和流波”三大古镇之一，建有机关、学校、邮局、包公祠等诸多建筑（图一九二）。

据向导介绍，蓄水前金家寨有三条主要街道，还存有民国时期办公场所及礼堂、电影院、包公祠和飞机场，蓄水时大多都进行了拆迁并搬至现在的金寨县城驻地——梅山镇。在金寨县槐树湾乡响山寺的后堂发现有 7 块从原金家寨拆迁的民国时期木牌匾。因此这处水下文化遗存的时代应为清末至民国时期，但是水下遗存淤积较厚，可作为仪器探测和水下探摸的一般调查对象。

十二、天长市水下文化遗存

天长市隶属安徽省滁州市，位于安徽省东部，南临长江，北枕淮河，东临高邮湖，西南边境以低丘小山为主，东部多湖荡，有白荡湖、牧马湖、高邮湖、沙湖、沂湖、洋湖等，境内河流主要有白塔河、铜龙河、杨村河、秦栏河、川桥河、王桥河等，多为淮河入江水系，白塔河、川桥河、三岔河等三条河流贯穿全境。

高邮湖古名樊良湖，又名新开湖，位于天长市东北边境，跨天长和江苏省高邮、宝应、金湖四地，湖区主属江苏省，由古潟湖经长期淤积而成。主要入湖河流有白塔河、铜龙河、新白塔河、秦楠河、杨村河等。湖区长 48 千米，最大宽度 28 千米，面积 650 平方千米，其中安徽天长市境内面积约 70 平方千米，湖底高程 3.5 米，水位 5.7 米时，容积 8.7 亿立方米。湖水呈黄绿色至淡黄色，透明度 0.1 ~ 0.35 米，pH8.5，矿化度 231 毫克 / 升，为重碳酸盐钙组 I 型水[1]（图一九三；表一）。

耿家尖古墓群位于天长市湖滨乡耿家尖附近的高邮湖水下，水深约 2 米。1978 年因干旱，高邮湖水位降低，有渔民无意中发现湖底有古墓葬，并掘出大量陶器、瓷器。从出土文物及墓葬结构看，初步断定为汉至唐、宋时期的墓葬群。陆上调查时在墓地周围的山坡上发现少量青花瓷片和青砖。据向导介绍，当地渔民在行船时，因湖水较浅经常要使用船篙试探水深，偶尔能探到硬物，疑似木板或砖，此处有可能为一处汉至唐宋时期的古墓群，可作为仪器探测和水下探摸的重点调查对象（图一九四）。

[1] 安徽省地方志编纂委员会：《安徽省志·自然环境志》，方志出版社，1998 年；天长县地方志编纂委员会：《天长县志》，社会科学文献出版社，1992 年。

图一九三 天长市水下文化遗存分布图

图一九四 耿家尖古墓群周边环境

第二章

安徽水下考古调查

水下考古作为考古学一门独特的分支学科，是运用考古学的理论和方法对现存于江河湖海内的古代人类遗迹和遗物等文化遗存进行考古调查、勘测、发掘与研究。由于水下文化遗存处于水下这一特殊的介质中，水下文化遗存堆积的形成和埋藏过程复杂多样，与陆地文化遗存的埋藏环境存在较大的差异，具有一定特殊性，因此水下考古工作的环境、技术和方法也与陆地田野考古存在诸多不同。

根据埋藏方式和分布状况的不同，水下文化遗存可以分为两种：第一种是全部埋藏于水底泥沙或其他水底底质构造物以下的文化遗存；第二种是完全或部分突出于水底底质构造物以上的文化遗存。

第二种类型的水下文化遗存由于全部或部分暴露在海床或湖床以上，在水底表面有明显的突起，因此可以通过仪器探测和潜水探摸调查相结合的方式相对比较容易地发现遗存并开展后续的水下考古调查和发掘工作。

而第一种类型的水下文化遗存埋藏情况比较复杂，该类遗存完全埋藏于水底泥沙或其他水底构造物以下，具有水以及水底泥沙、珊瑚、贝壳、石块等多重埋藏介质，这种埋藏方式大大增加了该类水下文化遗存发现、调查以及发掘的难度和工作量。这类水下文化遗存中一些体量较大的遗存如沉船、港口、码头、村落、城址等可以通过使用浅地层剖面仪等水底底质剖面探测设备以仪器探测结合水下潜水探摸调查的方式进行调查和搜寻。但是受到探测设备自身工作范围、设计精度以及图像识别能力等因素的影响，在对第一类水下文化遗存中其他体量相对较小、完全埋藏于水底泥沙、珊瑚等以下的文化遗存如古代土遗址和古代土坑墓葬等开展水下考古调查、发掘的工作难度较大，工作效率也比较低下。

水下考古作为考古学的一门分支学科，必须遵循考古学的一般理论和技术方法。地层学作为考古学研究的基本理论与方法之一，是根据土质、土色区分不同堆积，并根据地层的叠压、打破及平行关系判定不同堆积形成的先后过程或次序从而研究遗存之间相对年代的早晚，是考古发掘中取得研究资料的重要方法。由于水下文化遗存具有水以及水底泥沙、珊瑚、贝壳、石块等多重埋藏介质，水下考古发掘需要在水下环境中区分遗存堆积的质地、颜色、划定地层并确定地层关系和年代早晚，在实际发掘工作中遇到的问题和困难远甚于水下考古调查和田野考古发掘。

水下文化遗存处于水下这一特殊的环境中，水下文化遗存所在水域的水下能见度和水下环境受到光线、水质、水况、水深以及水中悬浮物的影响较大，而中国大部分沿海及内水水域由于污染、水土流失以及气候变化等原因，水下能见度大多较差，部分水域水下甚至完全没有能见度。同时由于水对光线的吸收和散射等光学特性，随着水深的变化，光线会随之发生变化。水首先会吸收低能量的波长，随着深度的加深，红黄光在水下会随着水

深的加大被不断吸收直至完全吸收，跟随水深的增加依次消失的光线为红、橙、黄、绿、蓝、青，因此水下环境即使是在较浅的水域仍以蓝色为基本色调。

受能见度、水下光线和光色变化等因素的影响及制约，对于水下文化遗存尤其是埋藏于水底泥沙或其他水底底质构造物以下的土遗址、土坑墓葬等遗存地层堆积的土质、土色的辨识会变得非常困难，某些条件下甚至无法有效地完成不同土色的区分，难以准确地划分出不同堆积的地层关系，难以辨识出灰坑、柱洞、墓坑等遗迹单位的形状和范围，因此也就难以严格按照地层早晚堆积关系对埋藏于水底泥沙或其他水底构造物以下的土遗址、土坑墓葬等遗存进行水下考古调查和发掘工作，从而难以获得具有地层关系的考古资料。另外即使在技术手段和方法上得到突破，能够对水底泥沙或其他水底构造物以下的土遗址、土坑墓葬等遗存开展考古调查和发掘，也会在发掘过程中面临如探方壁、地层、墓坑壁受水流和长期浸泡影响发生垮塌、质量较轻的遗物发生位移等诸多问题。

受到上述诸多因素的影响和制约以及遗存自身特点和性质所限，对埋藏于水底泥沙或其他水底构造物以下的土遗址和土坑墓葬等文化遗存开展的水下考古调查和发掘工作实践相对较少，而国际上在水下对该类文化遗存进行水下考古调查和发掘的相关工作经历和成功案例也不是很多，工作对象多为从岸上延伸到岸边浅水区域的水下遗存，如阿尔卑斯地区史前湖岸木桩建筑或干栏建筑遗迹的考古调查与发掘，这些建筑遗迹多位于阿尔卑斯山区的湖边、河岸及湿地边，可以在枯水季节露出水面或采取设置围堰将水抽干的方式对这些遗迹的水下部分进行调查和发掘。

为了解决在水下这种特殊环境下开展考古调查、发掘、记录、文物提取以及出水文物保护等相关问题，保护水下文化遗产，除了参照和运用考古学的一般技术与方法以外，如地层学、类型学等，还必须运用一系列有别于传统田野考古的方法、技术和设备，这些方法、技术和设备涉及潜水、海洋勘测、海洋工程、遥感和地球物理勘探等自然科学和工程技术的诸多学科，以形成适应和便于水下考古工作开展的独特的技术与方法。

针对不同能见度状况的水域、不同埋藏类型的水下文化遗存，经过长期的工作实践和经验总结，逐渐形成了适合中国特殊状况水域（即大部分工作水域能见度偏低）、行之有效的水下考古工作模式即仪器探测和水下考古调查、发掘相结合的技术方法。

水下考古调查是在陆上考古调查的基础上对前期通过文献查询与实地走访所获取的水下文化遗存相关线索和信息进行寻找、确认、定位、调查和研究，摸清水下文化遗存的保存现状和分布情况，为水下文化遗存的进一步保护和管理提供依据。

水下考古调查分为仪器探测和人工潜水探摸调查两个阶段，其中仪器探测是人工潜水探摸调查的基础和依据，可以缩小潜水探摸调查的范围，提高工作效率，增强人工探摸调

查的可靠性，同时各项探测设备和技术的不断更新，也为水下考古调查与发掘工作提供了新的思路与方法，取得了开拓性的成果；人工潜水探摸调查是对仪器探测结果的检核和验证，可以为仪器探测积累经验，促进探测技术和方法的发展与进步。仪器探测与潜水探摸调查构成了水下考古调查的两种主要途径，对水下文化遗存的确认发挥着重要的作用，同时也是水下考古调查与发掘工作中必不可少的关键环节。

水下考古调查的主要方法和基本流程是在陆上走访调查、查找文献、实地踏勘的基础上对可能存在水下文化遗存的水域开展仪器探测，根据仪器探测的结果并结合相关文献记载和口碑资料选择调查对象的坐标，利用 DGPS 差分式全球定位系统在调查对象的坐标处抛设浮标，水下考古专业人员利用潜水装具潜入浮标所在水底并进行水下搜索，通过直线、圆周区域或矩形区域搜索方法发现并确认调查对象，对其进行水下考古调查，提取遗存的影像资料，测绘遗存分布草图，适当提取遗物，掌握调查对象所在水域的水深、水温、流速、流向、能见度、水位变化、水底构造、泥沙淤积等水文地质环境相关信息，确认调查对象的保存现状、分布范围及文化内涵等基本情况。

由于水下考古对埋藏于水底泥沙或其他水底构造物以下的土遗址和土坑墓葬等类文化遗存开展的工作较少，相关的水下考古调查、发掘技术与方法不成熟，同时国际上也基本没有相应的成熟经验和典型案例可以借鉴，因此安徽水下考古调查重点选择水下古城址、村落、码头、港口、沉船等类遗存作为主要的工作对象，以积累经验、探索新方法和新技术，为下一步丰富水下考古工作对象、拓展水下考古工作领域、拓宽水下考古研究空间打下基础、积累资料。

第一节　安徽水下考古调查经过

2008～2010年，通过文献查询与实地走访共获取安徽境内水下文化遗存线索70余条，经过进一步的现场勘查和陆上考古调查，初步掌握具有考古价值的水下文化遗存47处，这些水下文化遗存类型丰富多样，既有古桥梁、石刻、古建筑、古村落、古城址，也有古墓葬、古遗址等；文化遗存时代跨度大，远自新石器时代、商周时期直至明清乃至近现代，为水下考古调查工作的开展提供了丰富的资源，奠定了坚实的基础。

通过水下考古陆上调查，安徽省黄山市太平湖水域共计发现水下文化遗存线索11处，

其中水下古村落有龙门镇、夏村、梅渚湾、秧溪街、小河口5处，城址有广阳城1处，遗址有李家山、丁家山、众家山和来龙山4处，墓地1处，即小岛墓地。由于太平湖水域水下文化遗存资源比较丰富，类型多样，相关文献资料记载全面，陆上调查的成果可靠性较高，因此优先选择了太平湖水域作为开展水下考古调查的工作区域。2014年安徽水下文化遗产保护工作正式进入水下考古调查即仪器探测和人工潜水探摸调查阶段。

根据安徽水下考古陆上调查所获取的水下文化遗存类型和特点，在仪器探测过程中主要采用声呐探测法进行探测，使用的相关仪器和设备有L-3 Klein 3900型侧扫声呐、SeaBat7125型多波束测深系统、CHIRP-III型浅地层剖面仪、Hemisphere R-131型差分式全球定位系统、声速剖面仪和Observer 3.1微型ROV等。

2014年2～3月中国国家博物馆水下考古研究中心和安徽省文物考古研究所在太平湖镇、黄山区文化文物部门通力配合下，对安徽省黄山市太平湖水域水下文化遗存开展了水下考古仪器探测，发现两处水下遗址。根据相关文献记载推测这两处水下遗址可能为广阳城遗址和龙门镇遗址。

2015年10月，通过水下考古仪器探测与水下考古调查相结合，在安徽省太平湖水域发现多处水下遗址，这些遗址主要分布于舒溪河（青弋江上游）东西两岸。结合陆上调查相关资料，并参照《嘉靖池州府志》《乾隆池州府志》《民国石埭备志汇编》《太平湖志》等地方志和文献记载，基本确认广阳城遗址、龙门镇遗址和秧溪街遗址三处水下文化遗存。尤其是在广阳城遗址西门外发现一处大型高台建筑，通过与相关文献对照，判定该高台建筑为“文庙”遗址。

2016年9～10月，对黄山区太平湖和金寨县响洪甸水库等两处水域开展了水下文物资源调查，调查主要采用仪器探测和水下调查相结合的方法，了解了广阳城文庙遗址、龙门镇遗址和麻埠镇遗址的大致分布范围、保存状况和建筑特色，对刘新圩遗址等江淮圩堡的建筑布局、风格、历史功用和皖西水下文化遗产分布进行了初步评估。

第二节　太平湖水下考古调查

太平湖位于安徽省黄山市境内，距黄山北大门和九华山南大门仅30余千米，是连接黄山、九华山的天然纽带，地理位置十分优越。太平湖原名陈村水库，修建于1958年，

1970 年建成蓄水，1979 年更名为太平湖，是一处因修建水库将青弋江截流蓄水后形成的人工湖。

从 2005 年起，太平湖水面开始不断出现渔业养殖网箱，高峰时期养殖网箱遍布太平湖水面，并占据了太平湖核心景区约 1/3 的水域面积。大量养殖网箱占据湖面，导致太平湖表层水体流动性下降，严重影响了太平湖的自我净化功能，造成太平湖水体富营养化程度提高，藻类及其他浮游生物大量繁殖，水中悬浮物增加，能见度降低，水底沉淀淤积加重，养殖网箱的无序扩张给太平湖的生态环境、旅游发展、航运安全以及饮用水安全等均带来极大的危害。同时水面密布的养殖网箱也给太平湖水域水下文化遗存的考古调查工作造成了极大不便，大量养殖网箱覆盖在水下文化遗存所在水域的水面，严重影响并危及工作船的航行安全、水下考古工作效率和水下考古专业人员的生命安全。当需要调查的水下文化遗存水面覆盖有养殖网箱或其他障碍物时，会导致探测工作船不能抵近水下文化遗存所在位置，无法按照计划的探测测线对水下文化遗存进行扫测，从而造成探测数据的缺失和不完整；在水下探摸和调查时，因为水面障碍物的影响，为了保障船舶和人员安全，工作船不能在水下文化遗存处近距离抛锚停船，只能将工作船停在远离水面障碍物的位置，大大增加了水下考古专业人员的游动距离和体力消耗，在风浪较大等恶劣天气情况下也会带来一定的安全隐患，另外养殖网箱水下的绳索、固定物等还有可能造成水下考古专业人员与绳索、渔网发生纠缠，危及水下考古专业人员的潜水安全。由于广阳城遗址东部、北部、西部水面分布有大量的养殖网箱，2015 年广阳城遗址调查和 2016 年文庙遗址重点调查时就碰到了上述问题。水面密布的大量网箱给水下考古工作带来了诸多困难，严重影响了工作效率。当地政府为了治理太平湖生态，有效保护太平湖水环境，消除因养殖网箱无序扩张带来的各种危害和隐患，对养殖网箱进行了全面清理，但是直到 2016 年 9 月底文庙遗址水下考古重点调查工作结束时，太平湖水面的养殖网箱才基本清理完毕（图一九五）。

太平湖地区人文荟萃、历史悠久，湖区水下保存有大量的人类文化遗存，通过陆上考古调查在太平湖水域共计发现水下文化遗存线索十余处，在前期陆上考古调查的基础上，2014 ~ 2016 年对广阳城遗址、龙门镇遗址、秧溪街遗址、广阳城文庙遗址等水下文化遗存陆续开展了水下考古调查工作，通过水下考古调查基本摸清了太平湖水域水下文化遗存的分布范围、保存现状和基本情况（图一九六）。

图一九五　太平湖文庙遗址附近水面养殖网箱

（红色浮标下为文庙遗址）

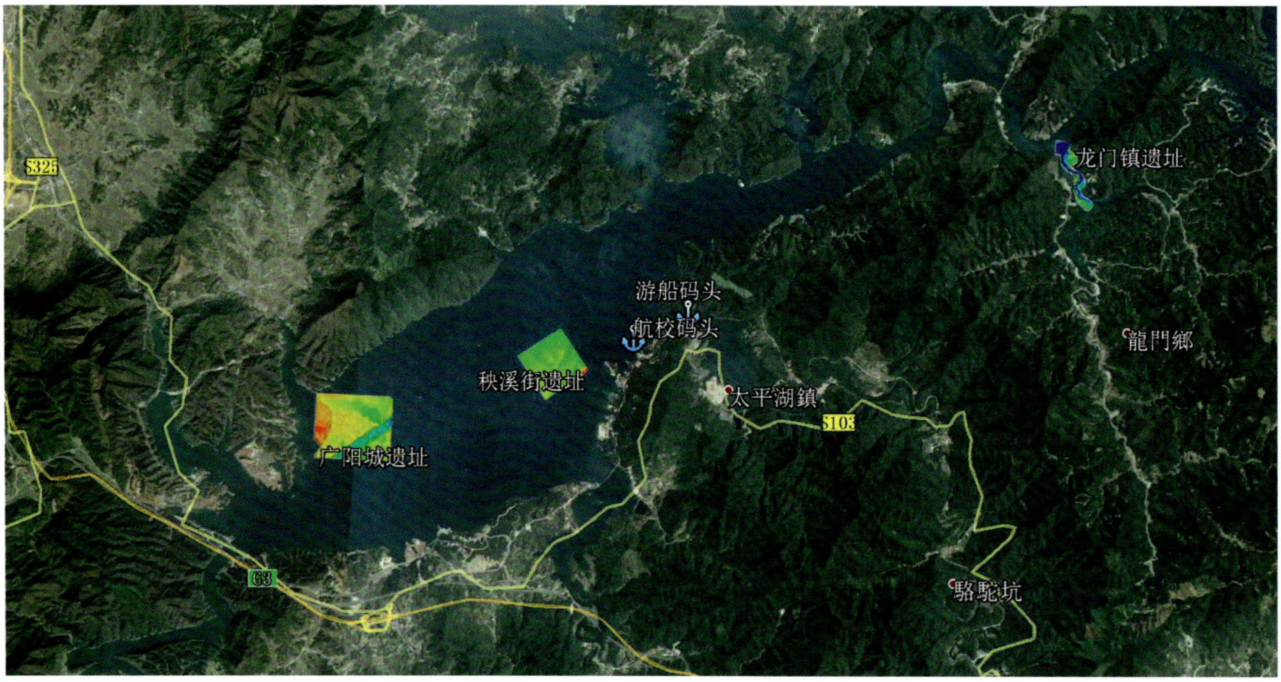

图一九六　广阳城遗址、秧溪街遗址和龙门镇遗址地理位置图

一、广阳城遗址水下考古调查

（一）地理位置

广阳城遗址位于安徽省黄山市太平湖西南部的水下，南城门地理坐标为北纬 30°20′53.177″、东经 117°58′23.389″，东城门地理坐标为北纬 30°21′5.606″、东经 117°58′42.747″，为原石埭县县治所在地。

从陈村水库建成蓄水前这一区域的卫星图片看，广阳城所在区域地形为低山丘陵和山间盆地，由黄山余脉和九华山余脉环绕四周。黄山余脉主要由秧岭、竹垄山和雾山等山脉组成，九华山余脉包括琉璃岭、泥田岭、黄成峰、避暑岭、金城山、九凤岭、陵阳山等。山间盆地内平畴沃土，地势较低，河流密布，水系发达，青弋江的正源——舒溪河发源于黟县中部方家岭北麓，汇入佘溪河、清溪河、王村河后自西南往东北方向流经广阳城所在的山间盆地，舒溪河北接陵阳河、洙溪河、汤家河，南部有秧溪河、蒲溪河等河流注入。

广阳城背山沿河而建，北依陵阳山，南濒舒溪河为城堑，西南向有秧岭山，西部为低山丘陵，东北部为广阔的山间盆地和沃野。广阳城西邻高路，南接乌石垅、夏村，东北与龙门、沙田交界，所在地为较为平坦的山间盆地，有大片熟耕沃土，俗称广阳畈区。广阳城东北、舒溪河北岸的贤村、古西、洪田、文楼一带为洪田畈区。广阳与洪田两大畈区东西紧连，西起柳家梁，东到龙门桐山陈家的舒溪河北岸，东西长达 15 千米以上。另外舒溪河以南是秧溪、和平、乌石、夏村等连成一片的平畴沃土，广阳城所在地区盛产水稻和其他作物，物产富饶，自古以来就是皖南山区的著名粮油库（图一九七）。

广阳城水陆交通便利，从广阳城沿舒溪河向东顺青弋江可达芜湖，徽宁古道纵贯南北，与舒溪河在广阳城东呈十字形交汇。民国年间以徽宁古道为基线的“大（渡口）—岩（寺）”公路也从广阳径直通过。这样的地势地貌自古以来就是兵争之地，平时是物产富饶的鱼米之乡，战时成为兵家必争之地，使得这里的经济生活历来显得颇为繁荣。

（二）历史沿革

根据《嘉靖池州府志》、《乾隆池州府志》、《民国石埭备志汇编》、《太平湖志》等地方志和相关文献记载，广阳作为县治所在地始于西汉武帝元封年间，止于 1959 年石

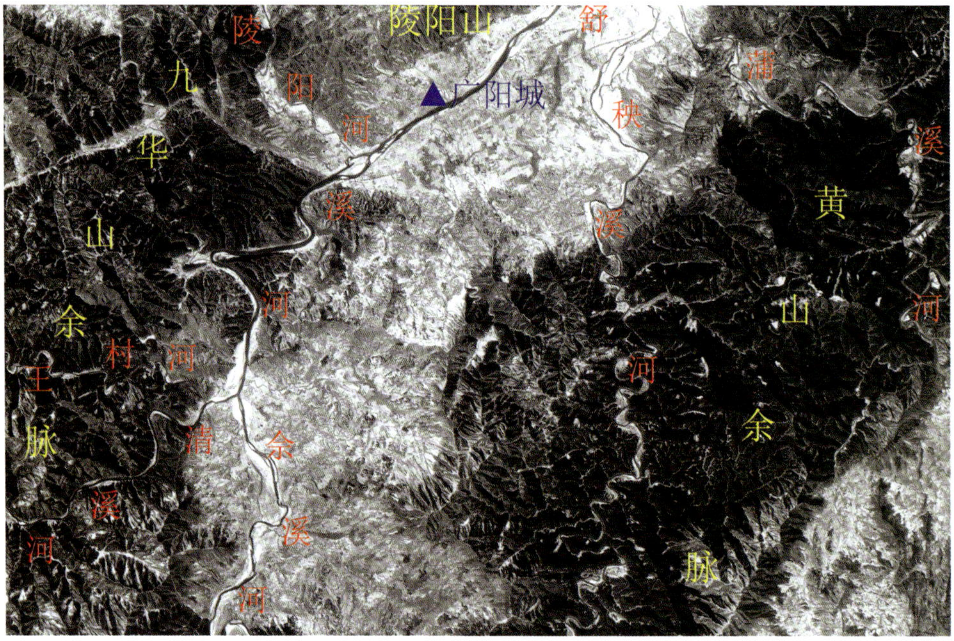

图一九七　广阳城淹没前周边地形（卫星图片）

埭县被撤销，历时 2000 余年，期间虽屡有更名、多次遭到破坏并重建、治所位置略有偏移等，但是其所在的地理位置没有发生大的变化，即北倚陵阳山，南濒舒溪河（见图九～图一一）。

汉武帝元封二年（公元前 109 年），在泾县西部的陵阳山下始设陵阳县，属丹阳郡，刘嘉为陵阳侯，这是广阳作为县治所在地的最早记载。

汉献帝建安三年（198 年），三国东吴首领孙策于陵阳大战祖郎并擒之，建安二十一年（216 年），孙策封周泰为陵阳侯。

东吴赤乌年间因陵阳县以西有三巨石（曰“头埭、中埭、三埭”）横卧溪中，遂置石埭场，石埭作为地名始见记载。

晋愍帝建兴元年（313 年），始置宣城郡，石城、临城、陵阳县皆属宣城郡。晋成帝咸康四年（338 年），因晋成帝皇后名讳为“杜阳陵”或作“杜陵”，为避讳改“陵阳”为“广阳”。

梁武帝大同十年（《民国石埭备志汇编》载为大同十年即 544 年，《嘉靖池州府志》载为大同二年），将三国东吴设立的石埭场置为石埭县，石埭作为县名始见记载。

隋文帝开皇九年（589 年），废宣城郡，将广阳归入泾县。

隋炀帝时期因避讳将“广阳”改为“南阳”。隋炀帝大业十三年（617 年），将县城城墙筑成二重并延至陵阳山前。

唐高祖武德三年（620 年）复置安吴、南阳二县。唐玄宗天宝年间，寻访海内名山福地，

石埭得列在内，并敕于陵阳山建仙坛宫。唐代宗永泰二年（《民国石埭备志汇编》载为永泰二年即766年，《嘉靖池州府志》载为永泰元年）在三国吴时设立的陵阳城设置石埭县，属于池州府。

宋太宗太平兴国五年（980年），在石埭县治以西三里外的万春山修建崇寿寺，宋仁宗皇祐四年（1052年），将万春山的崇寿寺迁到石埭县西门的迎恩桥，并赐额为祝圣道场，即后期广阳城文庙所在地。

宋高宗绍兴十七年（1147年），将石埭县城以南的涎溪更名为舒溪。宋理宗宝庆二年（1226年），桂大受为石埭县县尉，将县治迁到七里，宝庆中，由于七里四面皆有山，所以未设城郭，后将县治从七里重新迁回陵阳山下，夯土筑城，设城门10座。

元世祖至元十四年（1277年），将池州改为池州路，元顺宗至正十七年（1357年），改石埭县属宣州，元顺宗至正二十一年（1361年），改石埭县属池州。

元末兵灾连年，战乱不断，石埭县城内建筑、街砖多被拆毁用于加固城墙，城内居民外逃他地以避战乱。明朝开国后开始复建石埭县城，明太祖洪武元年（1368年）知县陈霖在石埭县县城南门外舒溪河畔重建学宫，洪武三年（1370年）知县陈霖在石埭县紫薇坊东创建察院行台，从洪武五年（1372年）开始知县尹安对石埭县城进行大规模的重新规划和复建，修筑街道、疏通沟渠、建立坊巷，建立察院、学宫、城隍庙以及显济庙等，复建后的石埭县城计有大街2条、小巷15条，舒溪河沿岸街巷为市场和商贸区，通过重建形成了石埭县城（即现今保存于太平湖水下的广阳城）城内建筑和街巷坊市的基本布局。

明世宗嘉靖十四年至十六年（1535 ~ 1537年），将儒学从石埭县城南部迁到西门外的崇寿寺旧址（即祝圣寺）。石埭县城的城墙在明朝以前为夯土筑成，前后临溪，设城门10座，即东门、小东门、西门、正南门、毓秀门、小南门、南门、正北门、西北门、东北门。明世宗嘉靖四十五年（1566年），相地定基，用砖筑城，设城门5座，即东门来甯门、西门金城门、南门仪凤门、小南门清舒门、北门望华门（《嘉靖池州府志》载为东门寅宾门、西门迎恩门、南门毓秀门、小南门阜成门、北门望仙门），城门上皆有城楼，在东、西二门各设一水关，包砖加筑后的石埭县城城墙高一丈六尺（约合5米）、厚八尺（约合2.5米），周长三里 分（合1500余米）。

明朝中后期石埭县城的城区格局是以南门、北门为中轴线，县衙、察院、城隍庙等在中轴线以东，关王庙、县前铺、公馆、牢狱、仓库在中轴线西，儒学、社稷坛、演武场等在西门以外，主要商业街道是与东西大街相平行的“河城街”，街道为石板铺成，城内房

屋建筑多砖木结构[1]（见图一〇）。

清世祖顺治六年（1649年），废江南省，拆分为江苏、安徽二省，石埭县等六县属安徽省池州府。清世祖顺治十四年（1657年），知县高俊升重修文庙。清世祖顺治十七年（1660年），知县王太初重修文庙竣工。康熙四十四年（1705年）知县姚子庄对文庙进行了维修，清高宗乾隆二十一年（1756年），知县佘模复修文庙。清高宗乾隆二十九年（1764年），知县林京详在东门来甯门外建三层文昌阁加固水关。

清文宗咸丰年间，由于石埭水陆交通便利，成为清军与太平军交战的必争之地，石埭长期为太平军占据，战乱频繁，遭到极大破坏，城内大量建筑及西门外文庙毁于战火，直到清穆宗同治二年（1863年）清军才从太平军手中夺回石埭县城。

中华民国三年（1914年），设芜湖道尹，石埭县属之，重修城内大街。中华民国九年（1920年），陈惟彦、桂殿华、徐绍熙、苏致厚及南京石埭会馆等捐资在西门外旧儒学内创办私立崇实小学。

中华民国十四年（1925年），陈惟彦捐资在南门外舒溪河上修建钢筋水泥桥，名永济桥，被称为“皖南巨工”。中华民国二十三年（1934年）大（渡口）岩（寺）公路修成通车后，永济桥便成为皖南要冲之津梁。中华民国二十年（1931年），石埭县设自治区公所，下辖五区，一区设于石埭县城内，二区设于乌石垅，三区设于七都，四区设于雷湖，五区设于七里。

中华民国二十七年（1938年），日军飞机多次轰炸石埭等地，对城内民房等建筑造成了巨大破坏。由于集结青阳的日军有侵犯屯溪的迹象，驻守屯溪的国民党军工兵连，炸毁永济桥桥北6个桥墩以阻日军。中华民国二十九年（1940年），石埭再次遭到日机轰炸，东西门附近民房被炸毁。1949年国民党保甲制度政权被废除，石埭县辖区广阳镇。

清、民国时期，石埭县城内明朝中后期兴盛的河城街消失，主要街道让位于东西通城大街，叫西门大街，宽约5米，石板铺成，城区分为南北两部分，巷道短窄，多是平房，到新中国成立前夕，石埭县城明清时期的古建筑仅存文庙、关帝庙、城隍庙、城楼、古塔和祠堂等（图一一）。

1951年永济桥修复通车。1958年，陈村水库开工兴建，太平县与石埭县合署办公。1959年，石埭县被撤销，大部分区域并入太平县。1970年，陈村水库大坝建成并关闸蓄水，石埭县县治所在地广阳城被淹没于水下。1979年，陈村水库更名为太平湖。新中国成立初期，石埭县城街道依旧，民房逐渐翻新，并新建影剧院、公用设施、单位办公用房。1970年前

[1]（明）薛正兴：《嘉靖池州府志》，上海古籍出版社，1962年。

城内石板街道有 6860 平方米，城内外新建道路 1800 米，公、民房建筑面积共有 16 万余平方米[1]（见图一二）。

（三）水下考古调查

2014 年 3 月，中国国家博物馆水下考古研究中心和安徽省文物考古研究所联合对广阳城遗址进行了仪器探测，仪器探测现场工作时间 5 天，使用的主要探测设备有 Klein 公司生产的 L-3 Klein 3900 型侧扫声呐和 RESON 公司生产的 SeaBat7125 型多波束测深系统等，通过运用 DGPS 差分式全球定位系统对广阳城遗址所在水域布设东西向测线进行逐条扫测，共计布设测线 18 条，每条长度 1000 米，相邻测线间距 100 米，扫测面积达 160 万平方米，将广阳城遗址全部覆盖在探测范围以内，并扩及周边与广阳城相关的部分区域，全线航程共计达 136 千米（图一九八～图二〇三）。

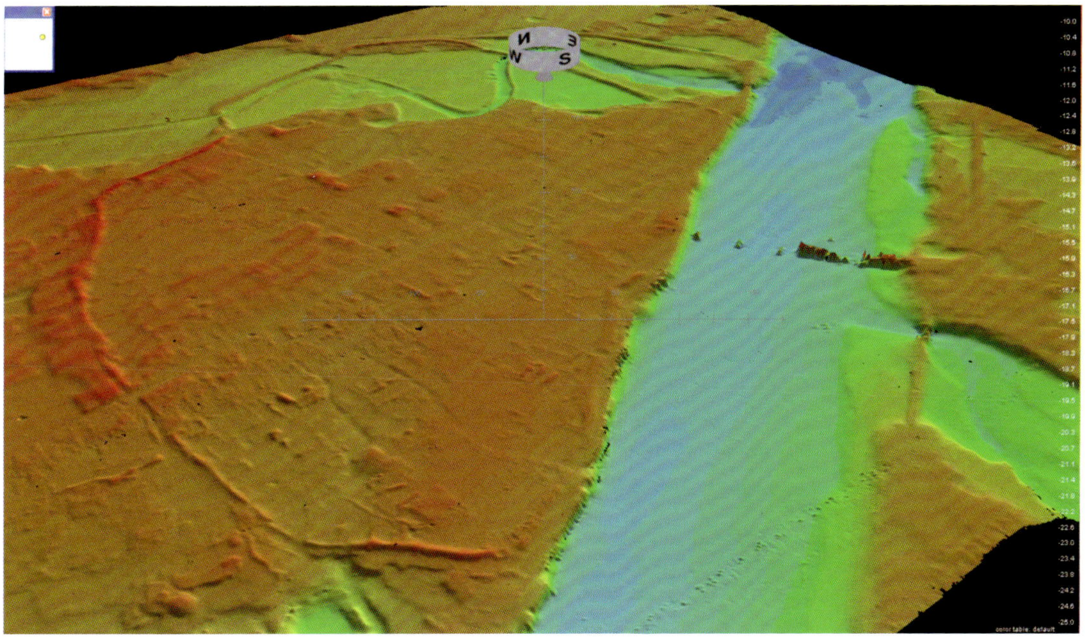

图一九八　广阳城遗址多波束测深系统探测图

[1]（清）张士范：《乾隆池州府志》，江苏古籍出版社，1998 年；（民国）陈惟壬：《民国石埭备志汇编》，江苏古籍出版社，1998 年；太平湖地方志编纂委员会：《太平湖志》，时代出版传媒股份有限公司，2013 年。

图一九九　安装多波束测深系统探头

图二〇〇　放置侧扫声呐拖鱼

图二〇一　仪器探测甲板控制系统

图二〇二　实时监测探测过程

图二〇三　广阳城遗址侧扫声呐探测图

2015 年 10 月国家文物局水下文化遗产保护中心与安徽省文物考古研究所联合实施了 2015 年安徽太平湖水域水下考古调查项目，项目历时共计 20 天，对广阳城遗址进行了补充探测，由于广阳城遗址所在区域东部和北部水面上分布有大量的渔业养殖网箱，探测工作船无法进入，给探测工作造成了极大的不便，因此 2015 年重点扫测了广阳城西城门、文庙遗址以及广阳城南部舒溪河与南城墙之间的区域。

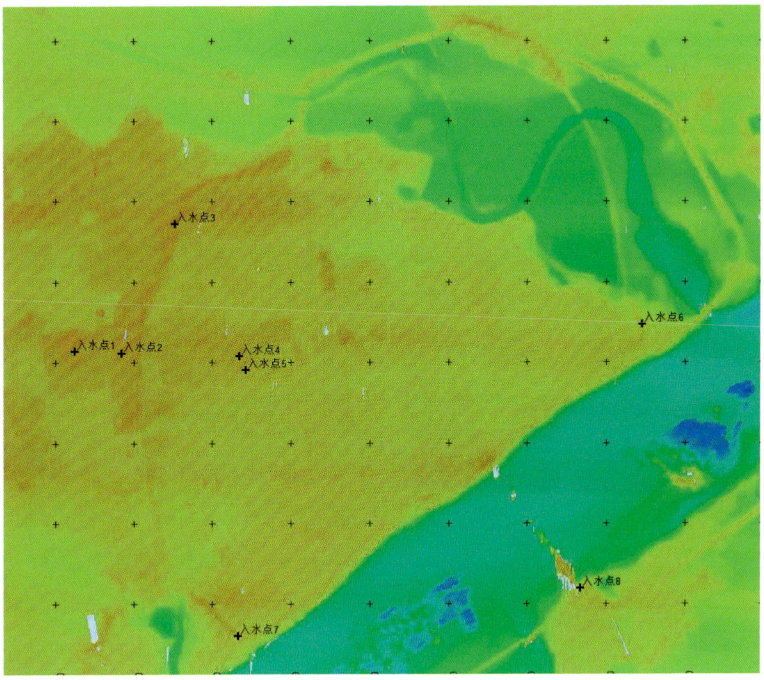

图二〇四　广阳城遗址水下考古调查入水点位置图

在陆上调查和仪器探测的基础上，2015 年对广阳城遗址开展了首次潜水探摸和水下调查。由于广阳城遗址城墙内面积达 30 余万平方米，不可能在短时间内完成全部城址及建筑的水下考古调查，因此重点选择城墙、城门、街道、重要房屋建筑、桥梁等关键位置进行潜水探摸调查和性质确认。根据仪器探测所获取的广阳城遗址水下图像并结合县志等文献中关于广阳城的记载和示意图，2015 年广阳城遗址水下考古调查选择了 7 处位置作为潜水探摸调查的对象（图二〇四、图二〇五）。

入水点 1：地理坐标为北纬 30°21′04.735″、东经 117°58′15.707″，位于广阳城西门外西北方向 120 余米，广阳城西城墙以西 80 余米，水深 12.4 米。2015 年 10 月 15 日对其进行了水下调查，通过调查确认该处为一大型高台建筑遗存，平面为长方形，南北长约 80、东西宽约 70 米，呈西北—东南向，对照石埭县治等相关文献记载此处建筑为广阳城文庙遗址（图二〇六～图二〇九）。

入水点 2：地理坐标为北纬 30°21′04.620″、东经 117°58′17.961″，位于广阳城西城墙以西约 10 米、文庙遗址以东 50 米，水深 13.8 米。2015 年 10 月 15 日通过调查确认其所在

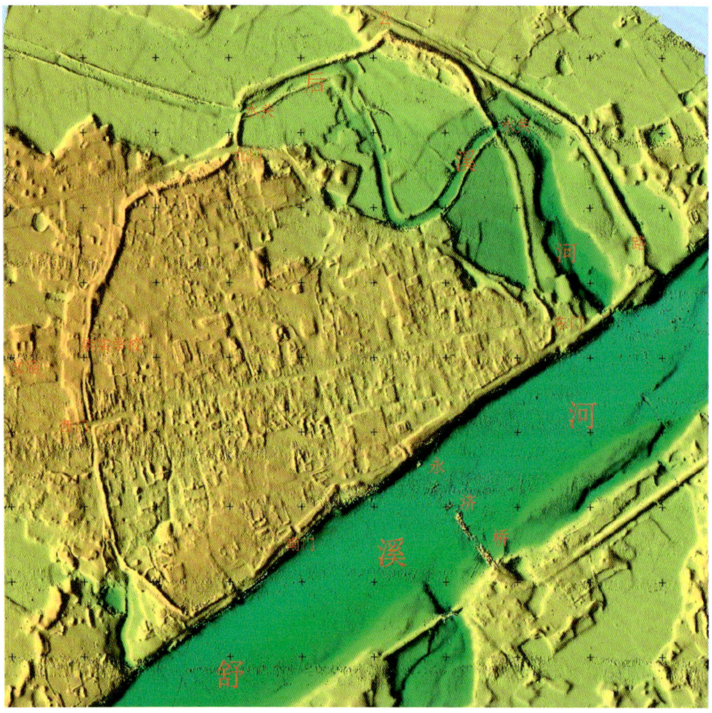

图二〇五　广阳城遗址平面布局图

图二〇七　文庙遗址下水调查

图二〇八　文庙遗址水下测绘与摄像

图二〇六　文庙遗址、崇实学校、西城墙探测图

图二〇九　文庙遗址地表堆积

位置为一平面呈长方形的房屋建筑遗存，南北长约50、东西宽约20米，2016年在对广阳城文庙遗址进行水下调查时，采集出水1件带有“崇實”铭文的墙砖（2016AHTW采：9），通过对照石埭县治等相关文献，可知此处建筑遗存为广阳城西门外文庙东侧的“崇实学校”校址。

同时对“崇实学校”校址东部的广阳城西城墙也进行了调查，调查的这段城墙砖墙墙体已经垮塌，残存高度约为1.2米，形状不甚清晰，垮塌堆积覆盖在城墙表面，呈坡状隆起，表面散落有大量的长方形城墙砖，部分墙砖的表面还可见白灰面，散落范围较广，由于未做清理，城墙厚度不详，城墙与“崇实学校”之间地势低洼，较为平坦，覆盖有一层淤泥，淤泥堆积厚度约为15厘米，城墙最低处水深13.8、最高处水深12.6米（图二〇六、图二一〇）。

入水点8：地理坐标为北纬30°20′54.998″、东经117°58′39.694″，位于广阳城城址以南舒溪河南岸。2015年10月16日经过潜水探摸和水下调查确认该处遗存为一座钢筋混凝土大桥，大桥呈东南—西北向横跨舒溪河，总长184米，方向223°，大桥南端桥头西部残存有一根高达3.8米的钢筋水泥结构的圆锥状立柱，东部立柱已经倒塌在桥外，残存桥面长96、宽5米，为钢筋水泥浇筑，桥面两侧立有水泥浇筑的栏杆，现存高度90厘米，栏

图二一〇　广阳城遗址西城墙地表堆积

杆之上每隔1.8米有一方形盝顶石块，石块中部有一直径为8.5厘米的圆孔，应为插立杆所用，大桥北部仅余3座桥墩，桥面不存，桥墩俯视呈椭圆形，钢筋水泥筑成，大桥桥面水深16.3米，大桥所在舒溪河河底水深23米。这座大桥应该就是广阳城以南横跨舒溪河之上的“永济桥”（图二一一～图二一四）。

入水点6：地理坐标为北纬30°21′05.606″、东经117°58′42.747″，位于广阳城东西向大街的东端、东城门附近。2015年10月17日对坐标所在位置附近的东城墙进行了水下调查，此段城墙砖墙墙体大部分已经垮塌，露出里面的夯土城墙，部分夯土城墙外尚残存有少量墙砖，垮塌的城墙砖散落分布于城墙表面及周边水底，残存高度约为1.5米，最低处水深16、最高处水深14.5米（图二一五～图二一七）。

入水点7：地理坐标为北纬30°20′53.177″、东经117°58′23.389″，位于广阳城西南角。2015年10月17日对其所在位置进行了调查，为广阳城城墙的西南角，这段城墙损毁较为严重，大部分已经垮塌，残存高度约为1.1米，墙砖散落分布于水底表面，最低处水深14.5、最高处水深13.5米，在局部城墙顶部发现一段用条石、块石砌筑的石构基础，形制比较规整，推测为城墙顶部宇墙或垛墙的基础部分，调查中采集有一块城墙砖（2015AHTG

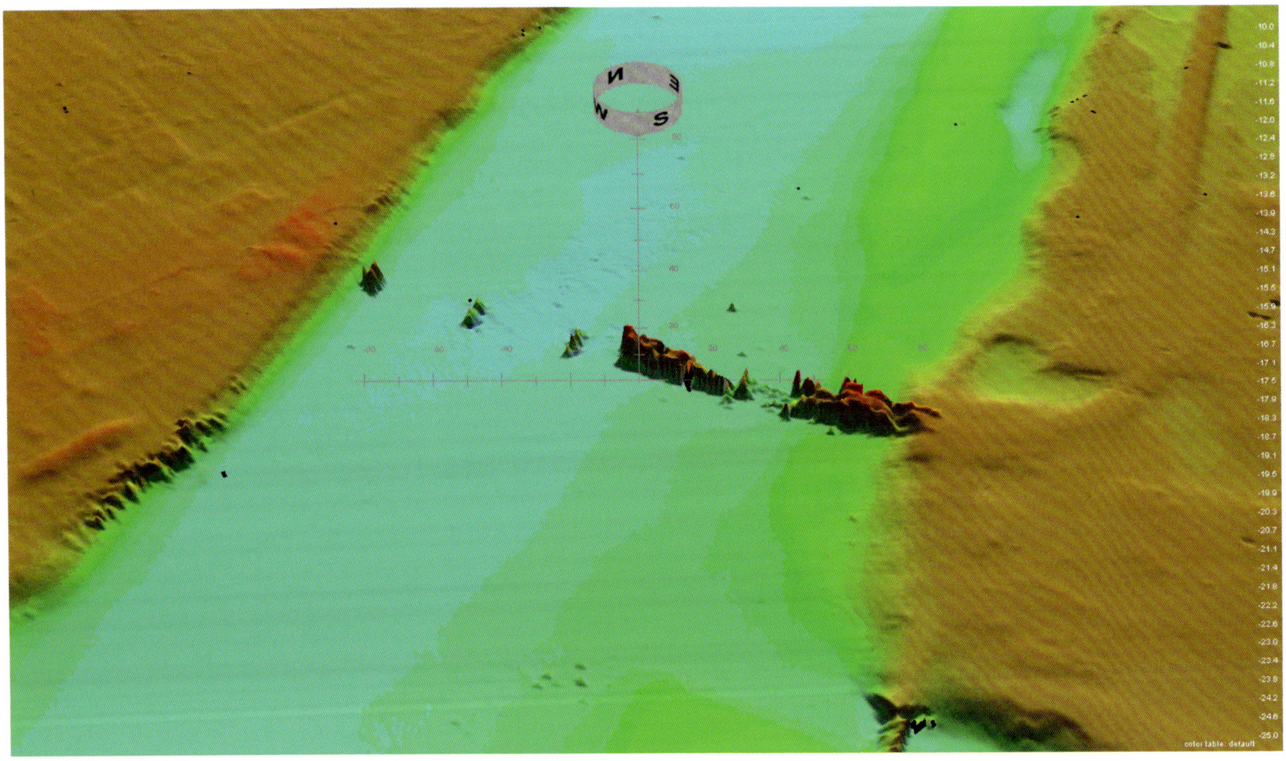

图二一一　广阳城遗址永济桥多波束测深系统探测图

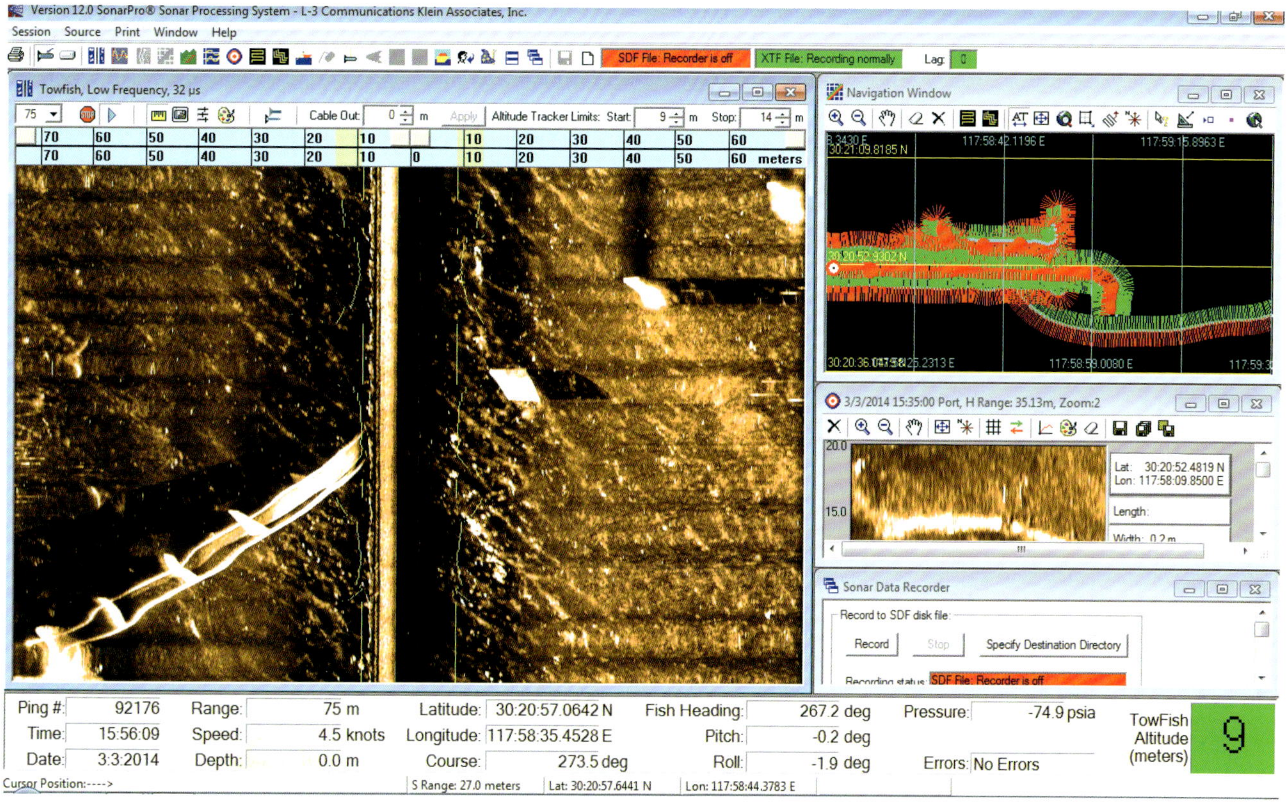

图二一二　广阳城遗址永济桥侧扫声呐探测图

图二一三　永济桥桥墩水下照片

图二一四　永济桥桥头立柱水下照片

采：2），墙砖一个侧面阴刻有“四、十、五、埭”等字（图二一八）。

入水点4：地理坐标为北纬30° 21′ 04.461″、东经117° 58′ 23.573″，位于广阳城内西部，西距广阳城西城墙约100、南距广阳城东西向大街约40米。2015年10月18日对其进行了水下考古调查，通过调查发现此处为一房屋建筑遗存，建筑物长约28、宽约18米，方

图二一五　广阳城遗址东城墙多波束测深系统探测图

图二一六　东城墙夯土城墙

图二一七　东城墙夯土城墙外包砖

图二一八　广阳城遗址西南角城墙顶部堆积

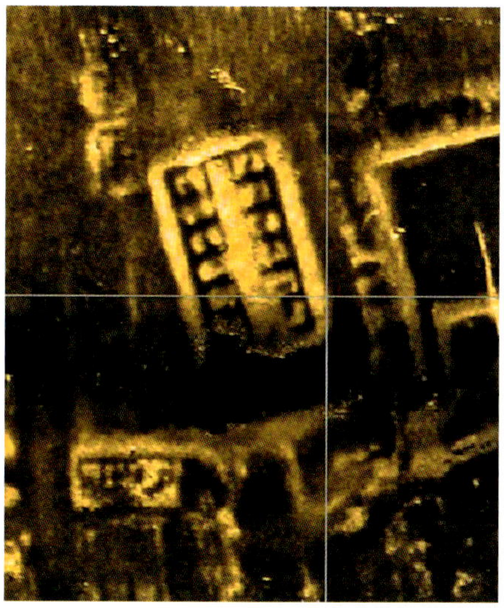

图二一九　广阳城遗址城内建筑物侧扫声呐探测图

图二二〇　广阳城遗址城内建筑物地表堆积

向 160°，水深约 14.1 米。保存不佳，房屋墙体及上部建筑不存，仅余地面及房屋基础部分，房屋地面为三合土，质地紧密，厚度约 5 厘米，三合土地面以下为碎砖和石块铺垫的基础，地面向南延伸 10 余米后有一处宽约 20 厘米的沟槽，推测为墙基位置，三合土地面上散落有大量的灰砖，推测此处房屋建筑的墙体及上部建筑部分在淹没前为了获取建筑材料已经拆除，仅存房屋地面，散落在地面上的灰砖为拆除时堆放所置（图二一九、图二二〇）。

入水点 5：地理坐标为北纬 30°21′03.906″、东经 117°58′23.879″，位于入水点 4 的西南部，通过调查此处仍为入水点 4 所在房屋建筑的南部堆积。

2016 年 9～10 月国家文物局水下文化遗产保护中心和安徽省文物考古研究所联合对黄山区太平湖和金寨县响洪甸水库两处水域开展了水下文物资源调查。2016 年太平湖水域水下考古调查的主要工作是对广阳城文庙遗址进行重点调查，在文庙遗址调查工作临近结束时，由于当地地方政府对太平湖水面的养殖网箱进行了全面清理，遂对广阳城遗址又进行了仪器探测，使用的探测设备主要有侧扫声呐和多波束测深系统等，通过运用 DGPS 差分式全球定位系统布设东西向测线对广阳城遗址所在水域进行扫测。2016 年广阳城遗址仪器探测的范围边界坐标如下：

A 点：北纬 30°21′23.45″、东经 117°58′00.04″；

B 点：北纬 30°21′23.12″、东经 117°58′54.79″；

C 点：北纬 30°20′44.24″、东经 117°58′53.74″；

D 点：北纬 30°20′44.06″、东经 117°58′01.05″。

共计布设测线 15 条，每条测线长度 1500 米，相邻测线间距 80 米，测线方向 90°，扫测面积达 170 余万（1454×1222）平方米（图二二一、图二二二）。

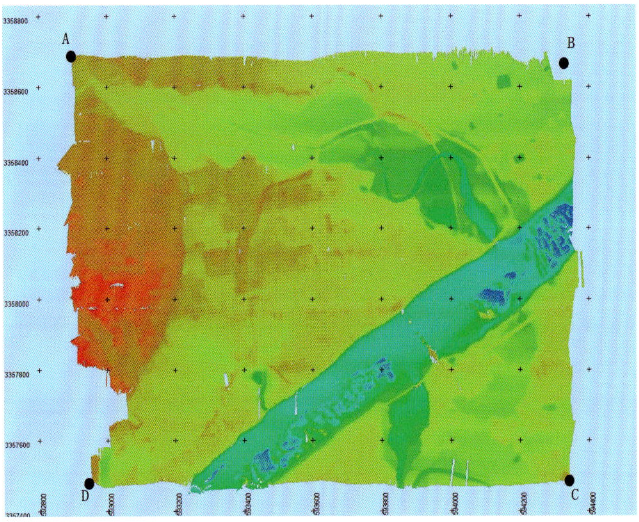

图二二一　广阳城遗址仪器探测范围四角坐标示意图

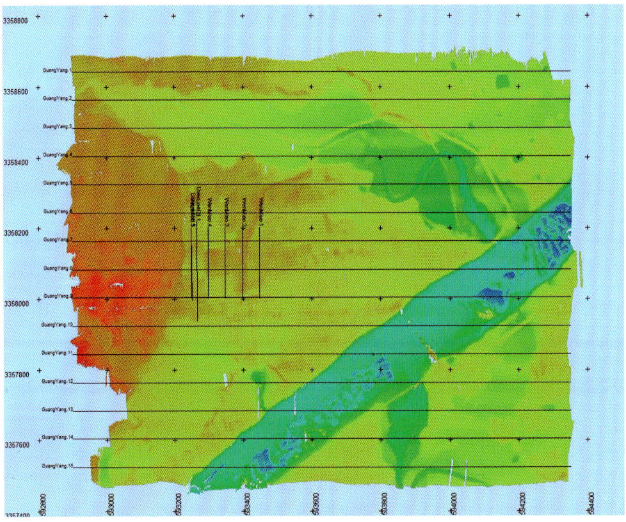

图二二二　广阳城遗址仪器探测测线分布图

根据声呐探测图像，选择广阳城西城墙北部一段保存状况较好的城墙于 2016 年 9 月 25 日进行了水下考古调查。

入水点 3：地理坐标为北纬 30°21′09.821″、东经 117°58′20.550″，位于广阳城西城墙北部。通过水下调查发现，这段城墙保存相对较好，呈南北走向，城墙东部为城内，地势低洼平坦，覆盖有较厚的淤泥，淤泥厚度达 20 厘米，最低处水深 12.9 米；城墙以西为城外，地势略高，水深 12.4 米，覆盖有较厚的淤泥，厚度达 30 厘米。城墙主体为白色夯土筑成，夯土外的包砖大多已经脱落，散乱堆积于夯土城墙表面和城墙下的地面以上。城墙截面近似梯形，两侧为坡状，顶部较平，残存高度约 1.3 米，城墙最高处水深 11 米，城墙墙体及其垮塌散落堆积的最大宽度约 7 米。城墙顶部部分位置夯土以上可见用条石或块石砌筑的墙基，部分区域石砌墙基残存高度最高可达 1 米，内、外两道石砌墙基之间的残存宽度为 1.6

图二二三　广阳城遗址西城墙周边环境

（红色浮球下为西城墙）

图二二四　广阳城遗址西城墙墙体及顶部堆积

米，这种石砌墙基在城墙顶部内、外两侧皆有发现，应该就是城墙顶部的石砌宇墙和垛墙或砖砌宇墙和垛墙的下部基础部分。在城墙顶部的夯土墙体之上还发现有使用单层青灰色石板墁地的现象，这种城墙顶部的墁地石板应该就是城墙的海墁部分。调查中在城墙的垮塌堆积中发现有大量散落的遗物，以城墙砖和陶瓷器碎片为主（图二二三、图二二四）。

（四）出水遗物

经过水下考古调查，2015 年在广阳城遗址采集文物标本 2 件，皆为砖。2016 年在广阳城遗址西城墙北段采集文物标本 32 件，皆为陶瓷器残片，分为青瓷、青花、酱黄釉、白瓷和五彩五类。

1. 砖

仅采集 2 件，皆为建筑材料。

2015AHTG 采：1，采集于广阳城水下考古调查入水点 4 所在的房屋建筑内。长方形，颜色斑驳不纯，以青灰色和红褐色为主，保存完整，正面平整，背面凹低不平，其余四面平整，表面可见绳纹，为房屋建筑墙砖。通长 25、宽 15、厚 6 厘米（图二二五；图二五八，1）。

2015AHTG 采：2，采集于水下考古调查入水点 7 即广阳城西南角城墙。长方形，砖体厚重，青灰色，颜色泛白，仅最宽的一个面较完整，其余各面坑洼不平，且有一角残缺，一长侧面有三道压痕，该面阴刻六个字，能辨识的有“四、十、五、埭”四字，其余均素面，为城墙墙砖。通长 36、宽 21、厚 10 厘米（图二二六；图二五八，2）。

图二二五　2015AHTG 采：1

图二二六　2015AHTG 采：2

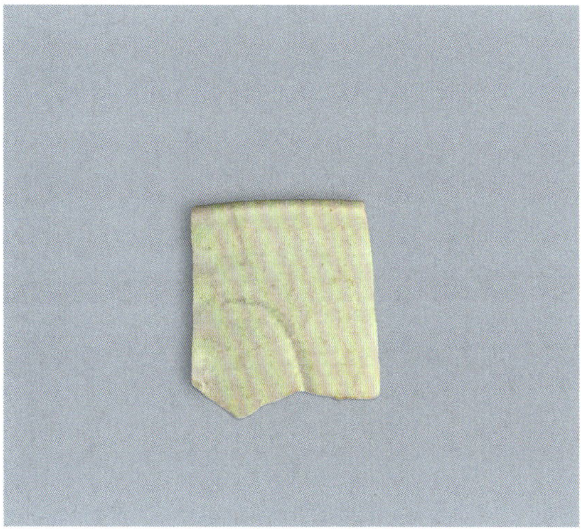

图二二七　2016AHTG 采：1

图二二八　2016AHTG 采：2

2. 青釉瓷器

仅发现 2 件，皆为残片，残损较甚，器形不详。

2016AHTG 采：1，仅余部分口沿及上腹部，胎质相对疏松，敞口，沿外撇，圆唇，浅弧腹，通体施青釉，外腹部饰有刻划纹两道，刀法成熟。瓷片残长 3.9、残宽 3.2、壁厚 0.4 厘米（图二二七；图二五九，1）。

2016AHTG 采：2，仅余部分下腹部，近底处较厚，近腹部胎薄，胎质细密，下腹部外壁有刻划纹一道，通体施青釉。瓷片残长 4、残宽 4、壁厚 0.45 ~ 1 厘米（图二二八；图二五九，2）。

3. 青花瓷器

共采集 21 件，多为残片，其中碗 16 件、盘 4 件、杯 1 件。

青花瓷碗　16 件。

2016AHTG 采：3，残存部分腹部与碗底，斜弧腹，圈足，足端较平，足墙外侧平直，内侧斜直，内底略下弧，白胎，胎质细腻，通体施白釉，略泛青，外壁饰青花花卉纹，圈足外墙有青花弦纹三道，外底有青花方形押款，款识不详，内底錾刻“諧”字。足径 6、残高 2.8 厘米（图二二九；图二五九，3）。

2016AHTG 采：4，仅余器底局部，深腹，内圜底，外圈足，圈足稍高且向内削足，挖足较深，内壁饰有青花弦纹，内底及外壁饰青花草叶纹，足心饰弦纹及青花草叶纹，灰白色胎，胎质粗糙，除足墙内壁及足端外通体施釉，釉层较厚，釉色晦暗，青花色泽较暗。足径 4.3、残高 4.3、壁厚 0.3 厘米（图二三〇；图二五九，4）。

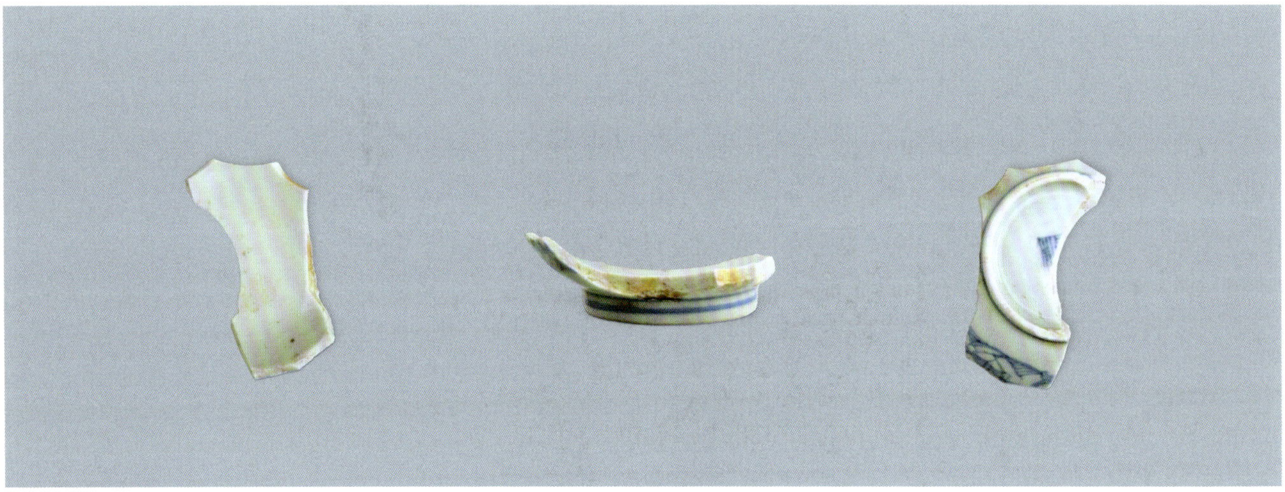

图二二九 2016AHTG 采：3

图二三〇 2016AHTG 采：4

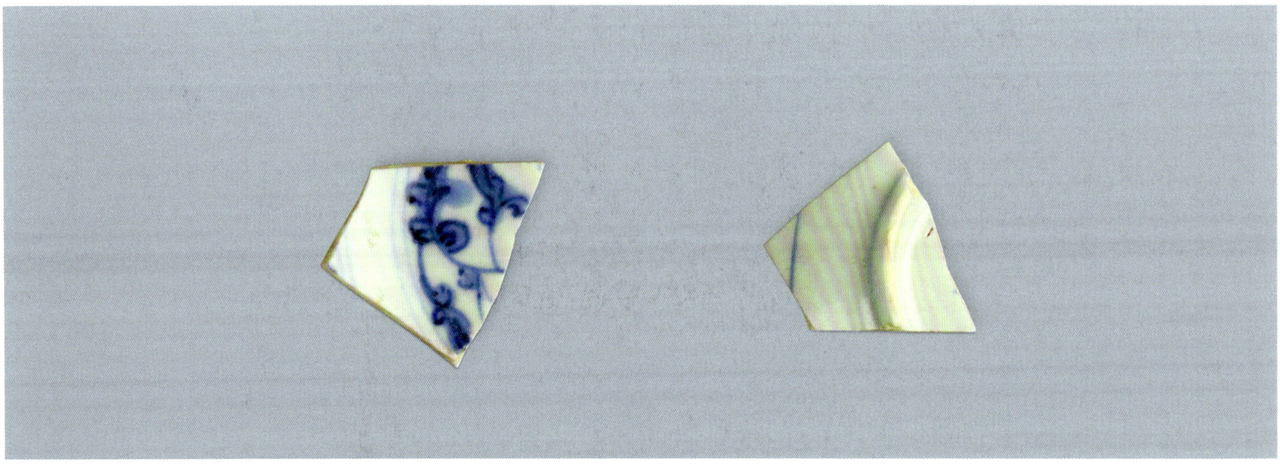

图二三一 2016AHTG 采：6

2016AHTG 采：6，残缺严重，仅余器底局部。深腹，内圜底，外圈足，圈足稍高且向内削足，挖足较深。内壁有青花弦纹，内底饰青花草叶纹，足心饰青花弦纹，灰白色胎，胎质粗糙，除足墙内壁及足端外通体施釉，釉层较厚，釉色晦暗，青花色泽稍暗。瓷片残长 3.5、残宽 3、壁厚 0.3 厘米（图二三一；图二五九，5）。

2016AHTG 采：7，仅余部分下腹部及底部，胎质细密，下腹部弧收，内底稍内凹，外底平，圈足较厚，通体施釉，内底饰粗弦纹一周，内绘青花花瓣纹，外腹部饰青花花瓣纹，近底处有粗弦纹一周，外腹、足交接处饰细青花弦纹一周。瓷片残长 8.1、残宽 5.9、壁厚 0.6 ～ 0.8 厘米（图二三二；图二五九，6）。

图二三二　2016AHTG 采：7

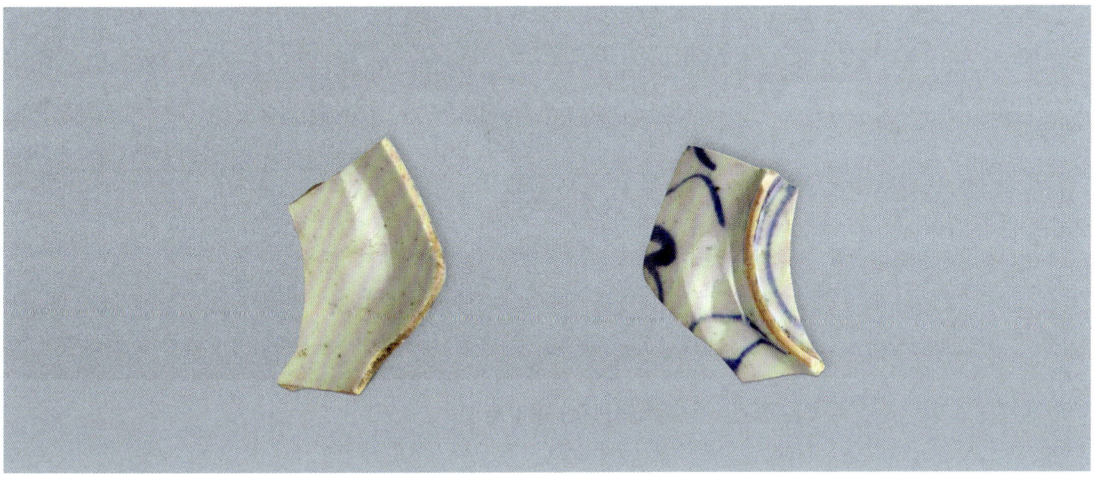

图二三三　2016AHTG 采：8

图二三四 2016AHTG 采：9

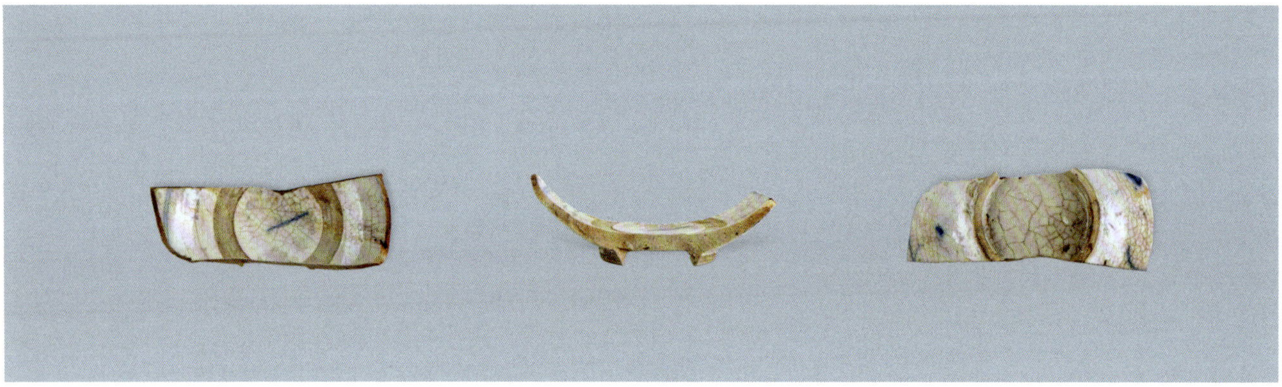

图二三五 2016AHTG 采：10

2016AHTG 采：8，仅余部分下腹部及器底，胎质细密，下腹部弧收，内底稍内凹，外底平，圈足，足墙外斜内直，通体施釉，仅圈足内壁、足底刮釉露胎，外腹部绘青花花卉纹，圈足外壁局部有青花弦纹两道，外底近足处饰青花弦纹两道。瓷片残长 6.5、残宽 4.3、壁厚 0.2 ～ 0.35 厘米（图二三三；图二五九，7）。

2016AHTG 采：9，仅余部分下腹部及器底，胎质细密，下腹部弧收，内底稍内凹，外底平，圈足，足墙外斜内直，通体施釉，仅圈足内壁、足底刮釉露胎，外腹部绘青花草叶纹，圈足外壁局部有青花弦纹两道，外底近足处饰青花弦纹两道。足径 7、残高 3.2 厘米（图二三四；图二五九，8）。

2016AHTG 采：10，残存部分腹部与碗底，斜弧腹，矮圈足，足端较平，足端外侧略斜削，挖足过肩，内外底较平略弧，灰白胎，白釉泛青，内外均施釉，开片冰裂，内底刮有一规整的涩圈，圈足足端内外均无釉，外底满釉，外腹有青花纹样，内壁下腹有青花弦纹两道，内底绘有青花线段纹。足径 6.1、残高 4.2 厘米（图二三五；图二五九，9）。

2016AHTG 采：11，残存部分碗底与圈足，足端较尖，白胎，内外均施白釉，泛青，

图二三六 2016AHTG 采：11

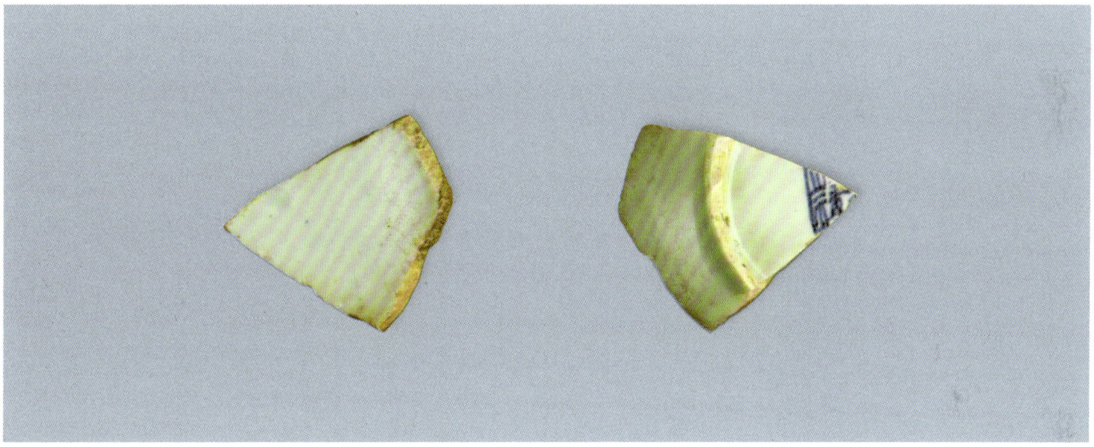

图二三七 2016AHTG 采：12

釉面莹润，圈足足端无釉，腹部近碗底处内外均饰青花草叶纹。足径 5.8、残高 2.9 厘米（图二三六；图二五九，10）。

2016AHTG 采：12，残存部分碗底，内外底略下弧，白胎，外施白釉，内壁与碗底白釉泛青，外壁釉层较厚，外底有方形青花押款，款识不详。足径 7.4、残高 3.0 厘米（图二三七；图二五九，11）。

2016AHTG 采：13，残存碗底，斜弧腹，小圈足，足端较平，足端外侧斜削，挖足过肩，内外底较平略下弧，白胎，胎质细腻，通体施白釉，泛青，圈足足端及外侧刮釉，外腹饰有青花缠枝花卉纹样，圈足外墙有青花弦纹两道，外底有方形青花押款，款识不辨。足径 3.3、残高 2.1 厘米（图二三八；图二五九，12）。

2016AHTG 采：14，残存碗底部分，弧腹，平底，圈足，足墙较直，白胎，胎体细腻，通体施白釉，釉面莹润光亮，足底刮釉，圈足与碗底相接处施一道青花弦纹。足径 5.2、残高 2.6 厘米（图二三九；图二五九，13）。

图二三八 2016AHTG 采：13

图二三九 2016AHTG 采：14

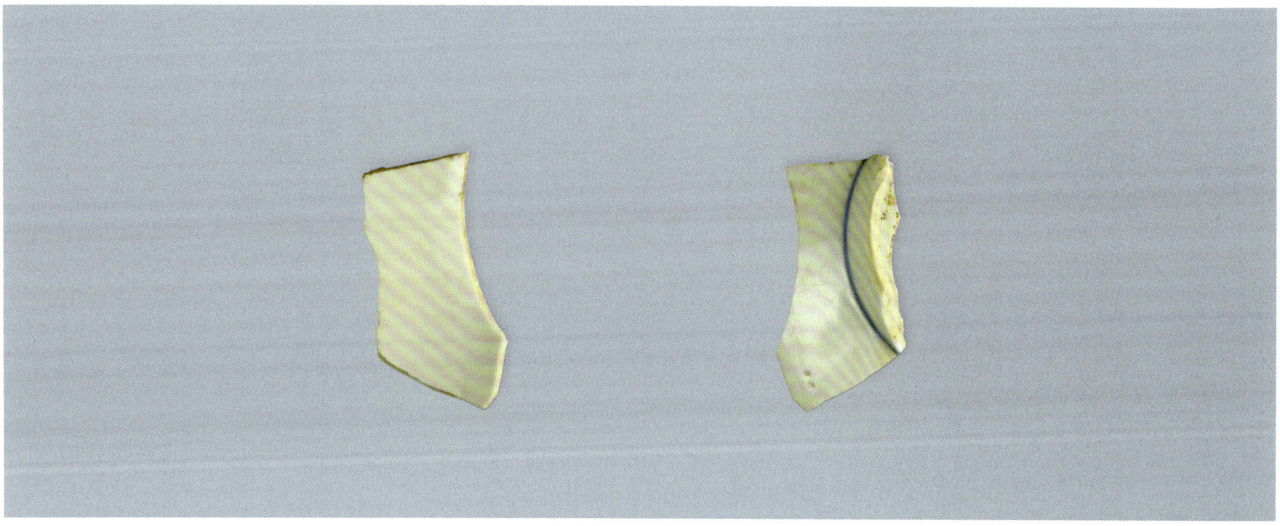

图二四〇 2016AHTG 采：15

2016AHTG 采：15，残存碗底部分，弧腹，平底，圈足，足墙斜弧，白胎，胎体细腻，通体施白釉，釉面莹润光亮，足底刮釉，圈足与碗底相接处施一道青花弦纹。瓷片残长 5.7、残宽 3.2、壁厚 0.2 ~ 0.3 厘米（图二四〇；图二五九，14）。

2016AHTG 采：16，残存碗底部分，弧腹，圜底，圈足，足墙弧收，足底斜削，白胎，胎体细腻，通体施白釉，釉面莹润光亮，足底刮釉，圈足与碗底相接处施一道青花弦纹。足径 5.9、残高 2.3 厘米（图二四一；图二五九，15）。

2016AHTG 采：17，残存碗口部分，圆唇，敞口，弧腹，白胎，胎体细腻，通体施白釉，釉面光亮，青花纹饰模糊，内沿口部绘三道弦纹，弦纹内绘花草纹，腹部绘双圈弦纹，口部外沿绘弦纹，其下绘花卉纹。瓷片残长 5.7、残宽 5.1、壁厚 0.3 ~ 0.5 厘米（图二四二；图二五九，16）。

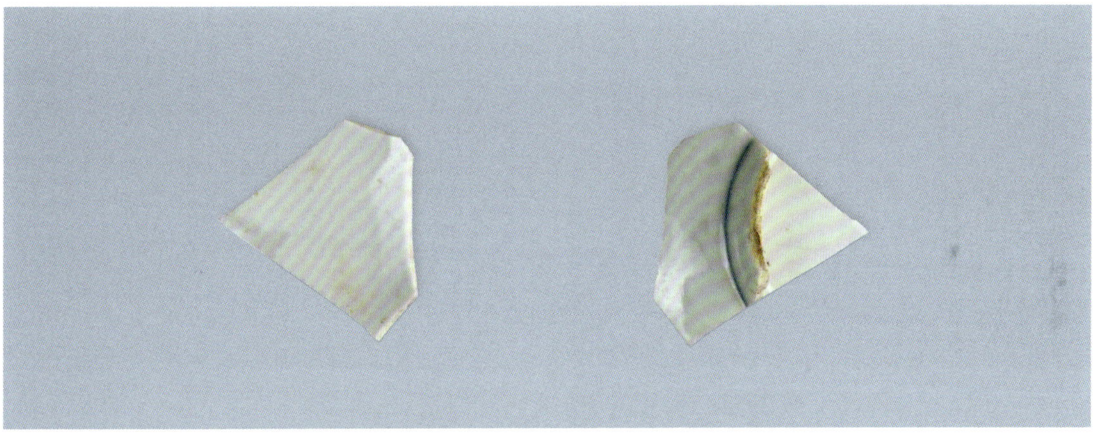

图二四一 2016AHTG 采：16

图二四二 2016AHTG 采：17

图二四三 2016AHTG采：18

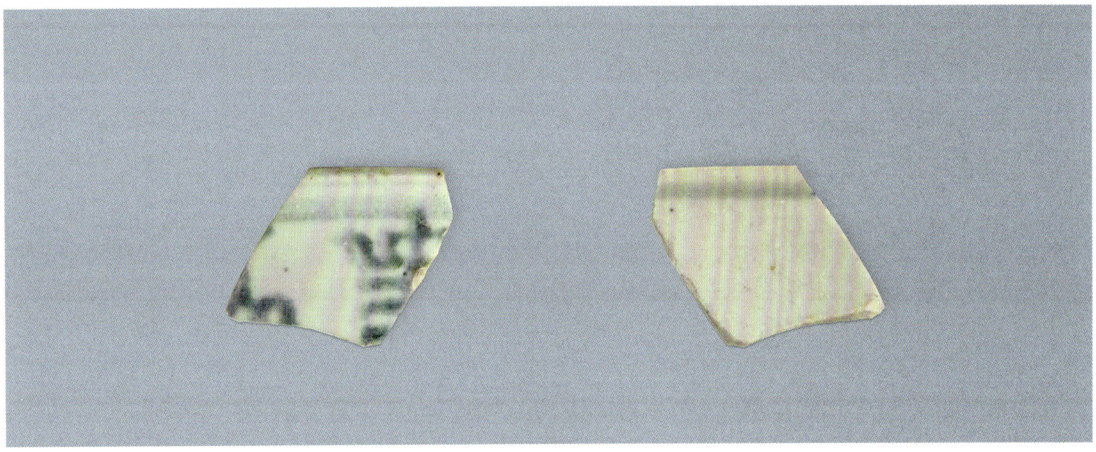

图二四四 2016AHTG采：19

2016AHTG采：18，残存碗口部分，圆唇，敞口，斜弧腹，胎体细腻，胎色泛灰，通体施白釉，釉色泛黄，口部外沿绘一圈青花点彩纹，其下绘一圈锯齿纹，青花纹样泛灰。瓷片残长5、残宽4.2、壁厚0.3厘米（图二四三；图二五九，17）。

2016AHTG采：19，残存部分口沿，方唇，灰白胎，釉色泛青灰，口沿外侧饰青花弦纹一道，下有“寿”字纹，口沿内饰弦纹一道。瓷片残长3.8、残宽2.8、壁厚0.35～0.4厘米（图二四四；图二六〇，1）。

青花瓷盘 共4件。

2016AHTG采：5，仅余部分下腹部及器底，胎质细密，下腹部弧收，内、外底平，矮圈足，足墙外斜内直，足底外削略尖，通体施白釉，足底刮釉露胎，圈足带有制作过程中产生的烧结颗粒，内腹部绘勾线青花，图案不可考，内腹与底交接处有细弦纹一周，弦纹内绘粗笔淡色青花一周，其上绘双线三角纹，角尖朝向圆心。瓷片残长5.5、残宽4.5、壁厚0.2～0.5厘米（图二四五；图二六〇，3）。

图二四五　2016AHTG 采：5

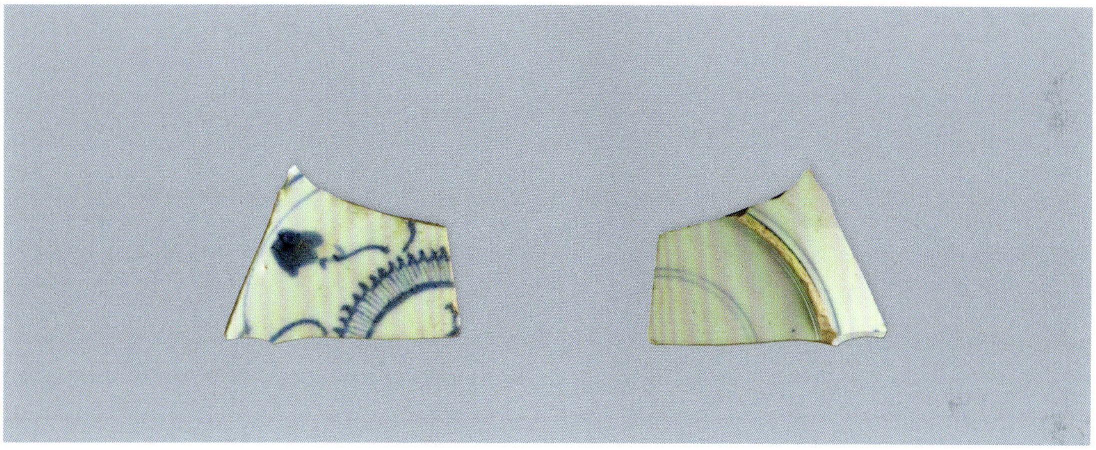

图二四六　2016AHTG 采：20

2016AHTG 采：20，残缺严重，仅余部分底部，浅腹，内平底，外圈足，圈足较矮且内收，内底外周饰青花芝草纹，中部饰青花篦齿纹，中心饰青花芝草纹，足跟及外底心饰青花弦纹，灰白色胎，胎质洁白细腻，除足端外通体施白釉，釉色莹润，青花色泽明亮。瓷片残长 7.3、残宽 5.6、壁厚 0.3 ～ 0.65 厘米（图二四六；图二六〇，4）。

2016AHTG 采：21，残缺严重，仅余局部器底，内平底，外圈足，圈足较矮，挖足极浅，内底边缘饰两周青花弦纹，灰白色胎，胎质洁白细腻，除足端外通体施白釉，釉层较厚，釉色偏青，青花颜色暗淡偏黑。瓷片残长 7.7、残宽 4.4、壁厚 0.3 ～ 0.45 厘米（图二四七；图二六〇，5）。

2016AHTG 采：22，残缺严重，可复原，方唇，浅弧腹，内平底，外圈足，圈足较矮且内收，口沿内外及底部内外均饰青花弦纹，腹内壁饰青花水草游鱼纹，内底有青花水波纹，腹外壁及足心亦饰有青花，因残缺严重，纹样不详，灰白色胎，胎质洁白细腻，除足端外通体施白釉，釉层较厚，釉色莹润，淡蓝色青花稍暗。口径 16.7、足径 10.7、通高 4 厘米（图

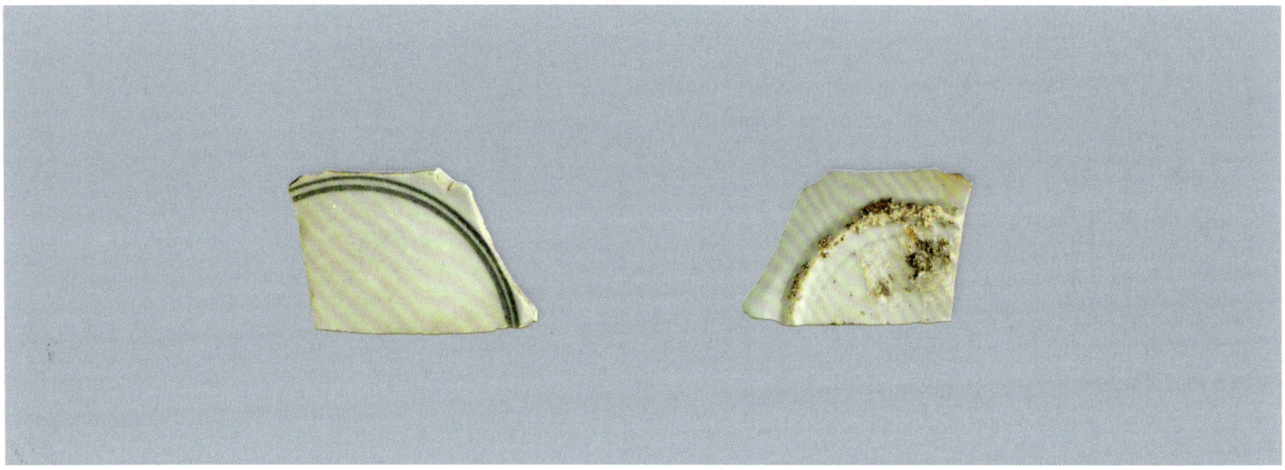

图二四七　2016AHTG 采：21

图二四八　2016AHTG 采：22

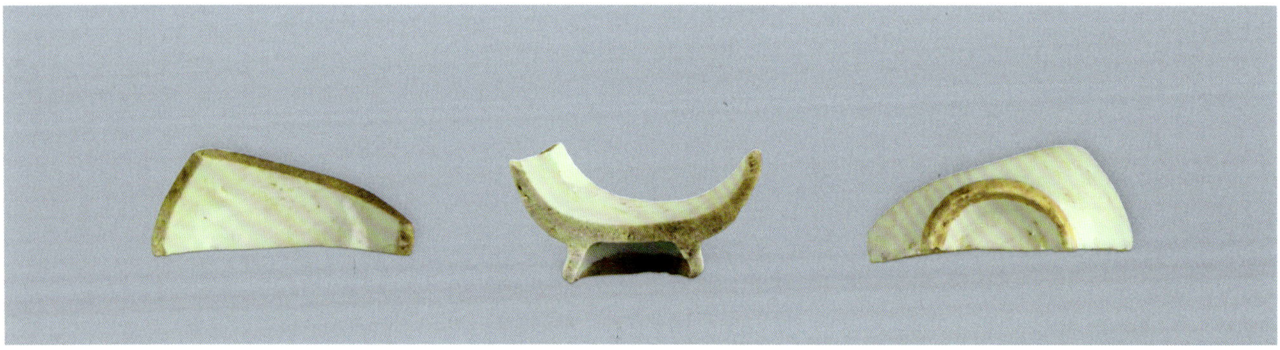

图二四九　2016AHTG 采：23

二四八；图二六〇，10）。

青花瓷杯　仅发现 1 件。

2016AHTG 采：23，仅余部分下腹部及器底，白胎，胎质细密，下腹部弧收，内底稍内凹，外底平，圈足，足墙外斜，足底外削略尖，通体施白釉，足底刮釉露胎，未见纹饰。足径 2.6、

残高 3 厘米（图二四九；图二六〇，6）。

4. 酱黄釉瓷器

仅发现 1 件，器形为杯。2016AHTG 采：24，残存杯底部分，弧腹，平底，圈足，足墙仅残存小部分，白胎，胎质细腻，通体施釉，釉面莹润光亮，外壁施酱黄釉，内壁施白釉，未见纹饰。瓷片残长 4.6、残宽 2.5、壁厚 0.3 至 0.6 厘米（图二五〇；图二六〇，7）。

5. 五彩瓷器

采集 5 件，器形以罐和碗为主。

五彩瓷罐　2 件。

2016AHTG 采：25，残损严重，仅余罐底，下腹斜直，平底，矮圈足，圈足外撇，足底刮削，胎质较粗，胎色灰白，通体施白釉，外腹釉上绘五彩花草图案，可辨色有褐、绿色。足径 8.2、残高 4 厘米（图二五一；图二六〇，2）。

2016AHTG 采：26，残损严重，仅余罐底，下腹圆弧，平底，矮圈足，圈足内收，足底刮削，胎质较粗，胎色灰白，残存处通体施白釉，釉上绘五彩缠枝花卉图案，可辨颜色有红、绿、褐色。足径 6.8、残高 4.6 厘米（图二五二；图二六〇，8）。

五彩瓷碗　3 件。

2016AHTG 采：27，残损严重，仅余碗底，下腹圆弧，底部微鼓，高圈足，圈足内收，足端刮削，胎质细腻，胎色灰白，通体施白釉，釉下绘五彩图案，外腹绘四组花卉纹，内底绘一朵团花，外底方形押款，款内繁体楷书“江西華光瓷廠出品”，五彩图案以红色为主。

图二五〇　2016AHTG 采：24

图二五一 2016AHTG 采：25

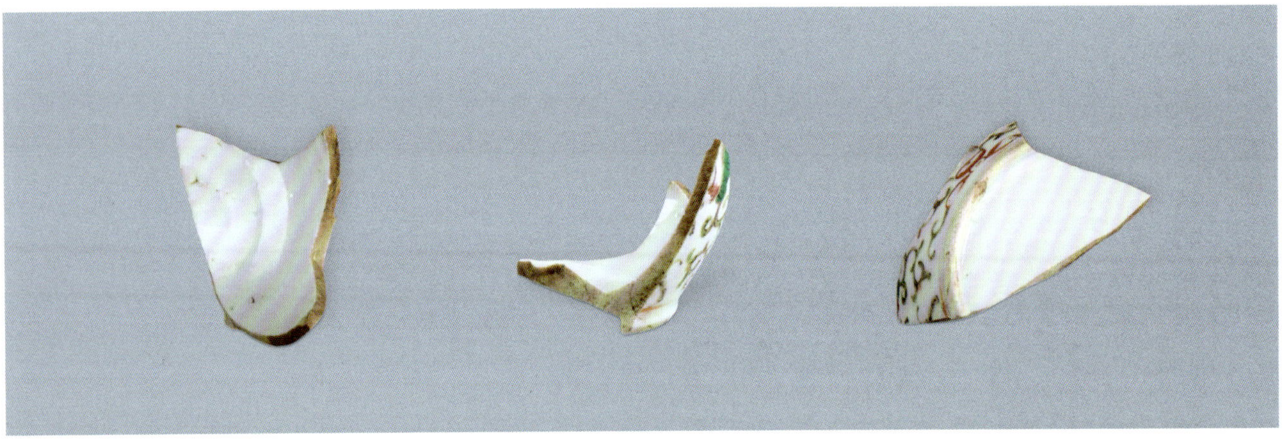

图二五二 2016AHTG 采：26

图二五三 2016AHTG 采：27

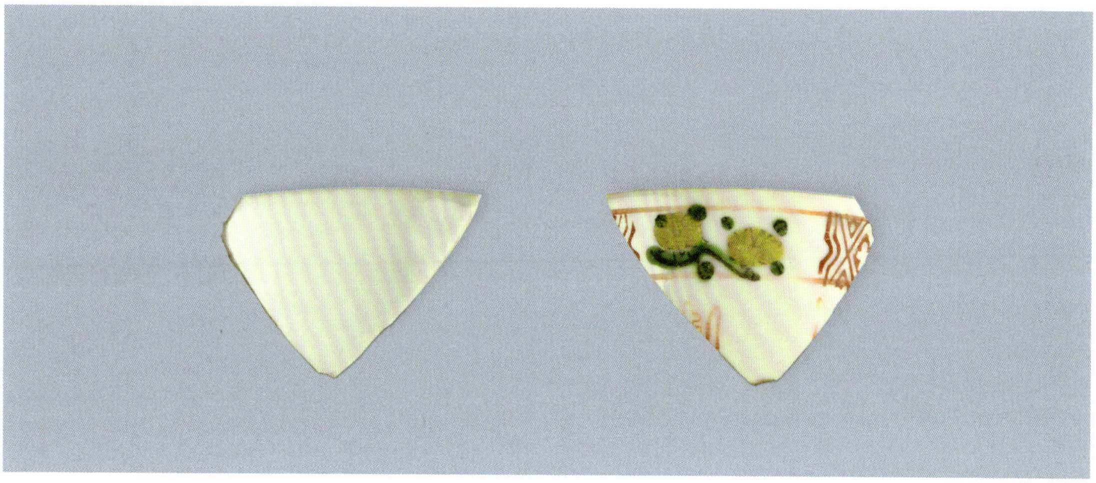

图二五四　2016AHTG 采：28

图二五五　2016AHTG 采：29

足径 6.7、残高 3.4 厘米（图二五三；图二六〇，11）。

2016AHTG 采：28，残损严重，仅余口沿，敞口，尖圆唇，腹部圆弧，胎质细腻，胎色灰白，通体施白釉，釉下绘五彩图案，外口下绘双弦纹，间饰织锦、荷叶纹，内壁残存部分未见纹饰，可辨颜色有红、绿、黄色。瓷片残长 4.7、残宽 3.5、壁厚 0.2 厘米（图二五四；图二六〇，9）。

2016AHTG 采：29，残损严重，仅余口沿，敞口，尖圆唇，腹部圆弧，胎质细腻，胎色灰白，通体施白釉，外腹釉下用红彩绘草叶绘，内壁残存部分未见纹饰。瓷片残长 5.4、残宽 3.4、壁厚 0.2 厘米（图二五五；图二六〇，12）。

6. 白釉瓷器

采集 3 件，器形以罐和碗为主。

2016AHTG 采：30，白瓷罐，残损严重，仅余上部，子母口，器身母口，圆唇，直颈，斜肩，肩部有对称的双圈竖耳，直腹，胎质细腻，胎色灰白，通体施白釉，釉色光亮莹润，残存部分未见纹饰。口径 4.8、残高 7.2 厘米（图二六〇，13）。

2016AHTG 采：31，白瓷罐，残损严重，仅存罐底，腹部圆弧，平底内凹，矮圈足，挖足极浅，足墙较厚，胎质较粗，胎色灰白，通体施白釉，足底刮削，釉色光亮莹润，残存部分未见纹饰。足径 10.6、残高 3 厘米（图二五六；图二六〇，14）。

2016AHTG 采：32，白瓷碗，残损严重，仅余口沿，敞口，圆唇，弧腹，胎质细腻，胎色灰白，通体施白釉，口沿处刮削，釉色光亮莹润，残存部分未见纹饰。瓷片残长 10.6、残宽 7、壁厚 0.2 ～ 0.6 厘米（图二五七；图二六〇，15）。

图二五六　2016AHTG 采：31

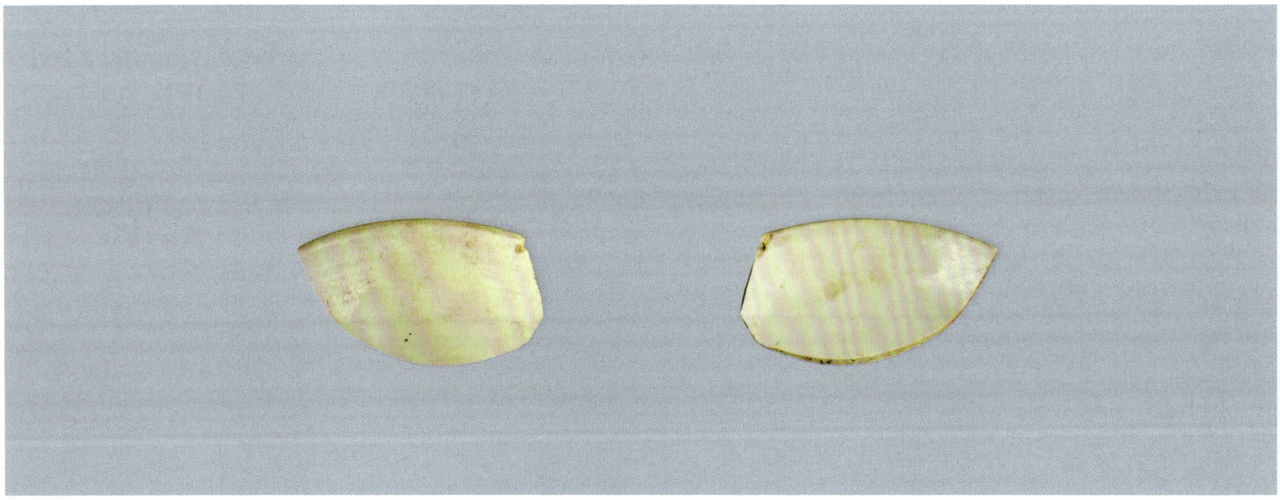

图二五七　2016AHTG 采：32

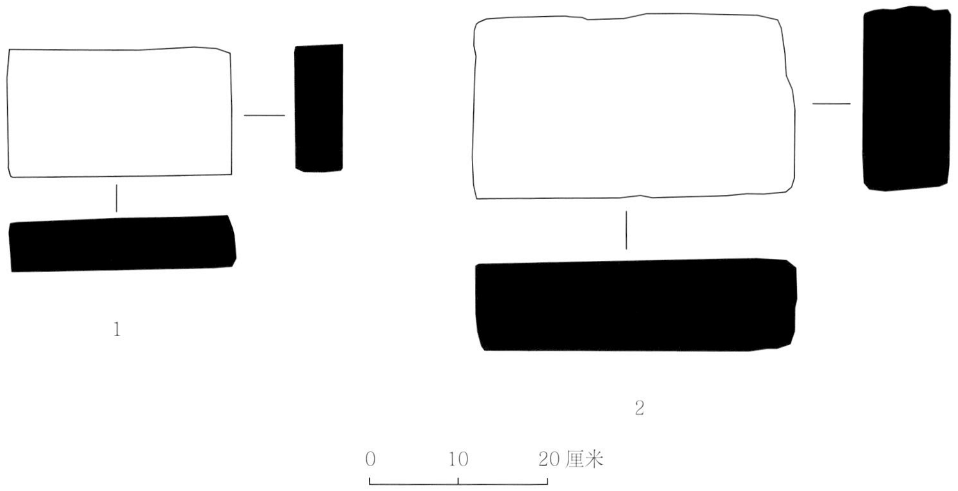

图二五八　广阳城遗址出水砖

1. 砖（2015AHTG 采：1） 2. 城墙砖（2015AHTG 采：2）

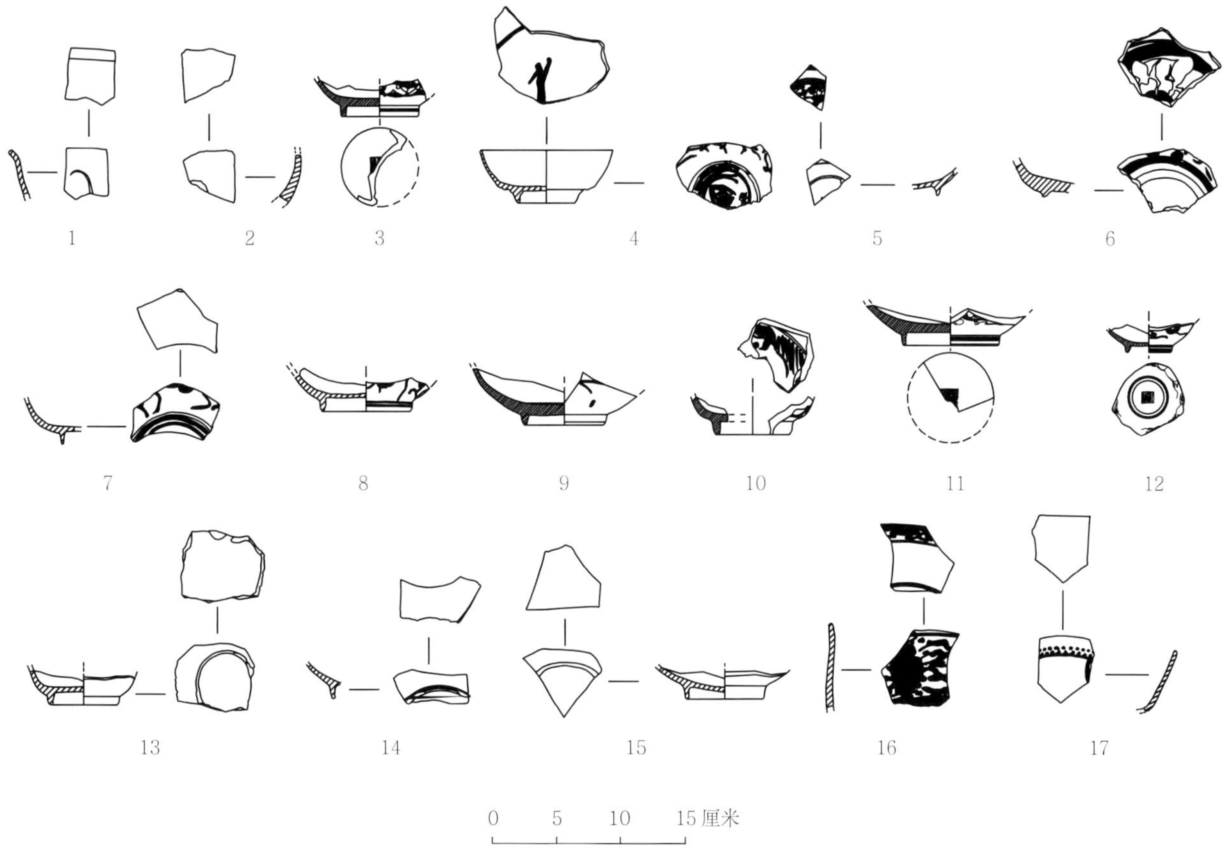

图二五九　广阳城遗址出水瓷器（一）

1、2. 青瓷器残片（2016AHTG 采：1、2） 3 ~ 17. 青花瓷碗（2016AHTG 采：3、4、6 ~ 18）

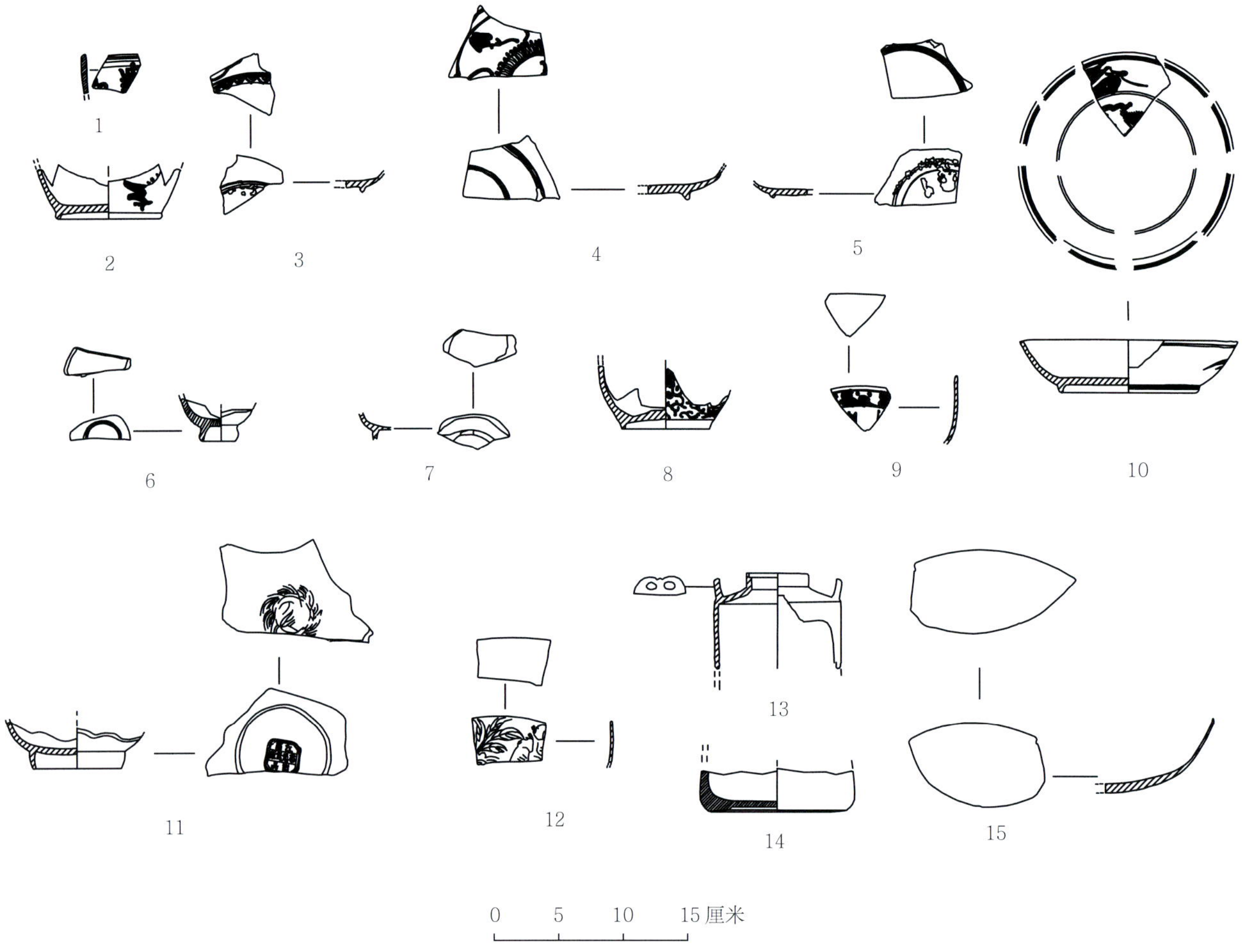

图二六〇 广阳城遗址出水瓷器（二）

1. 青花瓷碗（2016AHTG采：19） 2、8. 五彩瓷罐（2016AHTG采：25、26）
3～5、10. 青花瓷盘（2016AHTG采：5、20、21、22） 6. 青花瓷杯（2016AHTG采：23）
7. 酱黄釉瓷杯（2016AHTG采：24） 9、11、12五彩瓷碗（2016AHTG采：28、27、29）
13、14. 白釉瓷罐（2016AHTG采：30、31） 15. 白釉瓷碗（2016AHTG采：32）

（五）城址概况及初步认识

广阳城遗址位于肥沃的广阳畈区，地势平坦，地形为山间盆地，南濒舒溪河，东北倚陵阳山，北部有后溪河从西北向东南蜿蜒曲折二次穿城而过并在广阳城东南部汇入舒溪河（《民国石埭备志汇编》载“后溪东自九凰岭北自黄城峰分派面来穿县城东北隅入于舒溪”、《乾隆池州府志》中“毕锵陵阳中峰记”载“涉后溪道黄鹤池至仙宫”，参见图一一），西部为低山丘陵，低山丘陵以西有陵阳河从北部经琉璃岭向西南汇入舒溪河，广阳城就位于后溪河、陵阳河与舒溪河三条河流之间的三角地区，这一地区河网密布、水路发达，交通便利，土地肥沃，物产丰富，地理位置十分重要。

由于广阳城处于三条河流之间的三角区域，受地理条件以及区域面积等因素的限制，广阳城没有严格按照正方向进行规划和建造，而是根据地形的变化顺着舒溪河的走向沿河建造城址。城址的平面形状呈不规则长方形，因此广阳城是根据地形、地利背山沿河建造而成的，南部的舒溪河既成为城址南部重要的城堑，又提供了极为便捷的水路交通，东北部的后溪河、陵阳山以及西部的陵阳河、琉璃岭、雾露岭等河流与山脉构成了广阳城外围天然的防御屏障（见图一九七）。

从广阳城淹没前的卫星图片和淹没后的仪器探测图像看，广阳城遗址平面为不规则长方形，呈西南—东北走向，方向 20°，东西向较宽，南北向略窄，城址最长处为 818 米，最宽处 519 米，城内面积约为 31 万平方米（图二〇五、图二六一、图二六二）。

广阳城城内东北角地势低洼，水深 18 ～ 22 米，后溪河从城址东北部二次穿城而过，这一区域应为舒溪河、后溪河长期泛滥、河流冲刷侵蚀形成的河谷地带，河谷地带的分布、走向与后溪河的流向基本一致，比周围环境地面低 4 米左右，少见建筑物。城内西南部比东北部高，地势平坦，高低起伏变化不大，建筑物非常密集，水深 14 ～ 15 米（图二六三～图二六五）。

通常情况下广阳城遗址所在区域水中悬浮物不多，光透性佳，水下能见度较好，可达 1 米左右，水温约 25℃（9 月测量），湖水流速较小，大多在 10 厘米 / 秒以下，水底淤积多为浮泥和细沙，淤积厚度多为 0.5 米，低洼地带淤积较厚，部分区域淤积厚度可达 1 米。

广阳城遗址城垣基本保存完整，外轮廓清晰可辨，仅南墙部分位置破坏严重，辨识较难。广阳城遗址城墙墙体内为白色夯土筑成，夯土土质细密，比较纯净，夹杂有少量的小石块和碎砖。夯土墙体外原应有包砖，包砖大多已经脱落，城墙顶部的宇墙、垛墙或其他建筑也多已经垮塌，垮塌的砖和石块覆盖在城墙上部及两侧，呈坡状隆起堆积，部分墙砖印有文字，如 2015AHTG 采： 2 的一长侧面阴刻有六个字，能辨识的有“四、十、五、埭”

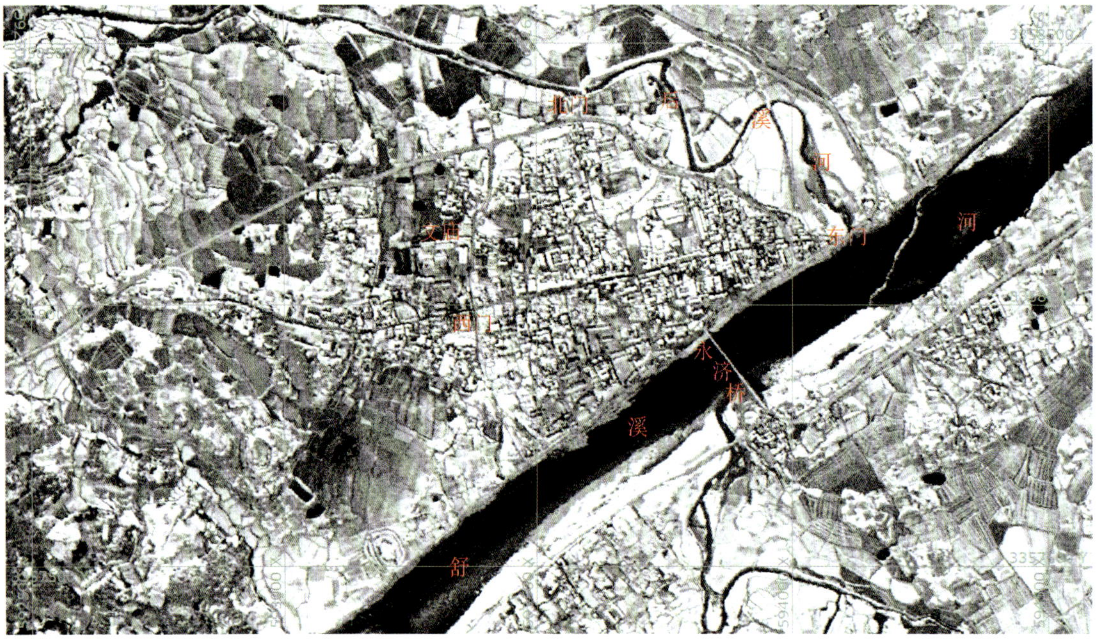

图二六一　广阳城淹没前卫星照片

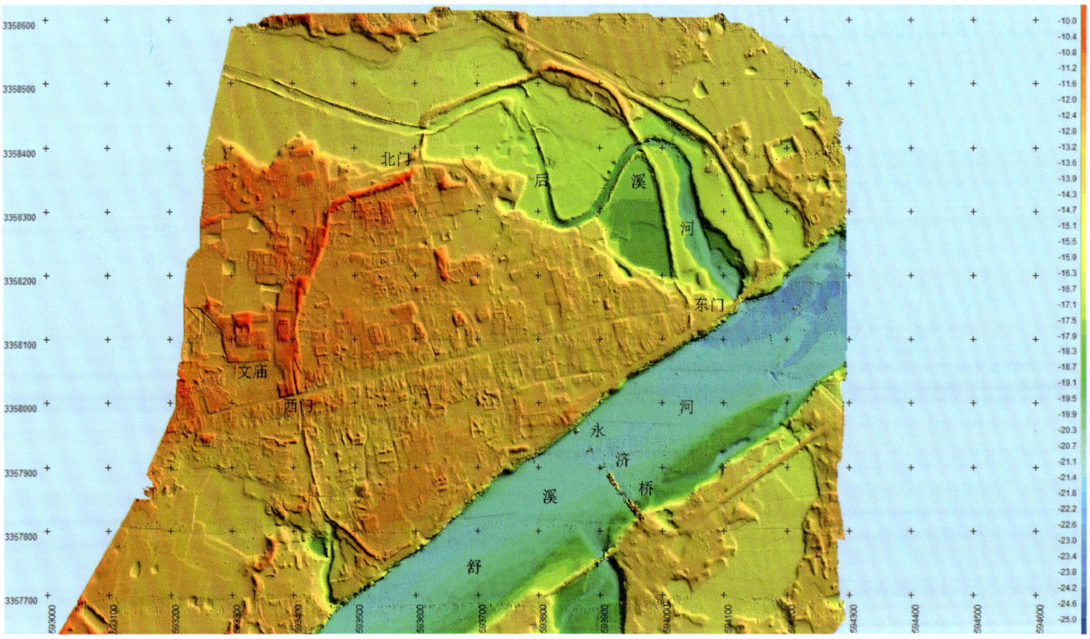

图二六二　广阳城淹没后仪器探测图

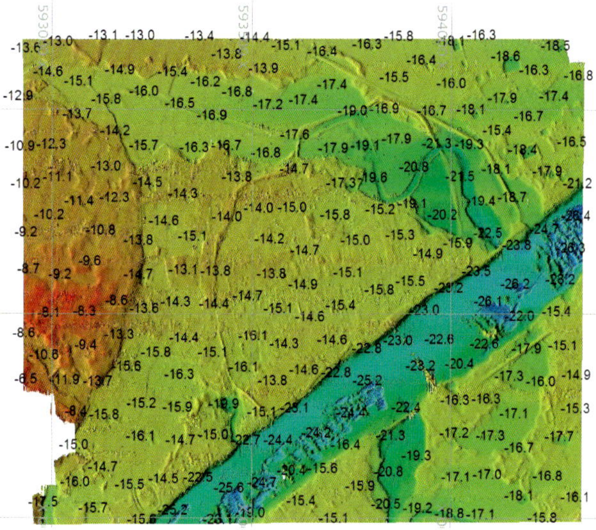

图二六三　广阳城遗址及周边水域水深

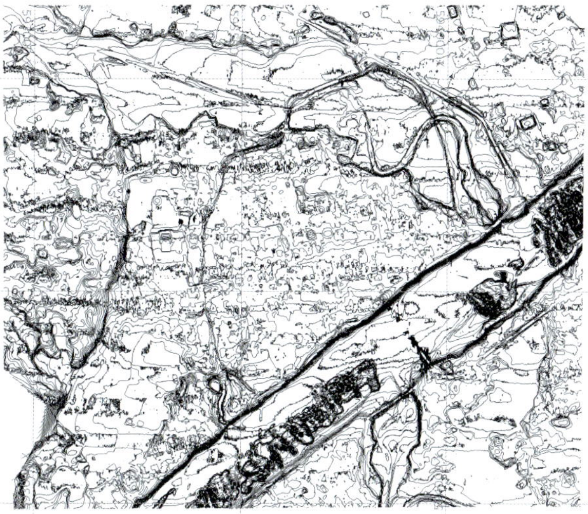

图二六四　广阳城遗址及周边水域等深线图（黑白）

图二六五　广阳城遗址及周边水域等深线图（彩色）

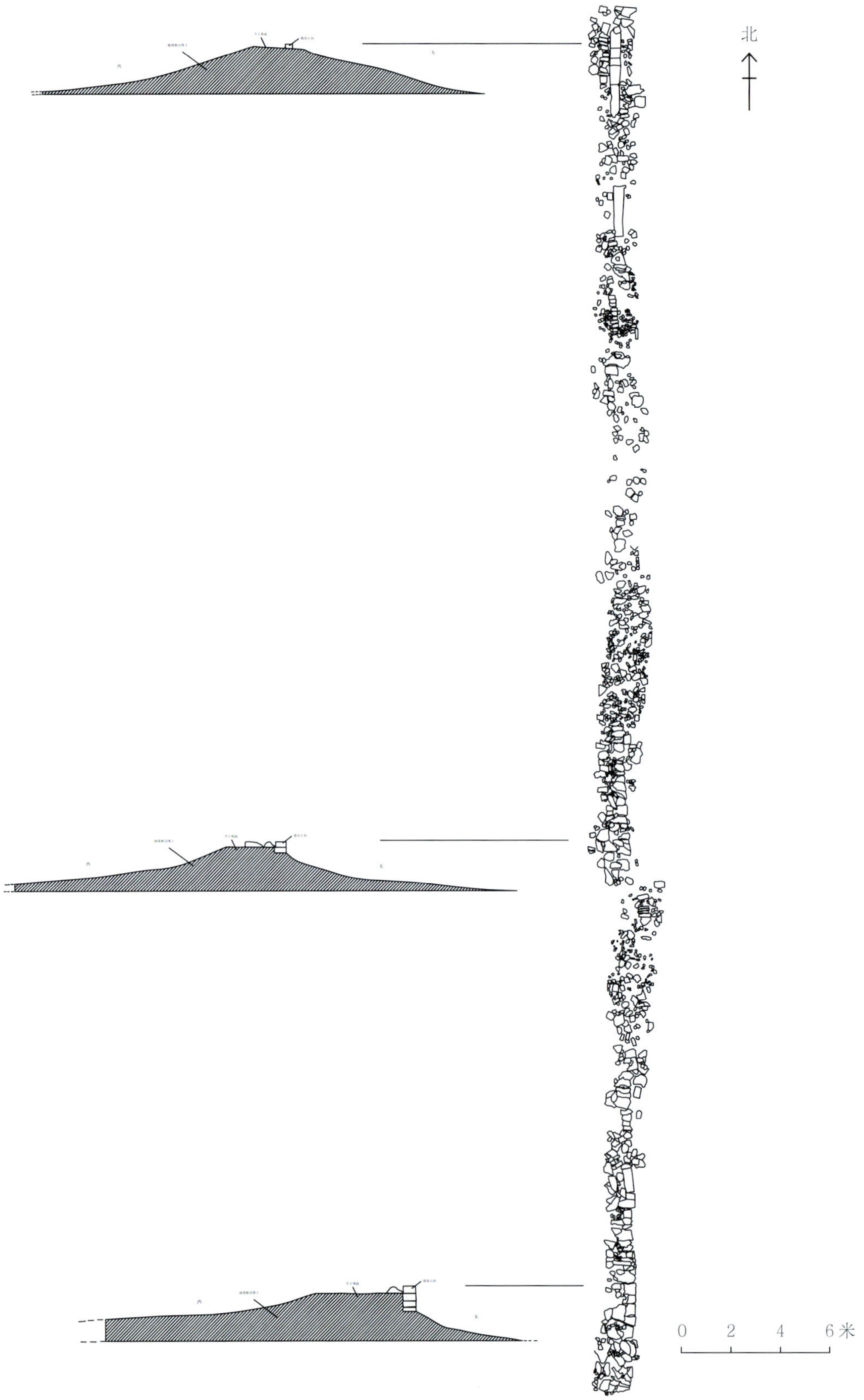

图二六六　广阳城遗址西城墙局部平、剖面图

图二六七　广阳城遗址城墙夯土墙体

图二六八　广阳城遗址城墙夯土墙体细部

图二六九　广阳城遗址城墙顶部石砌基础

图二七〇 广阳城遗址城墙顶部砖墙和青石板海墁

四字，由于城墙大多已经垮塌，残存高度不一，多为1.5米左右，同时由于未做清理发掘，城墙墙体上覆盖有较多的砖和石块，城墙厚度不详，经过初步测量城墙墙体及其垮塌散落堆积的宽度约为7米。水下考古调查中在部分城墙顶部内外两侧顺着城墙的走向发现有用石块或砖砌筑的建筑遗存，这种建筑遗存残存高度不一，最高可达1米，内、外两道石砌或砖砌建筑之间的残存宽度为1.6米，应为城墙顶部的宇墙或垛墙部分，另外在部分城墙顶部中央位置还发现有用长方形青石板墁地的现象，这种铺在城墙顶部中央位置的石板应为城墙顶部的海墁结构（图二六六～图二七〇）。

通过调查，发现并确认了广阳城东门、南门、西门和北门四处城门以及东门北部水关和北门水关两处水关，城门及水关的上部建筑皆已垮塌不存。由于广阳城南部城墙濒临舒溪河，受河水泛滥及后期建设改造破坏等因素影响，保存状况不佳，在水下调查中没有发现并确认县治等文献中记载的广阳城小南门。广阳城东门宽约7米，残高约1.5米，最低处水深16米；南门宽约5.5米，残高约1.1米，最低处水深14.5米；西门宽约8米，残高约1.2米，最低处水深13.8米；北门宽约11米，残高约2米，最低处水深14.7米。

经过水下考古仪器探测和水下调查，广阳城城内布局基本保留淹没前的格局，城内建筑轮廓比较清晰，道路、街道清晰可辨，其中贯穿东门和西门的东西向大街为主干街道，街道方向77°，长约600米，城内建筑对称地分布于东西向大街的南北两侧。城内建筑大多破坏严重，保存状况一般，多数建筑物仅存基础，少量残存有墙体，残存高度多不足1米，地表散落有大量的砖、石等建筑材料，推测与修建水库之前的拆迁有关。广阳城东北角位

于舒溪河与后溪河的交汇处，是后溪河长期冲刷侵蚀形成的河谷地带，地势低洼，受洪水泛滥影响较大。历史上由于大雨成灾，舒溪河多次泛滥侵入后溪河并冲进广阳城内，造成城内尤其是东北部的严重破坏，从而导致广阳城东北角现存的建筑物极少。

广阳城南部的舒溪河顺着南城墙由西南流向东北，河宽160～200米，河堤高约7.5米，河底水深约23米，河床以沙、石为主。通过将2014年和2016年广阳城遗址仪器探测的图像进行对比，广阳城遗址主体部分没有发生大的变化，但在舒溪河河床上发现大量人为采砂的痕迹，采砂后形成的凹地深达3米以上，对舒溪河河床造成了较大的破坏，也给临河而建的广阳城遗址的保护带来了较大的影响（图二七一、图二七二）。

永济桥在广阳城南门附近横跨舒溪河，为一座钢筋混凝土大桥，大桥呈东南——西北向横跨舒溪河，总长约184米，方向223°，残存桥面长96、宽5米，有7个桥墩，大桥北部仅余3座桥墩，桥面不存。桥墩俯视呈椭圆形，由钢筋水泥筑成，大桥桥面水深16.3米，大桥所在舒溪河河底水深23米。原青阳县至太平县公路紧邻广阳城东北部城墙从广阳城外东部折向西南，在广阳城南部跨舒溪河穿过永济桥（图二一一～图二一四、图二七三）。

根据《嘉靖池州府志》《乾隆池州府志》《民国石埭备志汇编》《太平湖志》等相关文献记载以及广阳城遗址所在的地理位置，并结合水下考古调查中采集出水的带有“四、十、五、埭”等铭文的城墙砖，广阳城遗址可以确定为石埭县的县治所在地。

图二七一　广阳城遗址2014年探测图

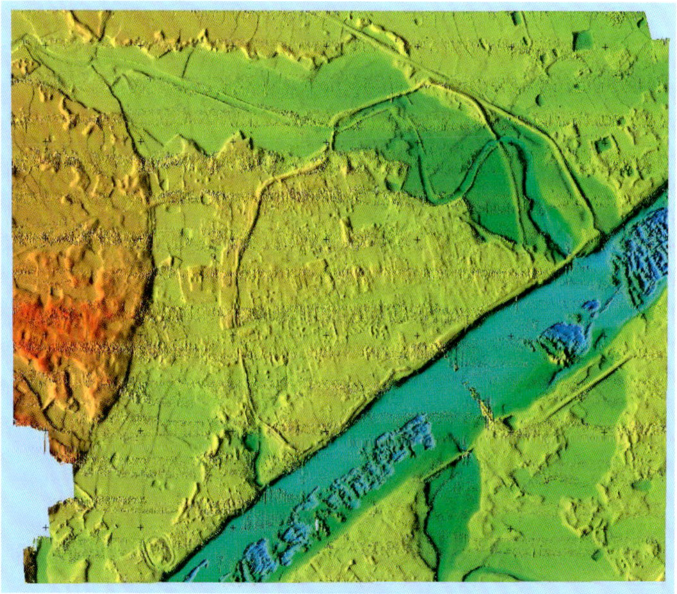

图二七二　广阳城遗址2016年探测图

图二七三　永济桥早期影像

南宋理宗宝庆年间，在陵阳山下夯土筑城，并设为石埭县的县治[1]。通过广阳城遗址水下考古调查，发现现存于水下的广阳城内部墙体为白色夯土筑成，同时在西城墙北部的夯土墙体表面采集有 2 件青釉瓷器残片（2016AHTG 采：1、2016AHTG 采：2）。虽然残损比较严重，但是根据釉色、胎质等特征分析这两件青釉瓷器为宋元时期安徽本地窑址或福建地区窑址的产品。综合文献记载和考古发现，现存广阳城遗址夯土城墙的建造年代应为南宋理宗宝庆年间。

明世宗嘉靖四十五年，在广阳城夯土城墙外包砖，设东门、西门、南门、小南门和北门共计 5 座城门，城门上建有城楼，东西二门各设一水关[2]。现存于水下的广阳城城墙内部为夯土筑成，夯土墙体外包砖，城墙顶部用石块或砖砌有宇墙、垛墙，用青石板墁地。通过对照县治等相关文献，广阳城夯土墙体外包砖、顶部用石或砖砌筑宇墙、垛墙、青石板墁地的建造年代上限为明世宗嘉靖四十五年。

水下考古调查中在广阳城遗址城墙的垮塌堆积中采集有青花瓷器 21 件、酱釉瓷器 1 件、白釉瓷器 3 件、五彩瓷器 5 件，从瓷器的釉色、纹饰、胎质、器形特征、烧造特点等多方面看，青花瓷器、酱釉瓷器的烧造年代为清代，而白釉瓷器和五彩瓷器的烧制年代为近现代，因此广阳城遗址的使用年代下限可以一直延续到近现代，直到修建水库被淹没于水下为止。

[1][2]（清）张士范：《乾隆池州府志》，江苏古籍出版社，1998 年；（民国）陈惟壬：《民国石埭备志汇编》，江苏古籍出版社，1998 年。

二、文庙遗址水下考古调查

（一）遗址概况

2014、2015年在对广阳城遗址进行水下考古仪器探测时，于城址西门外发现一高台建筑，通过水下考古调查并结合县治等相关文献记载，判定这一高台建筑为“文庙”遗址（见图二〇五、图二〇六）。

2016年9月对文庙遗址进行了水下考古重点调查，调查现场工作时间为16天，通过对文庙遗址整体布局和现存地表堆积进行调查、拍照、录像和测绘，采集提取必要的文物标本，并对水下文庙遗址分布情况作了三维模拟复原，基本确认了广阳城文庙遗址的分布范围、保存现状和建筑时代，对其建筑特色和规划布局有了初步的了解（图二七四～图二八四）。

图二七四　文庙遗址周边环境
（红色浮标下为文庙遗址，远处山脉为陵阳山）

图二七五　文庙遗址水下考古调查工作船

图二七六　文庙遗址水下考古调查部分设备

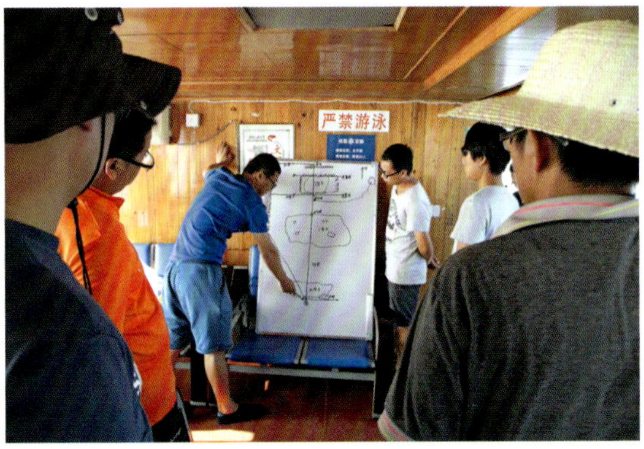

图二七七　文庙遗址水下考古调查前简介

广阳城文庙遗址位于广阳城西门外，东南距广阳城西门120余米，东距广阳城西城墙约80米，为明清时期石埭县儒学学宫所在地。

文庙遗址为一高台建筑群，平均高出周围地面约1.5米，遗址最高处与周围地面的高差最多可达2.7米。文庙遗址所在水域水深11～14米，通常情况下水中悬浮物较少，光透性好，水下能见度为1米左右，雨季时水中泥沙及悬浮物增多，能见度下降，9月份水下温度为25℃，湖水水流流速很小，多为10厘米/秒以下，由于水流流速小，水底遗址表

图二七八　准备下水调查文庙遗址

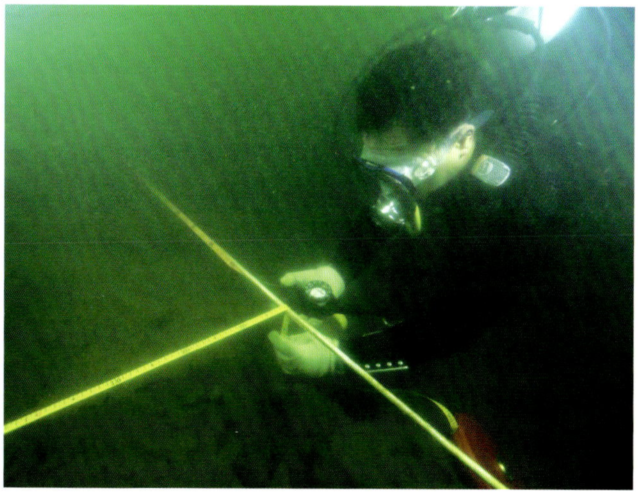

图二七九　文庙遗址水下考古调查——布设基线

图二八〇　文庙遗址水下考古调查——水下摄影

图二八一　文庙遗址水下考古调查——水下测绘

图二八二　实时监控文庙遗址水下考古调查过程

图二八三　文庙遗址水下考古调查水面监控画面

图二八四　文庙遗址水下考古调查——提取文物

面沉淀覆盖有一层淤泥，地势较高处淤积的浮泥较薄，厚约 10 厘米，地势较低处沉积的淤泥较厚，淤积厚度在 20 ～ 50 厘米之间。

文庙遗址平面呈长方形，主要堆积南北长约 80 米，东西宽约 70 米，坐北朝南，方向 351°，北部较高，南部略低，最北端水深 12.4 米，最南端水深 13 米，南北高差 0.6 米。文庙遗址东部后期修建崇实学校，遭改动较大，南部受到晚期破坏较严重，分布范围及边界不甚清晰，其他两侧北部和西部的外轮廓分布及其与周边环境的界限较为明显，其中北部边界为砖墙，水深 12.4 米，多已垮塌，残长约 14 米，残存高度仅余 20 厘米，为空斗墙的砌筑方式，砖墙下未见石砌墙基，残存砖墙西端以西 3.6 米处发现 2 件柱础，方形为汉白玉石质，圆形为青石制成，砖墙以北为一角度较大的土坡，坡底水深 13.7 米，覆盖有较厚的淤泥，土坡上散落有较多的碎砖、石块等建筑材料，砖墙直接砌筑于土坡顶部的平地之上（图二八五～图二八九、图二九二）。西部边界为块石砌筑的石砌护坡，与文庙遗址的方向一致，略呈南北向，护坡南、北两端皆残断，其中北部残断处距离文庙遗址北部砖墙边界约 12.3 米，石砌护坡残长 44 米，残存高度约 70 厘米，护坡以东 80 厘米发现有一小段低矮的砖墙，多已垮塌，仅余 1.8 米长，残高仅 15 厘米（图二九一、图二九二）。南

部残存有低矮的砖墙和三合土地面，距离文庙遗址北部边界的砖墙约76.6米。南部砖墙保存较差，残长15米，残高仅余10厘米，砌筑方式不详，部分砖墙下发现有青石板、石碑残块以及小石块等（图二九〇、图二九二）。

根据仪器探测获取的图像和水下潜水探摸调查的结果看，现存文庙遗址主要由北、中、南三组建筑构成，上部结构皆已不存，大多仅余地面和基础部分，为便于描述，将文庙遗址北、中、南三组建筑分别编号为第一组、第二组和第三组建筑，三组建筑之间地势较低，覆盖有一层较厚的浮泥，没有发现较规整的建筑遗存（图二九二～图二九五）。

文庙遗址第一组建筑现存平面呈长方形，南北宽11.2米，东西长19.5米，残高约1米，北缘水深11.4米，距文庙北部边界约8.6米，西缘距文庙西部边界约25米，南缘水深11.1米，距第二组建筑的北缘约13.3米。位于遗址最高处的台地上，与北部砖墙边界、西部石砌护坡边界及第二组建筑之间皆为地势较低的洼地，洼地地表以上覆盖有较厚的淤泥，淤积厚度为20～50厘米，东部为一土坡，土坡以东为低洼的平地。本组建筑外围有两周用石块砌筑而成的台基，台基宽约1米，残存高度最高为45厘米，这两周石砌台基之间有可能为主体建筑的回廊部分（图二九六～图三〇一）。台基内为本组建筑的主体部分，上部结构不存，仅余地面和基础。地面为三合土铺垫而成，最多处可达三层，每一层厚度约为10厘米。三合土呈灰白色，质地细密坚硬，夹杂有较多的砂粒，三合土地面以下垫有碎砖、小石块等，

图二八五　文庙遗址北部砖墙东段（正射影像）

图二八六　文庙遗址北部砖墙西段（正射影像）

图二八七　文庙遗址北部砖墙

图二八八　文庙遗址北部砖墙砌筑方式

图二八九　文庙遗址砖墙西部柱础

图二九〇　文庙遗址南部砖墙倒塌堆积

图二九一　文庙遗址西部边界——石砌护坡

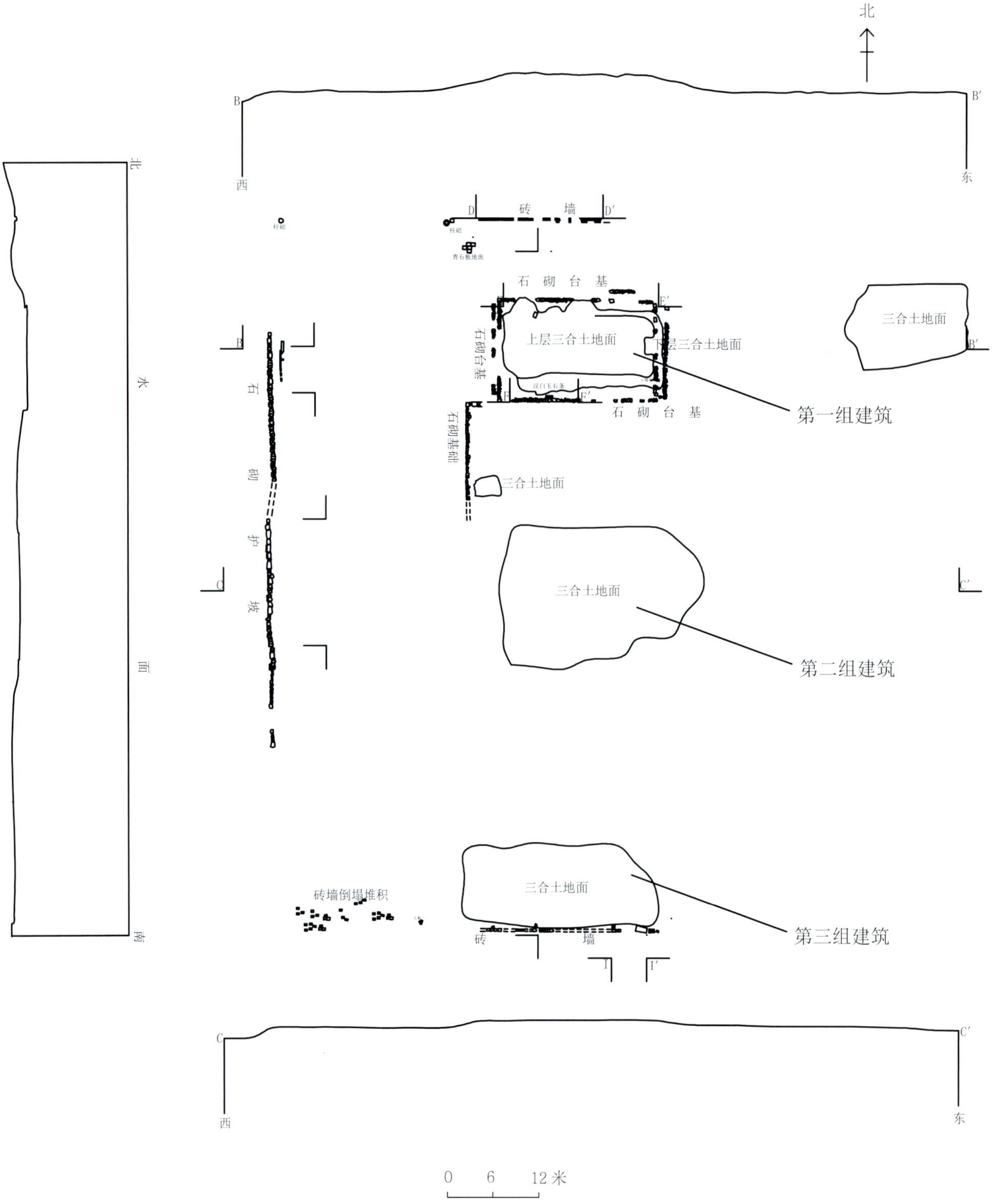

图二九二 文庙遗址平、剖面图（一）

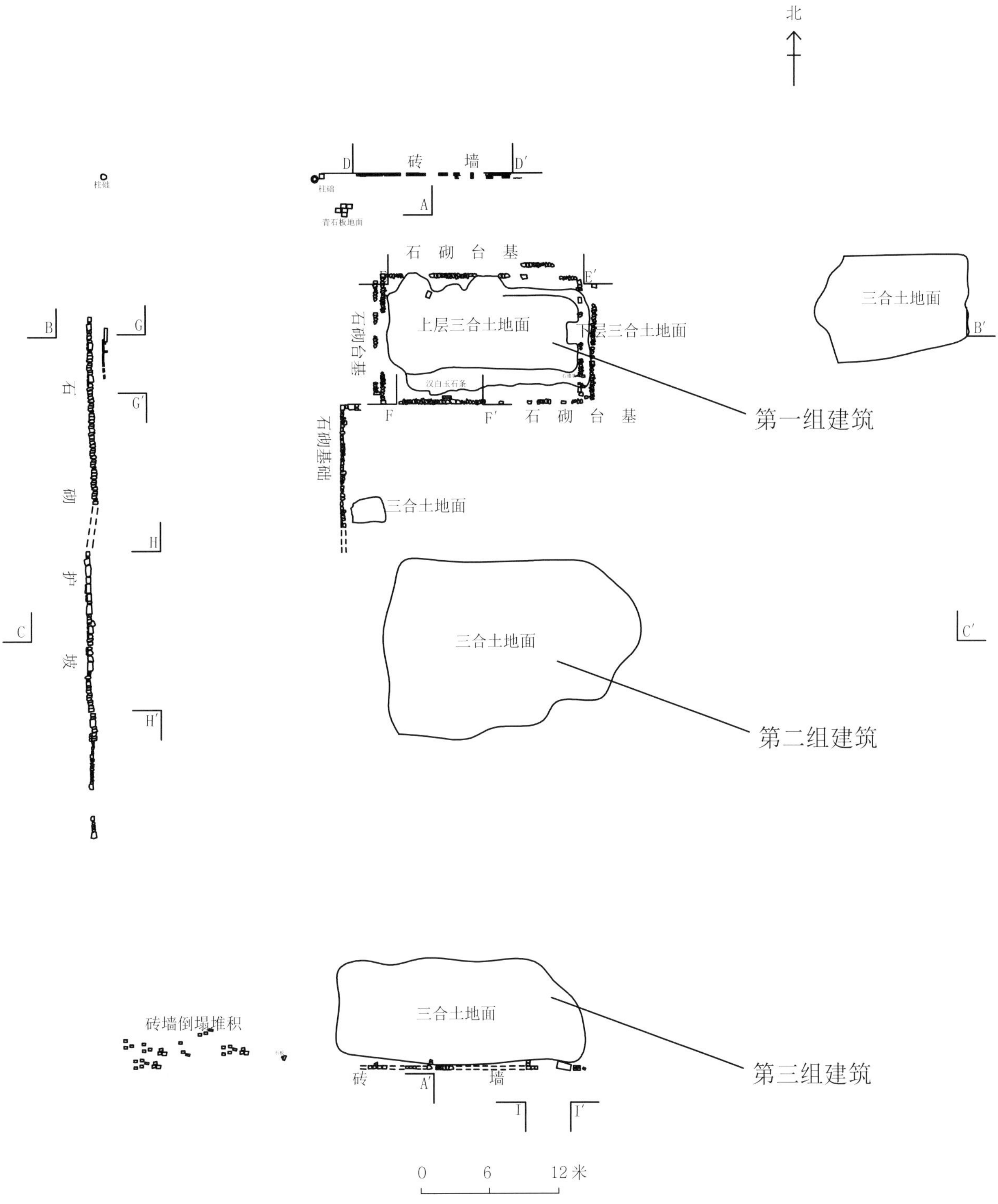

图二九三 文庙遗址平、剖面图（二）

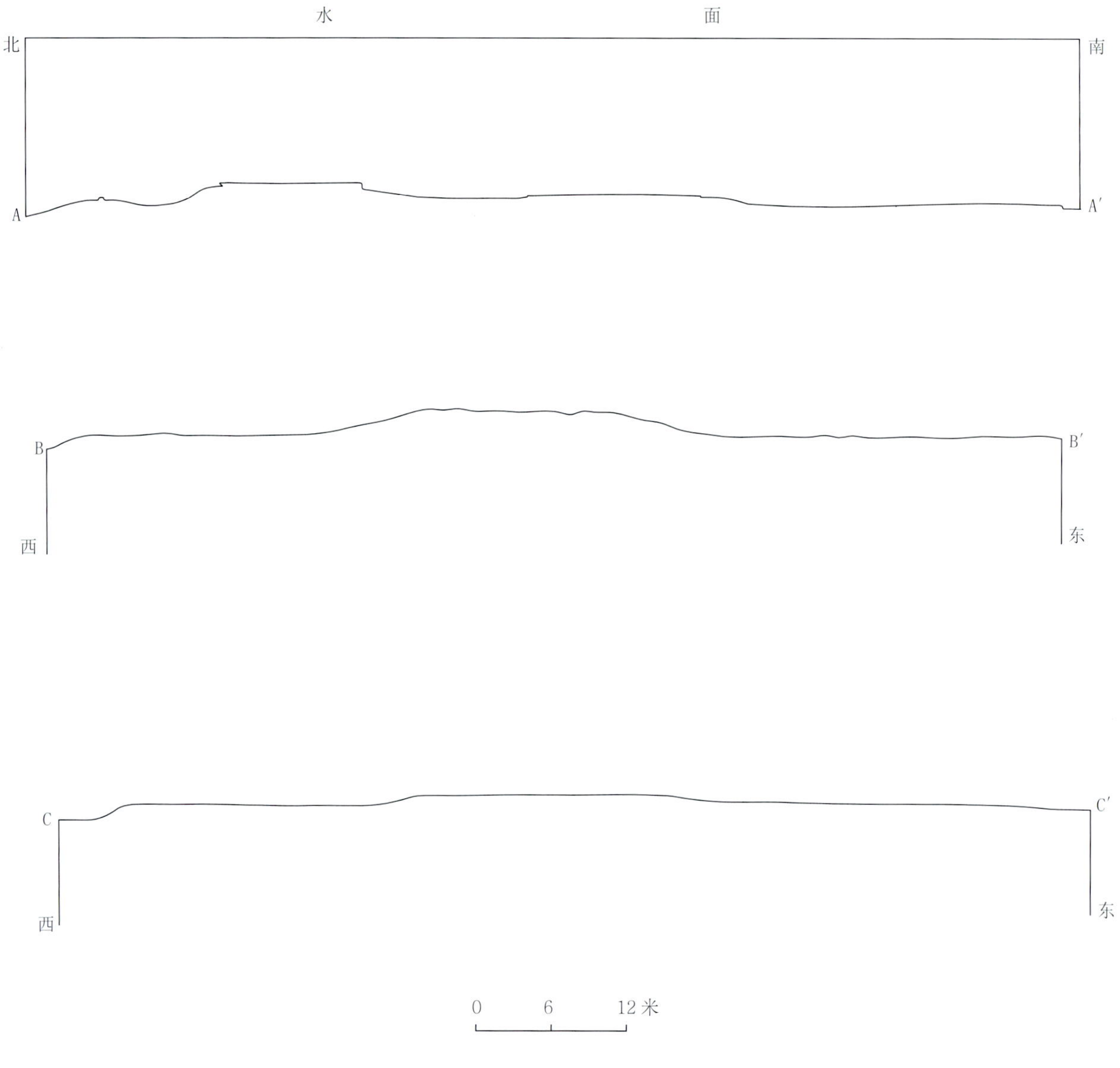

图二九四 文庙遗址平、剖面图（三）

文庙遗址北部砖墙立面图

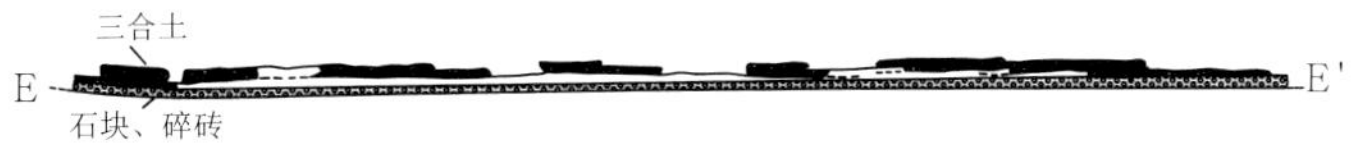

文庙遗址第一组建筑三合土地面立面图

文庙第一组建筑南侧墙基立面图

文庙遗址西部石砌护坡立面图

文庙遗址西部石砌护坡立面图

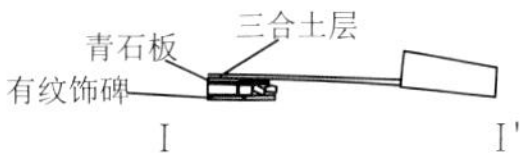

文庙遗址南部三合土、青石板叠压关系

图二九五 文庙遗址平、剖面图（四）

图二九六　文庙遗址第一组建筑西部石台基（正射影像，左为北）
（图二九三中 E、F 之间）

图二九七　文庙遗址第一组建筑南部石台基（正射影像，左为西）
（图二九三中 F 以东）

部分位置三合土以下还发现有平铺的成片青灰色石板，三合土地面以上淤泥较少，直接暴露于水中，地表散落有较多的砖、瓦、青石板等建筑材料以及少量石碑残块、陶瓷器碎片等（图三〇二～图三一一）。第一组建筑以东 19.4 米处残存有一处长方形建筑遗存，仅余地面和基础部分，上部结构不存，东西长约 13.6、南北宽约 9.2 米，地面为三合土铺垫而成，地表散落有较多的砖、瓦等建筑材料。

第一组建筑与第二组建筑之间的西部发现有一道石砌的建筑基础，略呈南北向，与文庙遗址的主体方向一致，没有发现其他的相关遗存，有可能是作为建筑台基或墙基使用（图三一三）。

文庙遗址第二组建筑现仅存地面部分，形状不规整，东西长约 22.7、南北宽约 15.5 米，水深 12.3 米，南缘距文庙遗址第三组建筑的北缘约 18.9 米，西缘距文庙西部石砌护坡边界约 25 米。本组建筑仅发现三合土地面部分，其他建筑结构不见，地面为三合土铺垫而成，

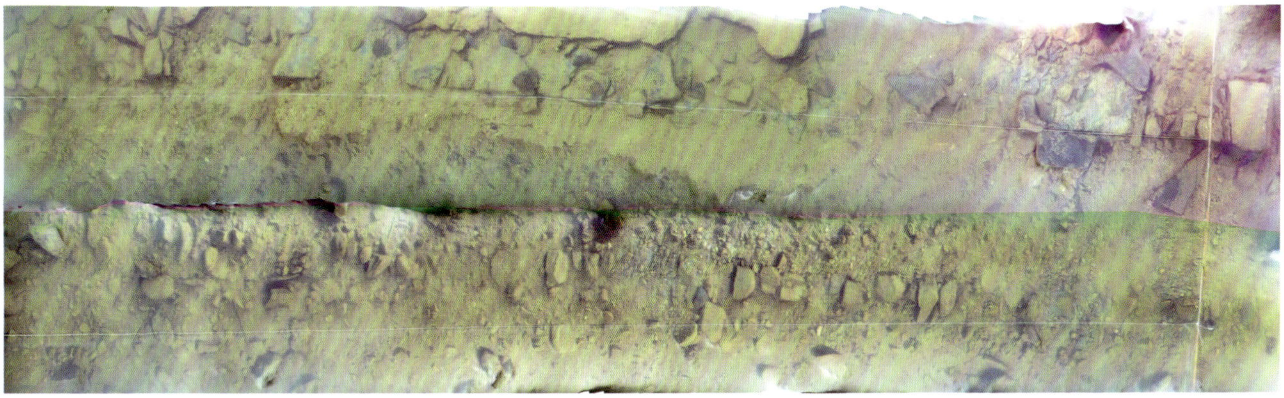

图二九八　文庙遗址第一组建筑东部石台基（正射影像，左为南）
（图二九三中 E′以南）

图二九九　文庙遗址第一组建筑北部三合土边界（正射影像，上为北）
（图二九三中 E、E′之间）

图三〇〇　文庙遗址第一组建筑南部石台基
（图二九三中 F、F′所在区域）

图三〇一　文庙遗址第一组建筑西部石台基
（图二九三中 E、F 之间）

图三〇二 文庙遗址第一组建筑三合土地面

图三〇三 文庙遗址第一组建筑单层三合土地面

图三〇四 文庙遗址第一组建筑二层三合土地面

图三〇五 文庙遗址第一组建筑三层三合土地面

图三〇六 文庙遗址第一组建筑青石板地面
（图二九三中A以西）

图三〇七 文庙遗址三合土地面叠压在青石板地面之上

图三〇八 文庙遗址第一组建筑内发现的石碑残块
（2016AHTW 采：18）

图三〇九 文庙遗址第一组建筑内发现的石碑残块
（2016AHTW 采：39）

图三一〇
文庙遗址第一组建筑内发现的青石板

图三一一 文庙遗址第一组建筑内发现的石碑残块与汉白玉石条

图三一二 文庙遗址第二组建筑内地表残存的方形石块

图三一三 文庙遗址第一、二组建筑之间的石砌基础（正射影像，左为北）
（图二九三中 F 以西）

三合土地面多为一至二层，三合土以下垫有碎砖和小石块，三合土地面以上覆盖的淤泥较薄，仅有 3 厘米左右，散落有少量砖和多块黄褐色的花岗岩石块，石块多为方形，1 米见方，厚度达 15 厘米，应为建筑材料（图三一二）。

文庙遗址第三组建筑也仅发现地面部分，上部结构不存，现存部分略呈长方形，东西长约 21.9、南北宽约 9.1 米，水深 13 米，残存地面部分为三合土铺垫而成，仅发现一层，在三合土地面以下垫有碎砖和小石块，部分位置三合土以下发现有长方形的青石板，三合土地面以上散落有较多砖等建筑材料。在本组建筑三合土地面的东南边缘还发现一件石质建筑构件，体量较大，表面覆盖有较多的微生物，呈黄褐色，减地较深，高浮雕出云纹，似为须弥座或牌坊构件（图三一四、图三一五）。

图三一四　文庙遗址第三组建筑南部地表以上青石板

图三一五　文庙遗址第三组建筑东南部发现的石构件

（二）出水遗物

广阳城文庙遗址上部建筑皆已不存，仅余地面和基础部分，因此水下考古调查中发现并采集的遗物较少，这些遗物大多散落于遗址表面，共采集文物标本 54 件。根据质地可以分为陶器、瓷器和石器三类，根据功用又可以分为生活用器、建筑材料和碑刻三类（表二）。

1. 生活用器

以陶瓷器为主，共采集16件，有青花瓷器、白釉瓷器和酱釉陶器三类，其中青花瓷器10件、白釉瓷器2件、酱釉陶器4件。

1）青花瓷器

共采集10件，器形皆为碗。

2015AHTW采：1，仅存下腹部和器底，斜弧腹，平底，圈足，足墙下部残缺，胎色白，质密且坚硬，釉色白中略泛青色，釉面光亮莹润，腹与圈足交汇处有一道较粗的青花弦纹，圈足底绘一道青花弦纹，弦纹内绘青花杂宝纹，内底绘两道青花弦纹，弦纹内绘青花山水纹。口径5、足径4.1、残高2厘米（图三一六；图三三二，1）。

2016AHTW采：5，残存下腹部和器底，弧腹，平底，中部隆起，圈足，足底斜削，足墙外直内斜，胎质细腻，胎色白，通体施釉，内底绘有双圈青花弦纹，弦纹内饰青花花卉纹，外腹部饰青花缠枝花卉纹，外底绘青花双圈弦纹，内有青花草叶纹。瓷片残长8.3、残宽7、壁厚1.1厘米（图三一七）。

2016AHTW采：6，残存下腹部和器底，弧腹，平底，圈足，足墙内直外斜，足底平刮，外底较深，刮有一规整的涩圈，胎质较粗，胎色白，内外施釉，釉色发灰，底部无釉，内壁饰有青花花卉纹，外壁青花纹样不详，青花颜色较暗，发黑。足径5.9、残高3.5厘米（图三一八；图三三二，2）。

2016AHTW采：12，残存下腹部和器底，弧腹，平底，圈足，足墙内直外斜，足底刮釉，胎质细腻，胎色白，通体施釉，釉色明亮，外腹下部饰青花龙纹，内腹素面无纹，外足根饰青花双圈纹，外底有方形青花押款，款识不详。足径3.4、残高2.2厘米（图三一九）。

图三一六 2015AHTW采：1

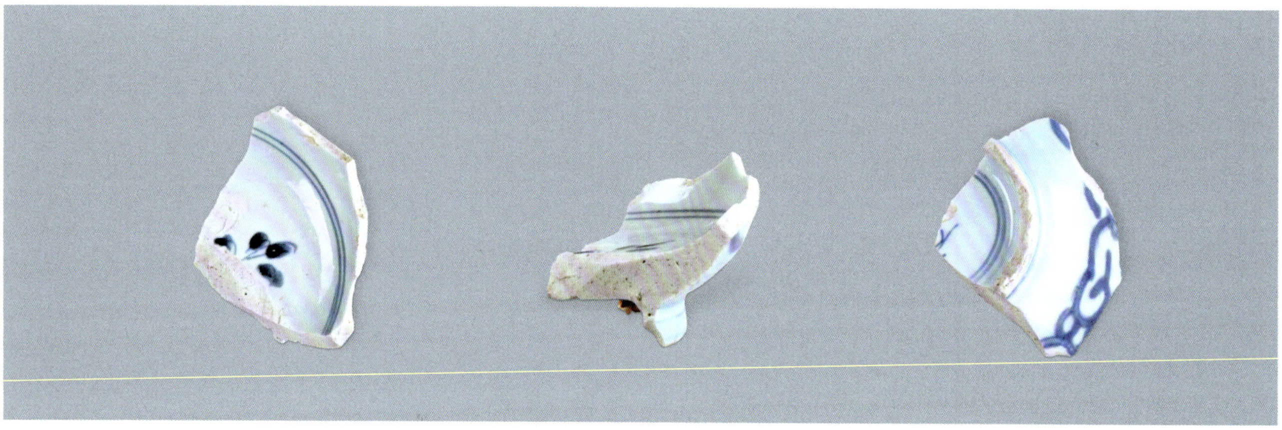

图三一七　2016AHTW 采：5

图三一八　2016AHTW 采：6

图三一九　2016AHTW 采：12

2016AHTW 采：27，残存下腹部和器底，弧腹，凹圜底，圈足，足墙内直外斜，白胎，胎质细腻，通体施釉，釉色明亮，内、外腹均素面无纹，外底中部残存“化年制”款，款外饰青花单圈弦纹。足径 5.5、残高 2.5 厘米（图三二〇；图三三二，3）。

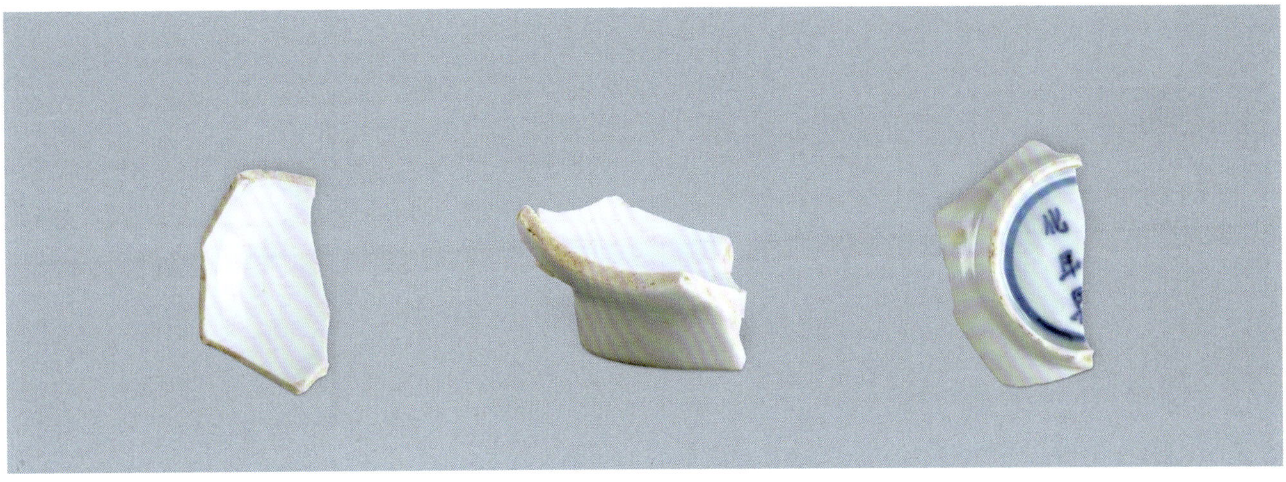

图三二〇 2016AHTW采：27

图三二一 2016AHTW采：28

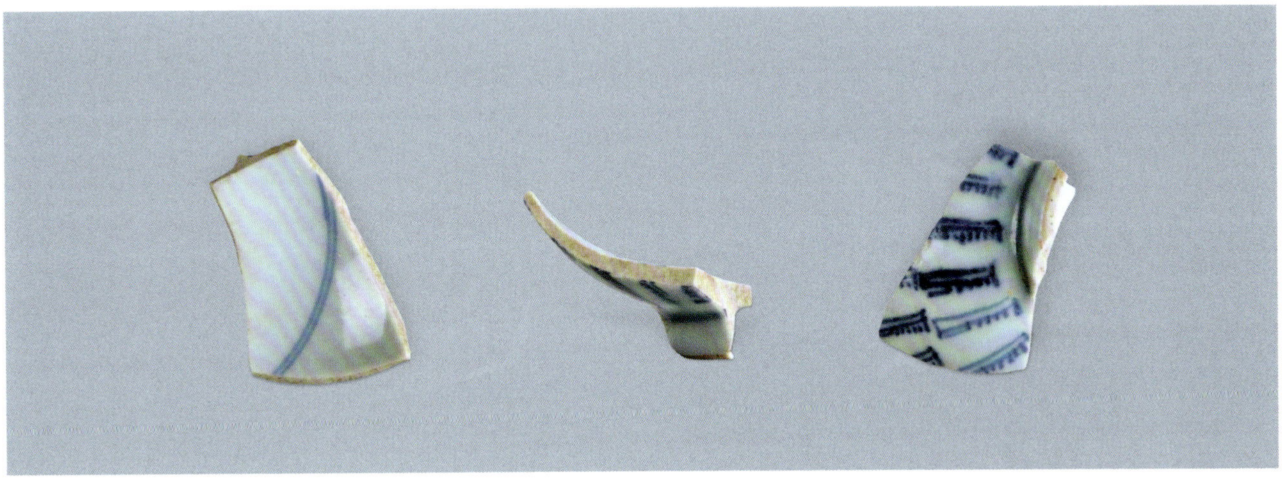

图三二二 2016AHTW采：30

图三二三　2016AHTW采：43

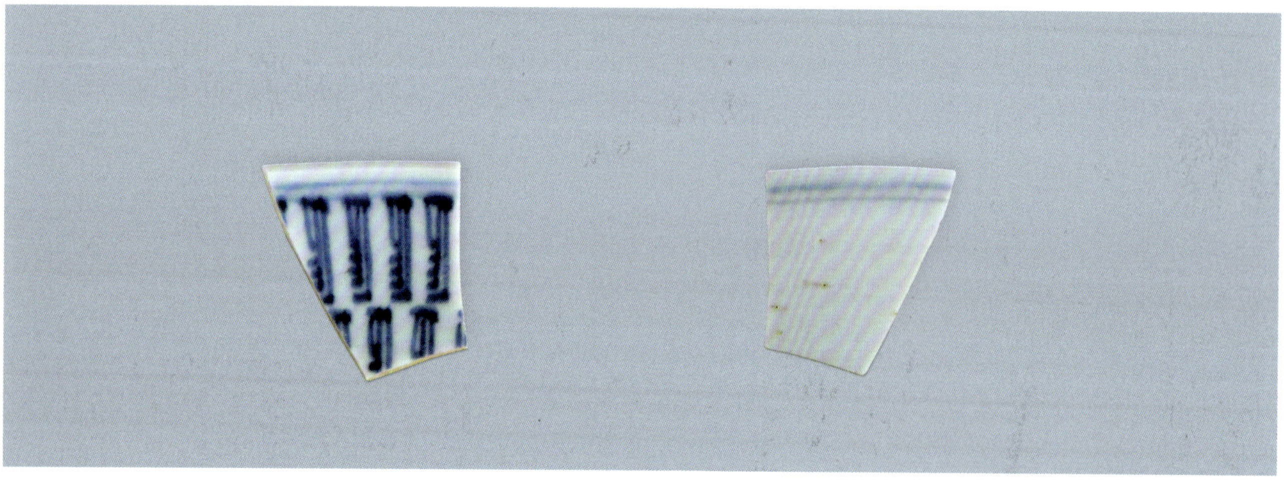

图三二四　2016AHTW采：44

图三二五　2016AHTW采：50

图三二六 2016AHTW 采：7

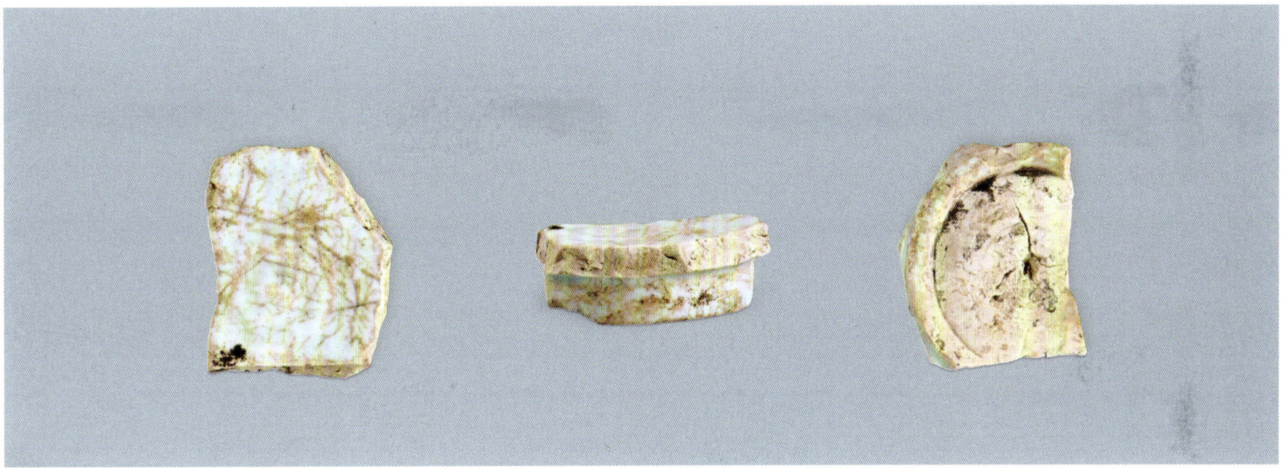

图三二七 2016AHTW 采：42

2016AHTW 采：28，残存口沿和上腹部，敞口，圆唇，斜弧腹，胎质较粗，胎色青灰，内外施釉，釉面不平，内外壁均饰有青花纹饰，纹样不详。瓷片残长 6.2、残宽 5.2、壁厚 0.2 ～ 0.6 厘米（图三二一；图三三二，4）。

2016AHTW 采：30，残存下腹部和器底，弧腹，平底，圈足，足墙内直外斜，足底刮釉，胎质细腻，胎色白，内外施釉，釉色光亮莹润，外腹下部饰有两组连续的青花变体“寿”字纹，内底饰青花双圈弦纹。瓷片残长 4.4、残宽 3.2、壁厚 0.4 厘米（图三二二；图三三二，5）。

2016AHTW 采：43，残存下腹部和器底，弧腹，平底，圈足，足底刮釉，胎质细腻，胎色白，通体施釉，釉色明亮，外腹下部饰青花鱼纹和水波纹，内腹下部绘双圈青花弦纹，内底饰青花花卉纹，外底绘青花双圈弦纹，圈足外有三圈青花弦纹。足径 6.4、残高 2.7 厘米（图三二三；图三三二，6）。

2016AHTW 采：44，残存口沿和上腹部，敞口，圆唇，弧腹，胎质细腻，胎色白，通体施釉，釉色明亮，口沿外部有两圈青花弦纹，内腹部饰两组连续的青花变形“寿”字纹。瓷片残长 3.0、壁厚 0.2 厘米（图三二四；图三三二，7）。

2016AHTW 采：50，残存下腹部和器底，弧腹，圈足，足墙弧形内收，足底刮釉，胎质细腻，胎色白，内外施釉，釉色明亮，内腹下部饰青花双圈弦纹，内底饰青花纹，纹样不详，外腹下部饰青花缠枝花卉纹，圈足外有三圈青花弦纹。瓷片残高 3.1、壁厚 0.3 ～ 0.5 厘米（图三二五；图三三二，8）。

2）白釉瓷器

2 件，器形皆为碗。

2016AHTW 采：7，残存下腹部和器底，弧腹，凹圜底，圈足，足墙直，足底刮釉，外底较深，胎质细腻，胎色白，通体施白釉，釉色明亮，外腹底部隐约可见条形纹饰和方形押款，款识不辨，第一字似为“徐”。瓷片残长 7.1、宽 5.7、壁厚 0.5、足径 5.7 厘米（图三二六）。

2016AHTW 采：42，残存器底，圈足，胎质粗，胎色白，内外施白釉，内底较平，开片，足墙内外均施白釉，足端平，器底无釉。足径 6.9、残高 2.2 厘米（图三二七；图三三二，9）。

3）酱釉陶器

缸　2016AHTW 采：40，仅余缸底及下腹部，胎体疏松，夹粗砂，胎内壁灰黄、外壁灰褐，内底稍凸，外底内凹，器底与腹部交接处有明显接痕，内外壁均施酱釉，外底无釉。底径 32.6、残高 6.7 厘米（图三二八；图三三二，11）。

罐　2016AHTW 采：41，仅余下腹部及器底，胎质相对细密，火候较高，外底略内凹，内底较平，内、外壁及内底施酱釉，外底不施釉。底径 11.2、残高 9.7 厘米（图三二九；图三三二，12）。

另有 2 件，残损较甚，器形不辨。2016AHTW 采：4，残存器物口沿部分，夹粗砂，内外施酱釉，叠唇，唇中部形成一宽约 1、深 0.2 厘米的凹槽，唇部较厚，最厚处为 2.8 厘米。残长 11.7、残宽 5.3、壁厚 2.8 厘米（图三三〇）。

2016AHTW 采：29，腹部残片，胎质较细，胎色灰黄，施酱釉，釉色较暗，内壁无釉。残高 3.6、厚 0.2 ～ 0.4 厘米（图三三一；图三三二，10）。

2. 建筑材料

以砖、瓦和石质建筑材料为主，共采集 28 件。

（1）砖

共采集 14 件，根据形状、使用功能、使用位置的不同可以分为墙砖、檐口砖、脊部构

图三二八 2016AHTW采：40

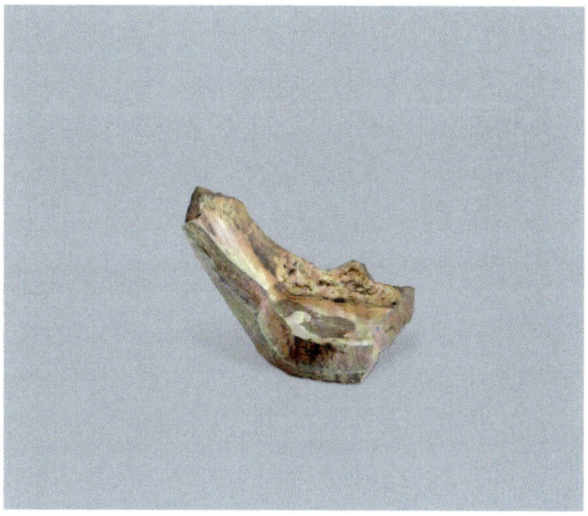

图三二九 2016AHTW采：41

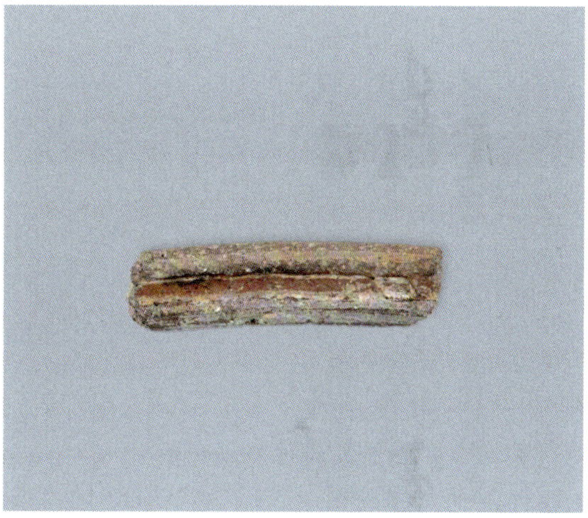

图三三〇 2016AHTW采：4

图三三一 2016AHTW采：29

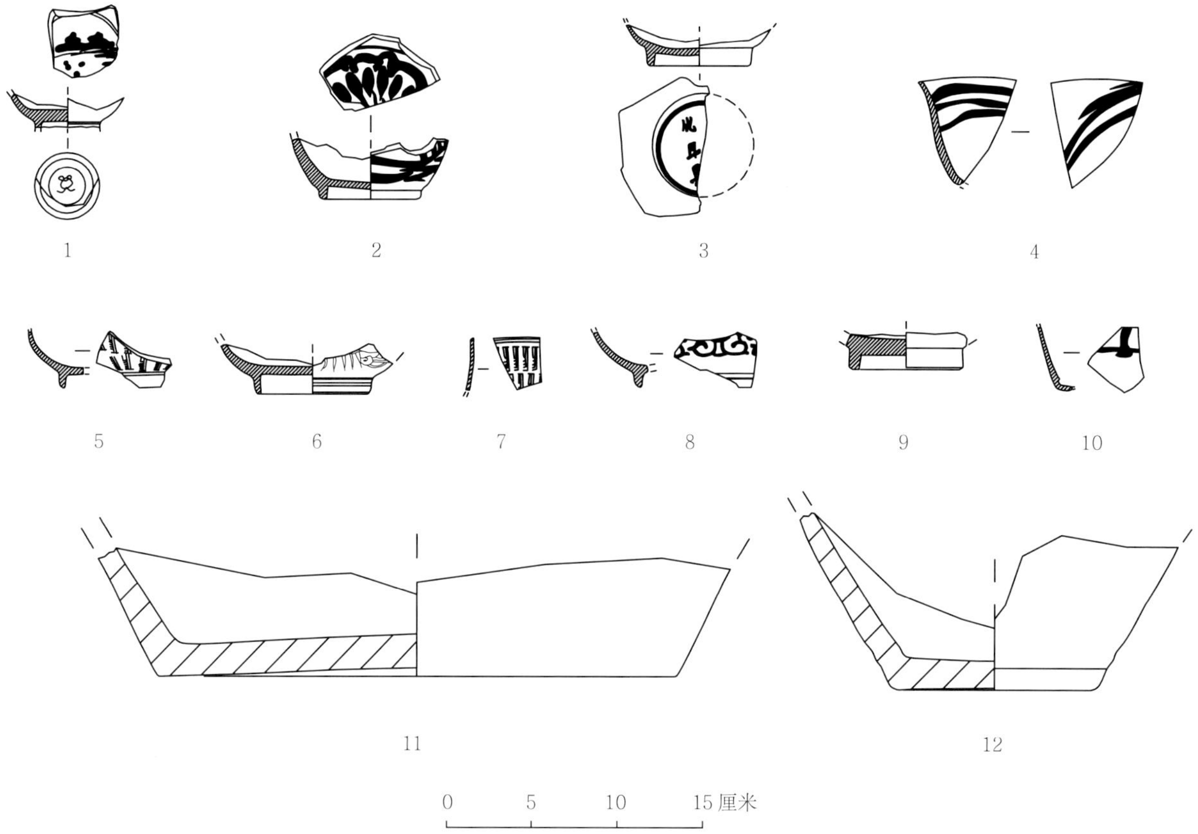

图三三二　文庙遗址出水陶瓷器

1～8. 青花瓷碗（2015AHTW 采：1、2016AHTW 采：6、27、28、30、43、44、50）9. 白釉瓷碗（2016AHTW 采：42）
10. 酱釉陶片（2016AHTW 采：29）11. 酱釉陶缸（2016AHTW 采：40）12. 酱釉陶罐（2016AHTW 采：41）

件砖、地砖四种，其中墙砖 5 件、檐口砖 1 件、脊部构件砖 7 件、地砖 1 件。

1）墙砖

2015AHTW 采：3，平面长方形，外表呈灰褐色，胎体为青灰色，夹杂有较多细砂，素面，各面平整，保存完整。通长 23.7、宽 14.4、厚 2.5 厘米（图三三三；图三五四，1）。

2016AHTW 采：11，平面长方形，胎体呈青灰色，夹有少量细砂，五个面光滑平整，另外一（宽）面相对较粗糙，一长窄面及其附近残存有白色建筑灰浆。通长 23.3、宽 14.4、厚 2.8 厘米（图三三四；图三五四，2）。

2016AHTW 采：9，平面长方形，两端残缺，仅余砖体中部，胎体呈灰褐色，夹有少量细砂，胎体中还夹杂有一块酱釉陶器残片，砖体一宽面阴印有“崇實”二字，行楷，其中“崇”字仅余下半部，“實”字仅余上半部，字宽约 6 厘米，应是文庙遗址东部崇实学校的建筑用砖。残长 12、宽 12.6、厚 6.7 厘米（图三三五；图三五四，3）。

2016AHTW 采：14，砖体仅余 1/4 弧面，胎体呈青灰色，夹有少量细砂，外缘呈圆弧形，

图三三三　2015AHTW采：3

图三三四　2016AHTW采：11

图三三五　2016AHTW采：9

图三三六　2016AHTW采：14

图三三七　2016AHTW采：46

中部有一圆形穿孔，孔残，直径约 2 厘米，应是作为墙砖使用。残长 13、残宽 12.1、厚 6.4 厘米（图三三六；图三五四，4）。

2016AHTW 采：46，仅残砖体小部分，略呈长方形，胎体夹细砂，器表呈黑褐色，胎体为青灰，其中一宽面相对平滑，似有打磨，其上阴刻粗笔卷云纹，花纹深 0.2～0.7 厘米。该卷云纹应与其他砖块的纹饰拼成组合图案，作为墙体装饰使用。残长 17.2、残宽 16.1、厚 3.9 厘米（图三三七；图三五四，5）。

2）檐口砖

2016AHTW 采：1，器表粗糙，呈灰褐色，胎土为青灰色，一端方整，另一端削凿出半圆形兽首状，内配以粗笔阴刻曲线，形成缠枝、宝珠状雕刻图案。通长 30.7、宽 8.6、厚 4.8 厘米（图三三八；图三五四，6）。

3）脊部构件砖

2016AHTW 采：2，青灰色，残存一角，整体应为“X”形，仅存其中一个端角，端角远端向外卷曲。残长 12、残宽 14.9、厚 4.2 厘米（图三三九；图三五四，7）。

2016AHTW 采：3，青灰色，残存一角，整体应为“X”形，仅存其中一个端角，端角远端向外卷曲。残长 9.1、残宽 7.2、厚 4.5 厘米（图三四〇；图三五四，8）。

2016AHTW 采：25，外表呈灰褐色，胎土为青灰色，较为完整，整体正视呈字母“X”形，交叉区域宽厚，上、下端角分左、右两组向外卷曲，形成两个透空凹槽，两端角略有残损。通长 17.4、宽 14.5、厚 6.1 厘米（图三四一；图三五四，9）。

图三三八　2016AHTW 采：1

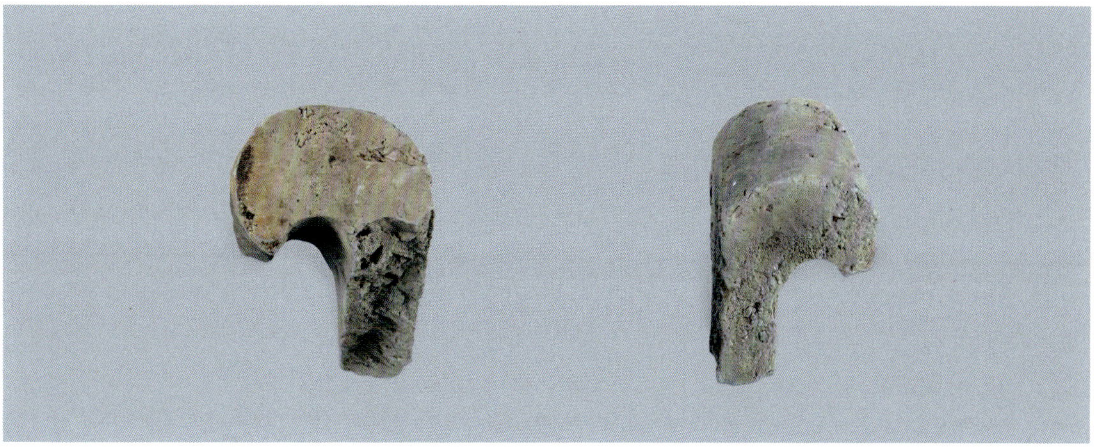

图三三九 2016AHTW 采：2

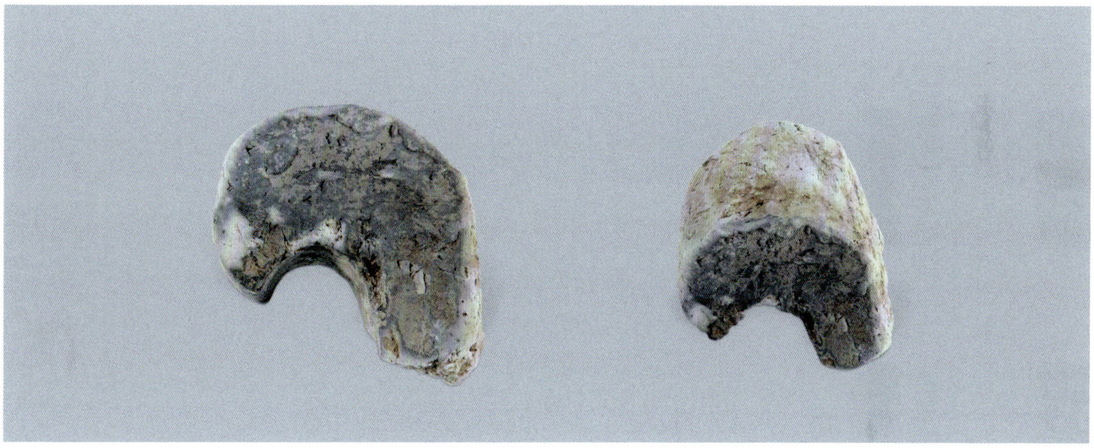

图三四〇 2016AHTW 采：3

2016AHTW 采：35，外表呈灰褐色，胎土为青灰色，整体应为“X”形，现仅残存器物的一半，上、下端角向外卷曲，形成透空凹槽。长 19.7、残宽 11.8、厚 5.6 厘米（图三四二；图三五四，10）。

2016AHTW 采：34，外表呈灰褐色，胎土为青灰色，整体应为“X”形，现仅残存器物的一半，上、下端角向外卷曲，形成透空凹槽。长 19.4、残宽 10.5、厚 4.5 厘米（图三四三；图三五四，11）。

2016AHTW 采：36，外表呈灰褐色，胎土为青灰色，整体应为“X”形，现仅残存器物的一半，两端角分左、右各向外卷曲，形成透空凹槽。残长 10.9、宽 17.8、厚 6.7 厘米（图三四四；图三五四，12）。

2016AHTW 采：38，外表呈灰褐色，胎土为青灰色，保存较为完整，整体正视呈字母“X”形，交叉区域宽厚，上、下端角分左、右两组向外卷曲，形成两个透空凹槽，两端角略有残损。

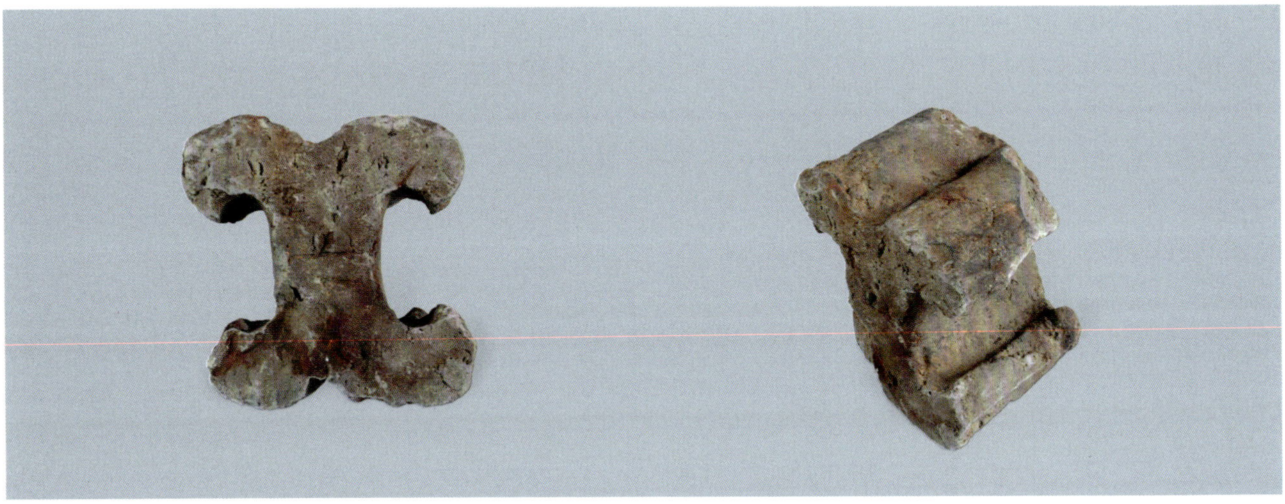

图三四一　2016AHTW 采：25

图三四二　2016AHTW 采：35

图三四三　2016AHTW 采：34

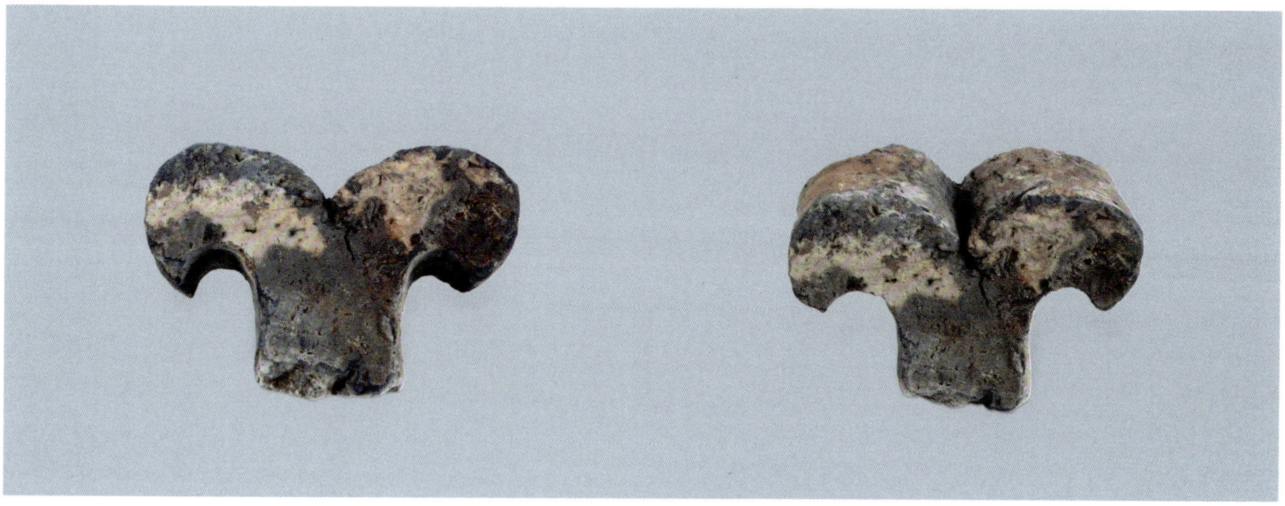

图三四四　2016AHTW 采：36

图三四五　2016AHTW 采：38

通长 17、宽 16.3、厚 6 厘米（图三四五；图三五四，13）。

4）地砖

2016AHTW 采：47，胎土为青灰色，较粗糙，其中一宽面錾刻有一梯形卯槽，卯槽底宽 5、口宽 3.5、深约 1.5 厘米，该卯槽相同砖面斜对向亦錾刻一梯形卯槽，但仅浅錾出形状，应是作为铺地砖使用。残长 16.2、宽 12.1、厚 3.7 厘米（图三四六；图三五四，14）。

（2）瓦

共采集 7 件，其中筒瓦 6 件、板瓦 1 件。

1）筒瓦

2016AHTW 采：8，缸瓦制成，夹砂釉陶，器表施酱釉，釉色泛青，前部有一圆形瓦当，

图三四六　2016AHTW 采：47

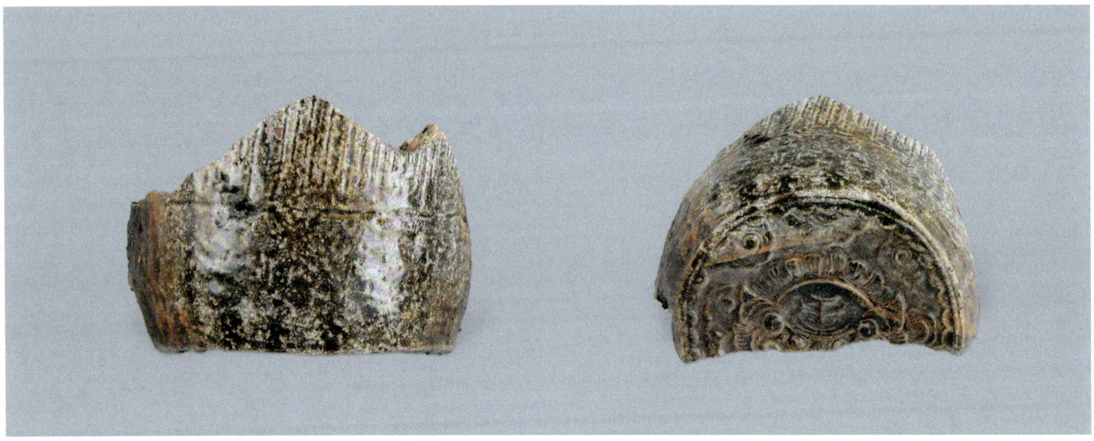

图三四七　2016AHTW 采：8

瓦当下部残，后部仅残存有部分半圆筒状瓦身，瓦当正面边为一圈凸棱，中部印有兽面纹，兽首处有一“王”字，周边印卷云纹，花纹皆突出瓦当表面，残存筒瓦器身饰有弦纹和粗绳纹，瓦身近当面处两侧皆残存一长条形镂孔，瓦当与瓦身拼接而成。残长 11.3、残宽 18.5、残高 9.8、壁厚 1.1 厘米（图三四七；图三五四，15）。

2016AHTW 采：10，缸瓦制成，夹砂釉陶，器表施酱釉，局部泛青，子母口，圆唇，子口较短，半圆筒状瓦身，器表饰粗绳纹，底部有四道弦纹，子母口处拼接制成，外切割，切割处有间隔的戳孔，两侧粘有白灰。通长 33、宽 26.5、高 13.2、壁厚 1.4 厘米（图三四八；图三五四，16）。

2016AHTW 采：13，缸瓦制成，夹砂釉陶，器表施酱釉，子母口，圆唇，子口较短，子口中部有圆形穿孔，半圆筒状瓦身，后部残，器表有粗绳纹，子母口处拼接制成，外切割，切割处有间隔的戳孔。残长 28.5、残宽 19、残高 9.4、壁厚 1.2 厘米（图三四九；图三五四，18）。

2016AHTW 采：15，缸瓦制成，夹砂釉陶，器表施酱釉，残存半圆筒状瓦身下部，器表有粗绳纹，底部有一道弦纹，外切割，两侧切割处有间隔的戳孔。残长 24.5、残宽

图三四八 2016AHTW 采：10

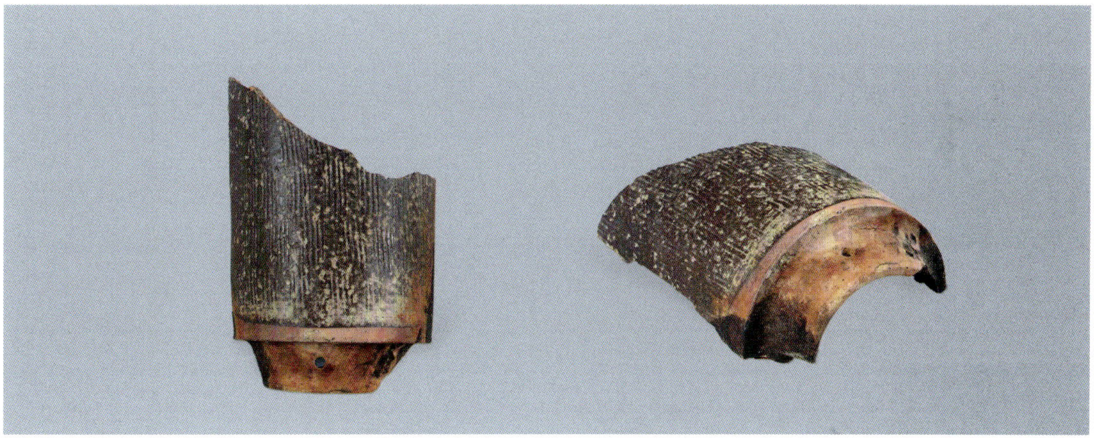

图三四九 2016AHTW 采：13

19.2、残高 10.1、壁厚 1.1 厘米（图三五〇；图三五四，19）。

2016AHTW 采：16，缸瓦制成，夹砂釉陶，器表施酱釉，残存半圆筒状瓦身下部，器表施粗绳纹，底部有弦纹，外切割，两侧切割处有间隔的戳孔。残长 13.4、残宽 18.5、残高 9.8、壁厚 1 厘米（图三五一；图三五四，20）。

2016AHTW 采：17，缸瓦制成，夹砂釉陶，器表施酱釉，半圆筒状瓦身仅存小部分，子母口，圆唇，子口较长，中部有穿孔，器表有粗绳纹，子母口处拼接制成，外切割，两侧切割处有间隔的戳孔。残长 10、残宽 13、残高 3、壁厚 1.1 厘米（图三五二；图三五四，17）。

2）板瓦

2016AHTW 采：24，夹砂，青灰色，残存小部分，未施釉，器表模印方格纹。残长 16、残宽 13.5、残高 3.3、壁厚 1 厘米（图三五三；图三五四，21）。

（3）石质建筑构件

共采集 7 件。

图三五〇 2016AHTW采：15

图三五一 2016AHTW采：16

图三五二 2016AHTW采：17

图三五三 2016AHTW采：24

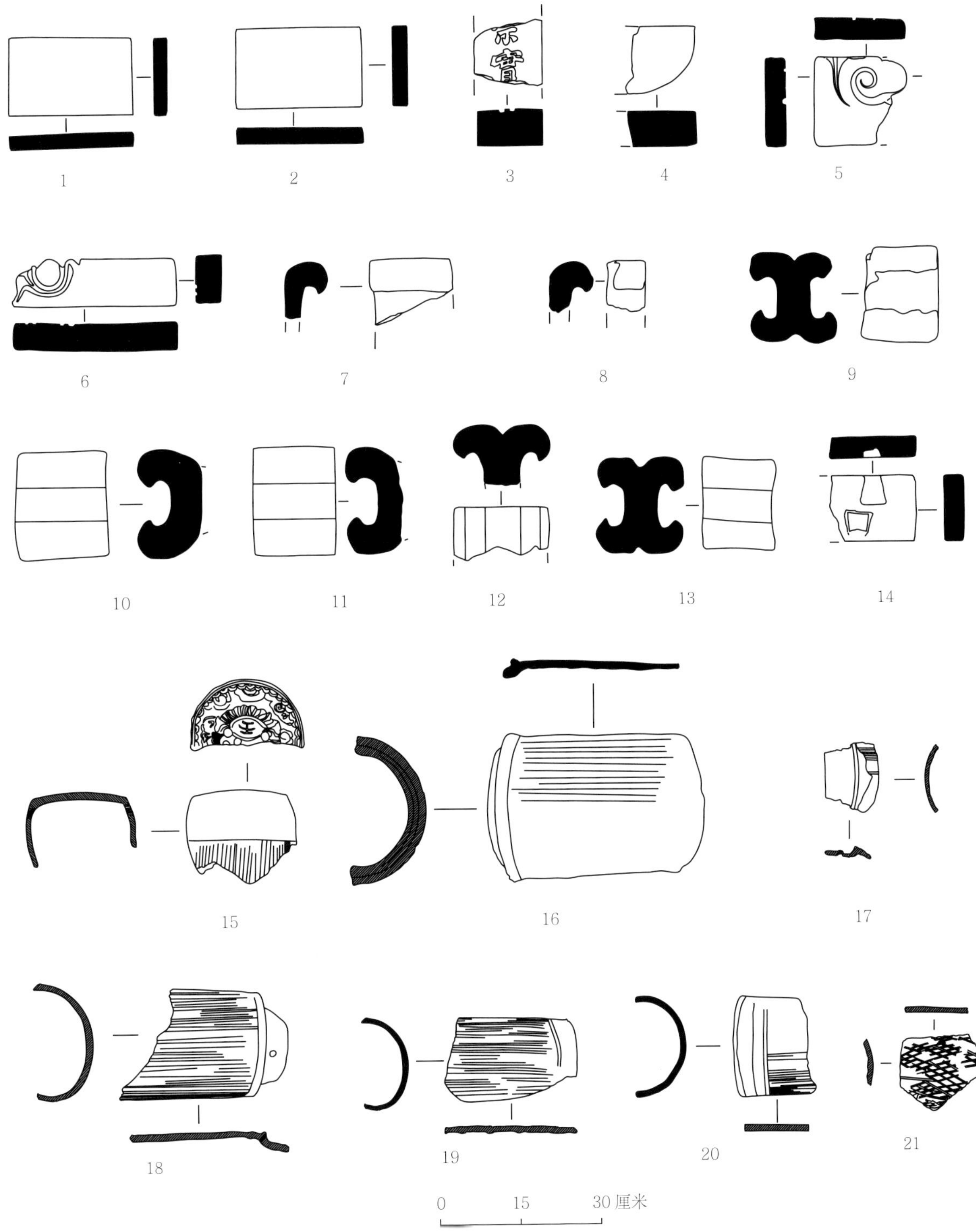

图三五四 文庙遗址出水砖、瓦

1～5. 墙砖（2015AHTW采：3、2016AHTW采：11、9、14、46）
6. 檐口砖（2016AHTW采：1） 7～13. 脊部构件砖（2016AHTW采：2、3、25、35、34、36、38） 14. 地砖（2016AHTW采：47）
15～20. 筒瓦（2016AHTW采：8、10、17、13、15、16） 21. 板瓦（2016AHTW采：24）

1）素面石板

2016AHTW采：20，青灰色板岩，残断，表面平整，残存有加工制作时的线痕，边缘平直，疑似作为铺地使用。残长22.2、残宽15.5、厚3厘米（图三五五；图三七二，1）。

2）柱础

2016AHTW采：26，青石制成，青灰色，表面可见加工制作时的线痕和凿痕，外径33.7、内径28.7厘米，应为圆形石质柱础的残断部分（图三五七；图三七二，2）。

3）雕花石板

共采集4件，应是作为墙体装饰用。

2015AHTW采：4，青石制成，青灰色，仅有一个侧面较完整，其余三侧面残断、参差不齐，背面平整，素面，正面双线阴刻卷云纹图案，图案深0.5厘米，保存较完整。侧面以上双线阴刻出边框，阴刻较深。残长30、残宽26、厚4厘米（图三五六；图三七二，3）。

2016AHTW采：31，青石制成，青灰色，侧面均残断，断面参差不齐，背面平整，素面，正面双线阴刻卷云纹图案，图案深0.6厘米。残长42.8、残宽18、厚5.2厘米（图三五八；图三七二，4）。

2016AHTW采：32，青石制成，青灰色，仅有一个侧面较完整，其余三侧面残断、参差不齐，背面平整，素面，正面双线阴刻有星形、圆形、三角形等几何图案，图案深0.6厘米。双线阴刻出边框，阴刻较深。残长40.8、残宽20.1、厚4.3厘米（图三五九；图三七二，5）。

2016AHTW采：45，青石制成，青灰色，仅有两个侧面较完整，其余两侧面残断、参差不齐，背面平整，素面，有榫口结构，正面双线阴刻勾连云纹图案，图案深0.6厘米。双线阴刻出边框，阴刻较深。残长32.2、残宽31.9、厚2.4 ~ 5.2厘米（图三六〇；图三七二，6）。

图三五五 2016AHTW采：20

图三五六 2015AHTW采：4

图三五七 2016AHTW采：26

图三五八 2016AHTW采：31

图三五九 2016AHTW采：32

图三六〇 2016AHTW采：45

图三六一 2016AHTW 采：48

4）抱鼓石雕

2016AHTW 采：48，青石制成，青灰色，上部残缺，下部基本完整，底面平直，中有凸起的榫卯，前端呈反屋檐状收缩，上部为圆形石鼓，石鼓大部残缺，石鼓下面单面阴刻卷云纹图案，图案较浅，疑似大门处建筑构件。宽 57.6、残高 43.8、厚 4 ~ 6 厘米（图三六一；图三七二，7）。

3. 石碑

共发现 10 件，大多为残块。

2015AHTW 采：2，青石制成，青灰色，残断成不规则形状，背面平整，素面，正面阴刻楷书碑文，残存碑文可辨有"……后……房为界……月"，字长 3、宽 2 厘米。残高 17、残宽 12、厚 1.5 厘米（图三六二；图三七二，8）。

2016AHTW 采：18，青石制成，青灰色，为碑体左下角残段，现存部分平面形状不规则，正面打磨光滑，背面修整平齐，但未经打磨，碑体正面左侧及下部保留有宽 7 厘米的减地缠枝花卉纹带，中间部分为阴刻楷书碑文，碑文共残存七列，从右至左依次为：

图三六二 2015AHTW 采：2

……辛卯正月……

……今埭之文庙直若于……

……时经画之劳贻数百年……

……事承顺干办各效有动力……

……躍然以喜奉俎豆则凝然……

………………天地兮揭日月陵山若扆

…………………来伺察前任姚子世卿

残高 54、残宽 48、厚 6 厘米（图三六三；图三七二，9）。

2016AHTW 采：19，青石制成，青灰色，为碑体右下角残段，现存部分平面近长方形，正面打磨光滑，背面修整平齐，但未经打磨，左侧及上部残断，碑体正面右侧及下部阴刻有宽 8.5 厘米的缠枝花卉纹带边框，中间为楷书阴刻碑文，共残存四行文字，从右至左依次为“……中侍”、“……撰”、“……礼可以”、“……可以护”。残高 30.5、残宽 26.3、厚 3.3 厘米（图三六四；图三七二，10）。

2016AHTW 采：21，青石制成，青灰色，残断成不规则形状，背面平整，素面，正面阴刻楷书碑文，仅残存文字三行，从右至左依次为“……安宅其……”、“……大其宫墙……”、“……远之而……”。残高 28.7、残宽 14.6、厚 4.2 厘米（图三六五；图三七二，12）。

2016AHTW 采：22，青石制成，青灰色，为碑体右下部分残段，残存边缘齐整，碑体两面均打磨光滑，正面右侧及下部阴刻有宽 7.5 厘米的缠枝花卉纹带边框，中间为楷书阴刻碑文，共残存碑文十列，从右至左依次为：

图三六三　2016AHTW采：18

图三六四　2016AHTW采：19

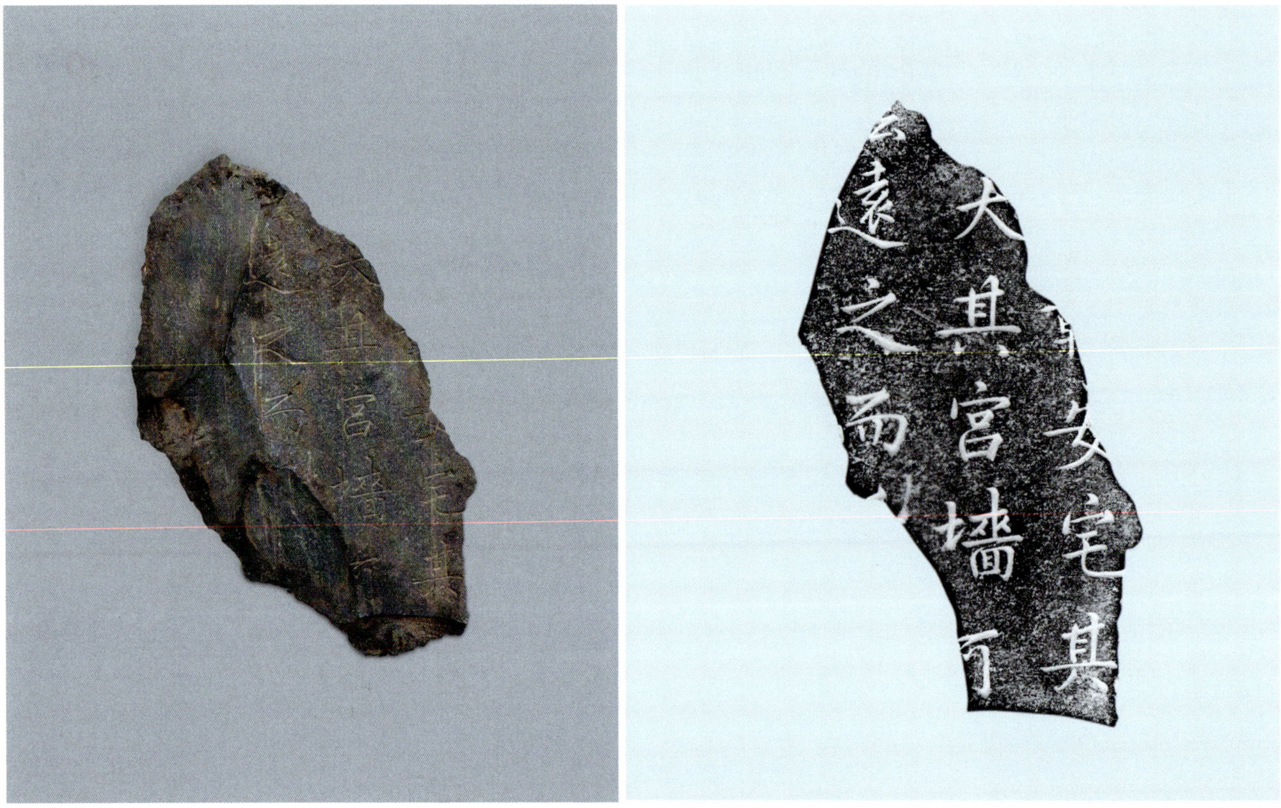

图三六五 2016AHTW 采：21

……立此田以广

……毛每年额交田租正银良纹三两二钱又纳粮条二亩

……不敷一值荒歉赔累之苦至有卖男鬻女而控诉无门

………有沈君大祝者具悉此中苦累每恨力薄不能济助

……不朦悲悯慨然捐田租四十一以补佃种囚田者不足

……昆而绵福祚自有可抓券而取者第虑日久奖生书后恶保复指此四

……田亩原为社坛圩囚田一号起见自后倘有搀佃起佃挖要

……丈田一亩计一汇三共计租谷四十一件

……将社坛圩就近土名栗树坞苦竹湾丈亩一亩四

……捐以补此需………………………捐单一纸付

残高 54、残宽 49.5、厚 3.9 厘米（图三六六；图三七二，11）。

2016AHTW 采：23，青石制成，青灰色，残断成不规则形状，背面平整，素面，正面打磨光滑，减地阳刻有凤鸟羽纹和卷云纹，由于残损较甚，残存部分未见碑文。残长 29.7、残宽 16.4、厚 4.6 厘米（图三六七；图三七二，13）。

图三六六　2016AHTW 采：22

2016AHTW 采：33，青石制成，青灰色，残断成不规则形状，残高 17.9、残宽 17.5、厚 3.6 厘米。背面平整，素面，正面打磨光滑，残存有楷书阴刻碑文四列，从右至左依次为"……田一……"、"……三坵租……"、"……坵租十六……"、"……十斤……"等，与 2016AHTW 采：22 石碑的碑文内容相近，涉及田租、赋税等内容（图三六八；图三七二，14）。

2016AHTW 采：37，青石制成，青灰色，现存平面形状不规则，背面平整，素面，正面打磨光滑，残存有楷书阴刻碑文三列，从右至左依次为："……仰梁木坏……"、"……如此况……"、"……乱脩之……"。残高 26.9、残宽 21.1、厚 5.6 厘米（图三六九；图三七二，15）。

2016AHTW 采：39，青石制成，青灰色，为碑首残段，残高 37.6、残宽 58.5、厚 6 厘米。平顶，呈梯形状，正面打磨光滑、边缘齐整，背面为采石面，下部及右侧残断，碑额有梯形框，框内从右自左双线阴勾"□田租碑记"等字，碑铭四周为阳刻的减地缠枝花卉纹图案带。2016AHTW 采：22 石碑的碑文主要是田亩、赋税等内容，因此 2016AHTW 采：39 有可能为 2016AHTW 采：22 石碑的碑首部分（图三七〇；图三七二，16）。

图三六七　2016AHTW 采：23

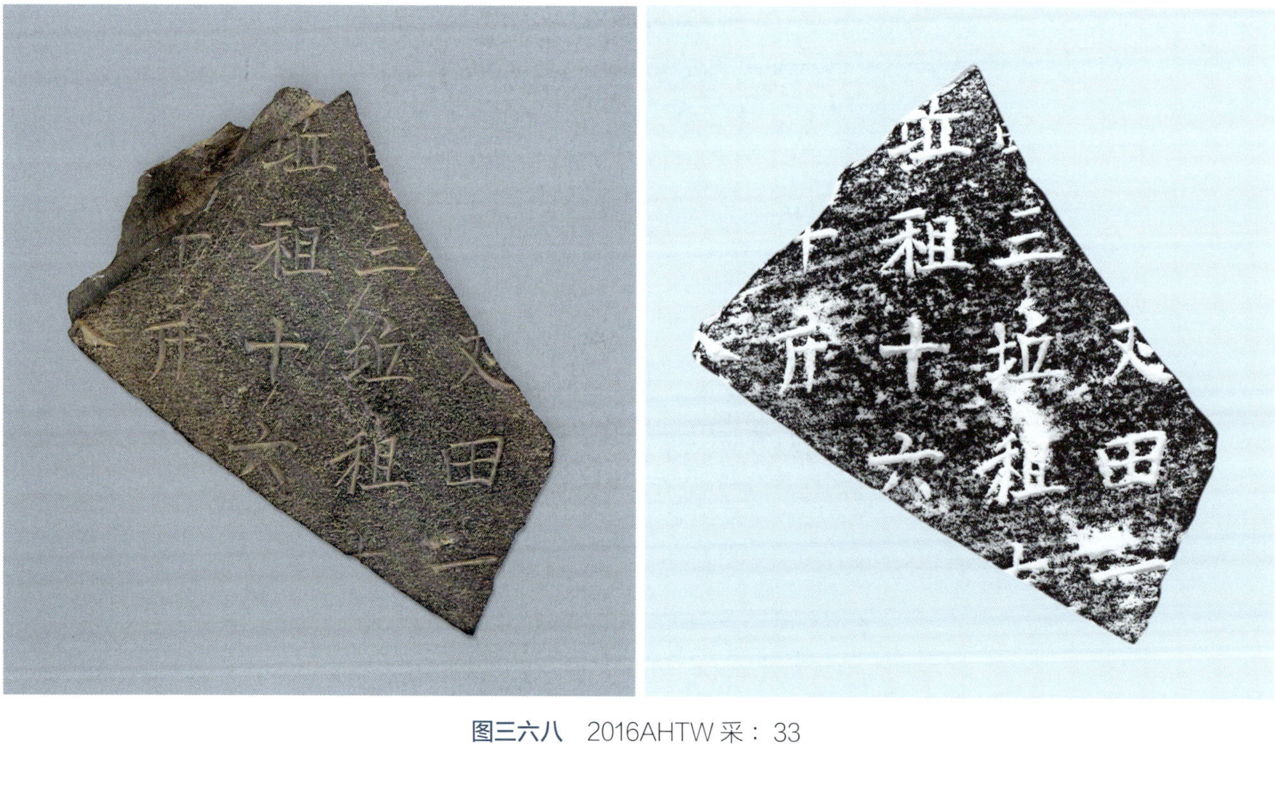

图三六八　2016AHTW 采：33

图三六九　2016AHTW采：37

图三七〇　2016AHTW采：39

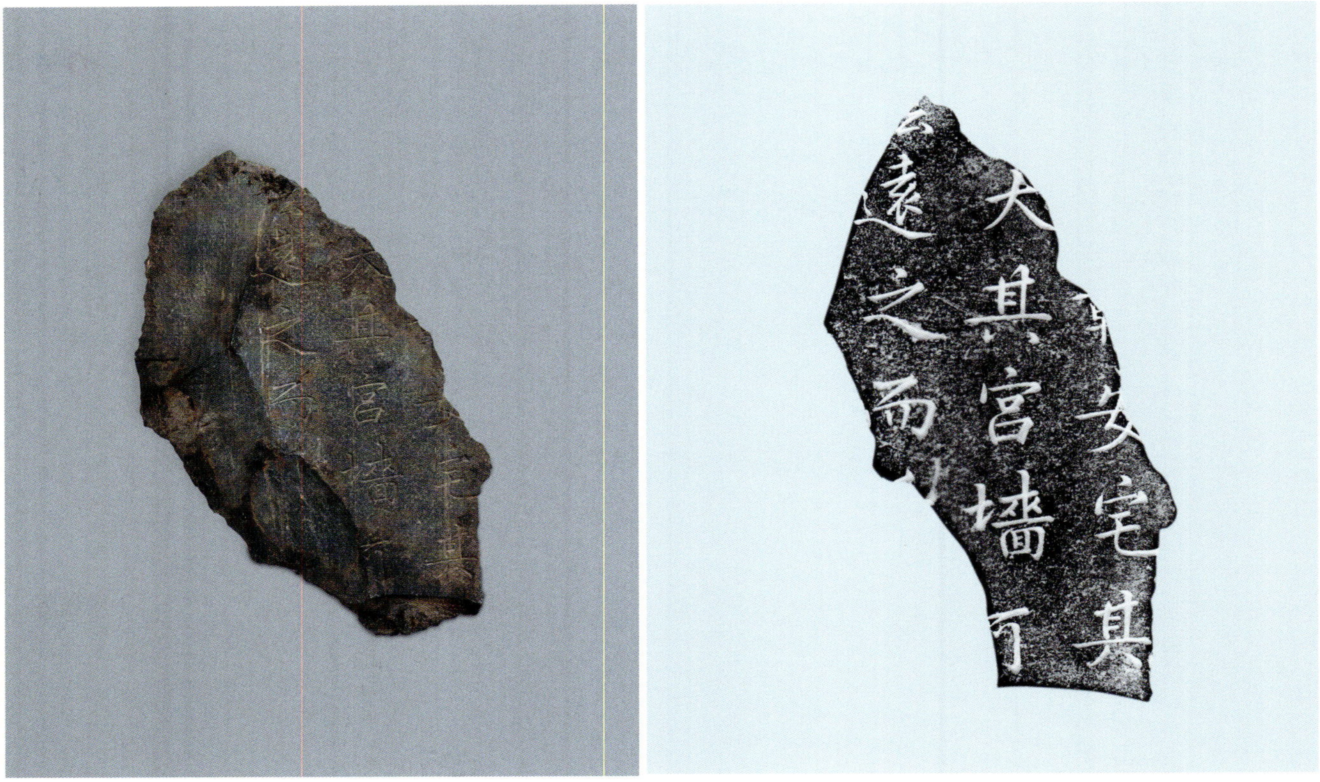

图三六五　2016AHTW 采：21

……立此田以广

……毛每年额交田租正银良纹三两二钱又纳粮条二亩

……不敷一值荒歉赔累之苦至有卖男鬻女而控诉无门

………有沈君大祝者具悉此中苦累每恨力薄不能济助

……不朦悲悯慨然捐田租四十一以补佃种囚田者不足

……昆而绵福祚自有可抓券而取者第虑日久奖生书后恶保复指此四

……田亩原为社坛圩囚田一号起见自后倘有挽佃起佃挖要

……丈田一亩计一汇三共计租谷四十一件

……将社坛圩就近土名栗树坞苦竹湾丈亩一亩四

……捐以补此需………………………捐单一纸付

残高 54、残宽 49.5、厚 3.9 厘米（图三六六；图三七二，11）。

2016AHTW 采：23，青石制成，青灰色，残断成不规则形状，背面平整，素面，正面打磨光滑，减地阳刻有凤鸟羽纹和卷云纹，由于残损较甚，残存部分未见碑文。残长 29.7、残宽 16.4、厚 4.6 厘米（图三六七；图三七二，13）。

图三六六 2016AHTW 采：22

2016AHTW 采：33，青石制成，青灰色，残断成不规则形状，残高 17.9、残宽 17.5、厚 3.6 厘米。背面平整，素面，正面打磨光滑，残存有楷书阴刻碑文四列，从右至左依次为“……田一……”、“……三坵租……”、“……坵租十六……”、“……十斤……”等，与 2016AHTW 采：22 石碑的碑文内容相近，涉及田租、赋税等内容（图三六八；图三七二，14）。

2016AHTW 采：37，青石制成，青灰色，现存平面形状不规则，背面平整，素面，正面打磨光滑，残存有楷书阴刻碑文三列，从右至左依次为：“……仰梁木坏……”、“……如此况……”、“……乱脩之……”。残高 26.9、残宽 21.1、厚 5.6 厘米（图三六九；图三七二，15）。

2016AHTW 采：39，青石制成，青灰色，为碑首残段，残高 37.6、残宽 58.5、厚 6 厘米。平顶，呈梯形状，正面打磨光滑、边缘齐整，背面为采石面，下部及右侧残断，碑额有梯形框，框内从右自左双线阴勾“□田租碑记”等字，碑铭四周为阳刻的减地缠枝花卉纹图案带。2016AHTW 采：22 石碑的碑文主要是田亩、赋税等内容，因此 2016AHTW 采：39 有可能为 2016AHTW 采：22 石碑的碑首部分（图三七〇；图三七二，16）。

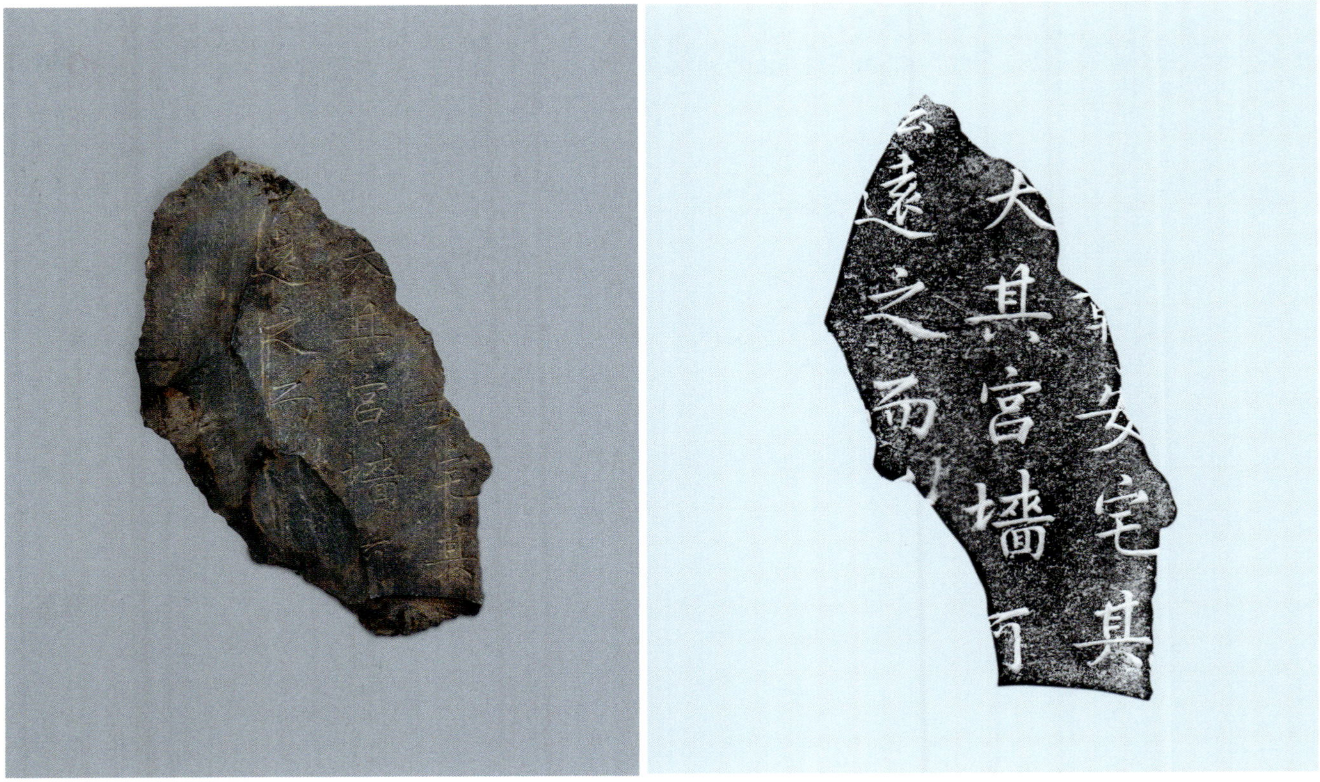

图三六五 2016AHTW采：21

……立此田以广

……毛每年额交田租正银良纹三两二钱又纳粮条二亩

……不敷一值荒歉赔累之苦至有卖男鬻女而控诉无门

………有沈君大祝者具悉此中苦累每恨力薄不能济助

……不朦悲悯慨然捐田租四十一以补佃种囚田者不足

……昆而绵福祚自有可抓券而取者第虑日久奖生书后恶保复指此四

……田亩原为社坛圩囚田一号起见自后倘有挽佃起佃揔要

……丈田一亩计一汇三共计租谷四十一件

……将社坛圩就近土名栗树坞苦竹湾丈亩一亩四

……捐以补此需…………………………捐单一纸付

残高54、残宽49.5、厚3.9厘米（图三六六；图三七二，11）。

2016AHTW采：23，青石制成，青灰色，残断成不规则形状，背面平整，素面，正面打磨光滑，减地阳刻有凤鸟羽纹和卷云纹，由于残损较甚，残存部分未见碑文。残长29.7、残宽16.4、厚4.6厘米（图三六七；图三七二，13）。

图三六六 2016AHTW 采：22

2016AHTW 采：33，青石制成，青灰色，残断成不规则形状，残高 17.9、残宽 17.5、厚 3.6 厘米。背面平整，素面，正面打磨光滑，残存有楷书阴刻碑文四列，从右至左依次为“……田一……”、“……三坵租……”、“……坵租十六……”、“……十斤……”等，与 2016AHTW 采：22 石碑的碑文内容相近，涉及田租、赋税等内容（图三六八；图三七二，14）。

2016AHTW 采：37，青石制成，青灰色，现存平面形状不规则，背面平整，素面，正面打磨光滑，残存有楷书阴刻碑文三列，从右至左依次为：“……仰梁木坏……”、“……如此况……”、“……乱脩之……”。残高 26.9、残宽 21.1、厚 5.6 厘米（图三六九；图三七二，15）。

2016AHTW 采：39，青石制成，青灰色，为碑首残段，残高 37.6、残宽 58.5、厚 6 厘米。平顶，呈梯形状，正面打磨光滑、边缘齐整，背面为采石面，下部及右侧残断，碑额有梯形框，框内从右自左双线阴勾“□田租碑记”等字，碑铭四周为阳刻的减地缠枝花卉纹图案带。2016AHTW 采：22 石碑的碑文主要是田亩、赋税等内容，因此 2016AHTW 采：39 有可能为 2016AHTW 采：22 石碑的碑首部分（图三七〇；图三七二，16）。

图三六七 2016AHTW 采：23

图三六八 2016AHTW 采：33

图三六九　2016AHTW 采：37

图三七〇　2016AHTW 采：39

2016AHTW 采：49，青石制成，青灰色，为碑体左侧残段，平面近长方形，正面打磨光滑，背面修整平齐，左侧边缘保存完整，其余为残断面，碑体左侧有宽 10 厘米的减地缠枝花卉纹边框，右侧残留三列阴刻楷体碑文，从右至左依次为：“……圣道……”、“……上承文武下启孔颜……”、“……总理粮储兼巡抚应天……”。残高 47.5、残宽 34、厚 7.1 厘米（图三七一；图三七二，17）。

图三七一 2016AHTW 采：49

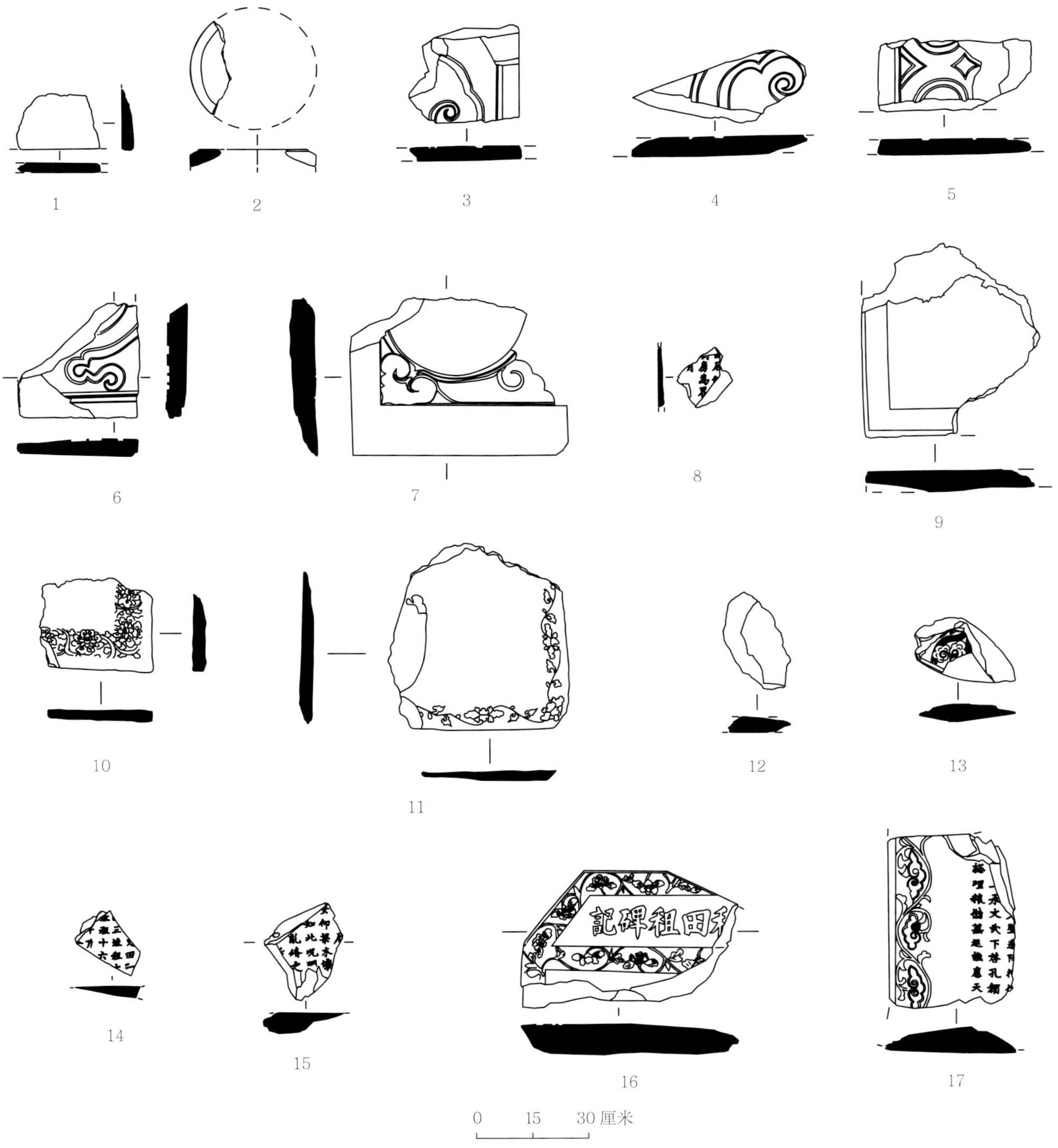

图三七二　文庙遗址出水石质建材、石碑

1. 素面石板（2016AHTW采：20） 2. 柱础（2016AHTW采：26） 3～6. 雕花石板（2015AHTW采：4、2016AHTW采：31、32、45） 7. 抱鼓石雕（2016AHTW采：48） 8～17. 石碑（2015AHTW采：2、2016AHTW采：18、19、22、21、23、33、37、39、49）

表二 文庙遗址出水器物登记表

编号	器名	质地	尺寸（厘米）	出水位置
2015AHTW 采：1	青花碗	瓷	口径 5、足径 4.1、残高 2	第一组建筑三合土地面
2015AHTW 采：2	石碑	石	残高 17、残宽 12、厚 1.5	第一组建筑三合土地面
2015AHTW 采：3	墙砖	陶	长 23.7、宽 14.4、厚 2.5	第一组建筑三合土地面
2015AHTW 采：4	雕花石板	石	残长 30、残宽 26、厚 4	第一组建筑三合土地面
2016AHTW 采：1	檐口砖	陶	长 30.7、宽 8.6、厚 4.8	北部砖墙
2016AHTW 采：2	脊部构件砖	陶	残长 12、残宽 14.9、厚 4.2	第一组建筑石台基西北角
2016AHTW 采：3	脊部构件砖	陶	残长 9.1、残宽 7.2、厚 4.5	北部砖墙
2016AHTW 采：4	口沿	釉陶	残长 11.7、残宽 5.3、壁厚 2.8	第一组建筑石台基西北角
2016AHTW 采：5	青花碗	瓷	残长 8.3、残宽 7、壁厚 1.1	第一、二组建筑之间西部石砌墙基
2016AHTW 采：6	青花碗	瓷	足径 5.9、残高 3.5	第一、二组建筑之间西部石砌墙基
2016AHTW 采：7	白瓷碗	瓷	残长 7.1、宽 5.7、厚 0.5、足径 5.7	南部砖墙
2016AHTW 采：8	筒瓦	釉陶	长 11.3、残宽 18.5、残高 9.8、壁厚 1.1	西部石砌护坡
2016AHTW 采：9	墙砖	陶	长 12、宽 12.6、厚 6.7	第一组建筑三合土地面
2016AHTW 采：10	筒瓦	釉陶	长 33、宽 26.5、高 13.2、壁厚 1.4	第一组建筑西南角石台基
2016AHTW 采：11	墙砖	陶	长 23.3、宽 14.4、厚 2.8	第一组建筑石台基西北角
2016AHTW 采：12	青花碗	瓷	足径 3.4、残高 2.2	南部砖墙
2016AHTW 采：13	筒瓦	釉陶	残长 28.5、残宽 19、残高 9.4、壁厚 1.2	西部石砌护坡
2016AHTW 采：14	墙砖	陶	残长 13、残宽 12.1、厚 6.4	北部砖墙
2016AHTW 采：15	筒瓦	釉陶	残长 24.5、残宽 19.2、残高 10.1、壁厚 1.1	西部石砌护坡
2016AHTW 采：16	筒瓦	釉陶	残长 13.4、残宽 18.5、残高 9.8、壁厚 1	西部石砌护坡
2016AHTW 采：17	筒瓦	釉陶	残长 10、残宽 13、残高 3、壁厚 1.1	西部石砌护坡
2016AHTW 采：18	石碑	石	残高 54、残宽 48、厚 6	西部石砌护坡
2016AHTW 采：19	石碑	石	残高 30.5、残宽 26.3、厚 3.3	第一组建筑三合土地面
2016AHTW 采：20	素面石板	石	残长 22.2、残宽 15.5、厚 3	第一组建筑三合土地面
2016AHTW 采：21	石碑	石	残高 28.7、残宽 14.6、厚 4.2	第一组建筑东北角三合土地面
2016AHTW 采：22	石碑	石	残高 54、残宽 49.5、厚 3.9	第一组建筑东北角三合土地面

续表

编号	器名	质地	尺寸（厘米）	出水位置
2016AHTW 采：23	石碑	石	残长 29.7、残宽 16.4、厚 4.6	第一组建筑三合土地面
2016AHTW 采：24	板瓦	陶	残长 16、残宽 13.5、残高 3.3、壁厚 1	第一组建筑三合土地面
2016AHTW 采：25	脊部构件砖	陶	长 17.4、宽 14.5、厚 6.1	第一组建筑南部石台基
2016AHTW 采：26	柱础	石	外径 33.7、内径 28.7	第一组建筑三合土地面
2016AHTW 采：27	青花碗	瓷	足径 5.5、残高 2.5	第一组建筑三合土地面
2016AHTW 采：28	青花碗	瓷	残长6.2、残宽5.2、壁厚0.2～0.6	第一组建筑三合土地面
2016AHTW 采：29	腹部残片	釉陶	高 3.6、厚 0.2 ～ 0.4	第一组建筑三合土地面
2016AHTW 采：30	青花碗	瓷	残长 4.4、残宽 3.2、壁厚 0.4	第一组建筑三合土地面
2016AHTW 采：31	雕花石板	石	残长 42.8、残宽 18、厚 5.2	第一组建筑三合土地面
2016AHTW 采：32	雕花石板	石	残长 40.8、残宽 20.1、厚 4.3	第一组建筑三合土地面
2016AHTW 采：33	石碑	石	残高 17.9、残宽 17.5、厚 3.6	第一组建筑三合土地面
2016AHTW 采：34	脊部构件砖	陶	长 19.4、残宽 10.5、厚 4.5	第一组建筑三合土地面
2016AHTW 采：35	脊部构件砖	陶	长 19.7、残宽 11.8、厚 5.6	第一组建筑北部石台基以北
2016AHTW 采：36	脊部构件砖	陶	残长 10.9、宽 17.8、厚 6.7	第一组建筑北部石台基以北
2016AHTW 采：37	石碑	石	残高 26.9、残宽 21.1、厚 5.6	第一组建筑北部石台基以北
2016AHTW 采：38	脊部构件砖	陶	长 17、宽 16.3、厚 6	第一组建筑北部石台基以北
2016AHTW 采：39	石碑	石	残高 37.6、残宽 58.5、厚 6	第一组建筑东北角三合土地面
2016AHTW 采：40	缸	釉陶	底径 32.6、残高 6.7	第一、二组建筑之间
2016AHTW 采：41	罐	釉陶	底径 11.2、残高 9.7	第一、二组建筑之间
2016AHTW 采：42	白瓷碗	瓷	足径 6.9、残高 2.2	第一、二组建筑之间
2016AHTW 采：43	青花碗	瓷	足径 6.4、残高 2.7	第一、二组建筑之间
2016AHTW 采：44	青花碗	瓷	残长 3.0、壁厚 0.2	第一、二组建筑之间
2016AHTW 采：45	雕花石板	石	残长 32.2、残宽 31.9、厚 2.4 至 5.2	南部砖墙
2016AHTW 采：46	墙砖	陶	残长 17.2、残宽 16.1、厚 3.9	南部砖墙
2016AHTW 采：47	地砖	陶	残长 16.2、宽 12.1、厚 3.7	南部砖墙
2016AHTW 采：48	抱鼓石雕	石	宽 57.6、残高 43.8、厚 4 ～ 6	第一组建筑三合土地面
2016AHTW 采：49	石碑	石	残高 47.5、残宽 34、厚 7.1	第一组建筑三合土地面
2016AHTW 采：50	青花碗	瓷	壁厚 0.3 ～ 0.5、残高 3.1	第一组建筑三合土地面

（三）初步认识

文庙遗址位于广阳城西门外，是一处高台建筑群，主要由北、中、南三组建筑构成，其中北部建筑为文庙遗址的主体建筑，建造于一处较高的土台之上。文庙遗址上部建筑结构皆已不存，仅余石砌护坡、石砌台基、三合土地面、青石板地面等建筑基础和地面部分，部分区域尚残存有低矮的砖墙，但保存高度仅有 10 厘米左右。石砌护坡和石砌台基多采用块石垒砌而成，砖墙的砌筑方式为空斗墙即用砖侧砌或平、侧交替砌筑成空心墙体，三合土地面多由一至三层三合土铺垫而成，三合土地面以下铺有碎砖和小石块，部分位置三合土地面以下发现有用青石板铺成的地面。

宋太宗太平兴国五年之前，文庙遗址所在地原为崇寿寺寺址[1]，而明朝以前石埭县的儒学学宫位于石埭县城（即广阳城）南门外，濒临舒溪河，元末毁于兵灾，明洪武年间修废不一，到明世宗嘉靖十四年（又作嘉靖十六年）将儒学学宫从石埭县治南门外迁到西门外的崇寿寺旧址即文庙遗址所在地。当时儒学学宫的主要建筑有明伦堂、时习斋、日新斋、教谕宅、训导宅、尊经阁、兴贤坊、跃龙池、亨衢桥、应瑞亭、会馔堂、号舍、学门、登云桥、腾蛟坊、起凤坊等[2]。

清世祖顺治十四年（1657 年）至顺治十七年，对石埭县文庙进行了大规模的维修和重修工作。康熙四十四年（1705 年）又对文庙进行了维修，更换了大殿内的梁柱，重建东、西两侧门廊，在大殿后建尊经阁。维修后文庙的主要建筑有大成殿、明伦堂、尊经阁、崇圣祠、名宦祠、乡贤祠，时习斋、日新斋、敬一亭、瑞应楼、教谕署、训导署、学门、奎星阁等[3]。清高宗乾隆二十一年（1756 年），复修文庙。清文宗咸丰年间，文庙毁于清军与太平军的战火。清德宗光绪十七年（1891 年），陈艾捐银重修石埭县文庙。到光绪二十三年（1897 年）竣工，耗时七年。中华民国九年（1920 年），陈惟彦、桂殿华、徐绍熙、苏致厚及南京石埭会馆等捐资在文庙东部创办私立崇实学校。中华民国十一年（1922 年），陈惟彦、陈惟庚、陈惟壬、桂殿华等捐资维修文庙[4]，这是关于广阳城西门外文庙的最后一次维修记录。

根据文庙遗址与广阳城遗址的地理位置关系，结合上述县治相关记载以及水下考古调查中在文庙遗址采集的带有“……今埭之文庙……”碑文的石碑（2016AHTW 采：18）等实物资料，可以基本判定文庙遗址即为明清时期石埭县的旧儒学学宫所在地，始建于明嘉

[1][2][4]（民国）陈惟壬：《民国石埭备志汇编》，江苏古籍出版社，1998 年。
[3]（清）张士范：《乾隆池州府志》，江苏古籍出版社，1998 年。

靖年间，历史上经历多次维修、损毁和重建，如清顺治十四年（1657 年）至顺治十七年重修，咸丰年间毁于战火，光绪十七年（1891 年）至光绪二十三年再次重修，一直延续使用到近现代，直至最后被淹没于太平湖水下。

文庙遗址水下考古调查采集的文物标本中有青花瓷碗 10 件，皆为残片，其中 2015AHTW 采：1 瓷碗内底装饰有青花山水纹图案，外底为青花杂宝纹，青花和纹饰风格与福建平潭碗礁一号清代沉船遗址出水的 L01603 青花瓷碗内底装饰的青花山水图案、J02145 青花瓷碗外底装饰的青花杂宝纹相近[1]。瓷器上装饰独立的山水纹图案在明晚期大量出现，清代康熙年间最为鼎盛。2016AHTW 采：30、2016AHTW 采：44 青花瓷碗外腹部装饰有成组连续的变体寿字纹，与西沙群岛北礁 1 号沉船遗址出水的 99XSBW1：0034 青花瓷盘内腹部装饰的变体寿字纹、福建莆田大竹岛清代中晚期沉船遗址出水的大竹岛：11 青花盘内腹部装饰的变体寿字纹相近[2]，流行于清代中晚期。水下考古调查中还采集有 10 件石碑残块，其中石碑（2016AHTW 采：18）碑文中载有“……辛卯正月……今埭之文庙直若于……日月陵山若扆……来伺察前任姚子世卿”等内容，辛卯年对应的公历纪年有 1951 年、1891 年、1831 年等，《民国石埭备志汇编》等文献中记载从清光绪十七年（即 1891 年）开始，石埭县文庙经历了一次长达 7 年的大规模重修，《民国石埭备志汇编》中收录的清光绪年间石埭县知县姚锡光撰写的《石埭县重修文庙碑记》中也记载了光绪辛卯（1891 年）至丁酉年的文庙重修[3]，因此 2016AHTW 采：18 石碑碑文上记载的内容有可能也是对清光绪十七年（即辛卯年也就是 1891 年）文庙重修的相关记录。

文庙遗址北部主体建筑残存有一至三层三合土地面，部分三合土地面以下还发现有青石板铺成的地面，这种多层地面的形成应该与文庙遗址历史上不同时期的多次维修和重建有关，部分位置三合土地面以下平铺的青石板质地与广阳城遗址西城墙顶部（参见图二七〇）发现的青石板海墁的石质相近，而西部边界的石砌护坡和北部主体建筑内的石砌台基的砌筑方式、石块岩性也与广阳城遗址城墙顶部发现的石砌墙基相近（参见图二六九），根据前文所述，现存于水下的广阳城遗址夯土墙体外包砖、顶部用块石砌筑墙基或宇墙、垛墙以及青石板墁地的建造年代上限为明嘉靖年间，因此文庙遗址现存的石砌

[1] 碗礁一号水下考古队：《东海平潭碗礁一号出水瓷器》，科学出版社，2006 年。
[2] 中国国家博物馆水下考古中心、海南省文物保护管理办公室：《西沙水下考古 1998-1999》，科学出版社，2006 年；福建沿海水下考古调查队：《2008 年莆田沿海水下考古调查简报》，《福建文博》2009 年第 2 期。
[3]（民国）陈惟壬：《民国石埭备志汇编》，江苏古籍出版社，1998 年。

护坡、石砌台基、部分青石板地面的建筑年代有可能早到明代，而多层三合土地面的建筑年代则应为清代，是清代多次维修、重修所致。现存文庙遗址东部边界不甚清晰则与中华民国九年（1920 年）文庙内东部修建崇实学校造成的改造和破坏有关。文庙遗址上部建筑结构不存，仅存地面和基础部分，地表散落有较多的砖、瓦等建筑材料以及石碑等多为残块的堆积现状应与太平湖蓄水前的拆除、破坏有关。

三、龙门镇遗址水下考古调查

根据陆上走访与调查获取的信息，2014 年在对黄山市太平湖水域水下文化遗存开展水下考古仪器探测时，于广阳城东北方向十余千米的水域发现一处遗址。2016 年在对广阳城文庙遗址进行水下考古重点调查的同时，根据 2014 年仪器探测的结果对这处遗址进行了水下调查和潜水探摸。根据相关文献记载和潜水探摸调查的结果基本确认其为龙门镇遗址，通过水下考古调查，初步掌握了该遗址在水下的分布范围、保存状况及其所在水域水文、地质等基础资料和信息。

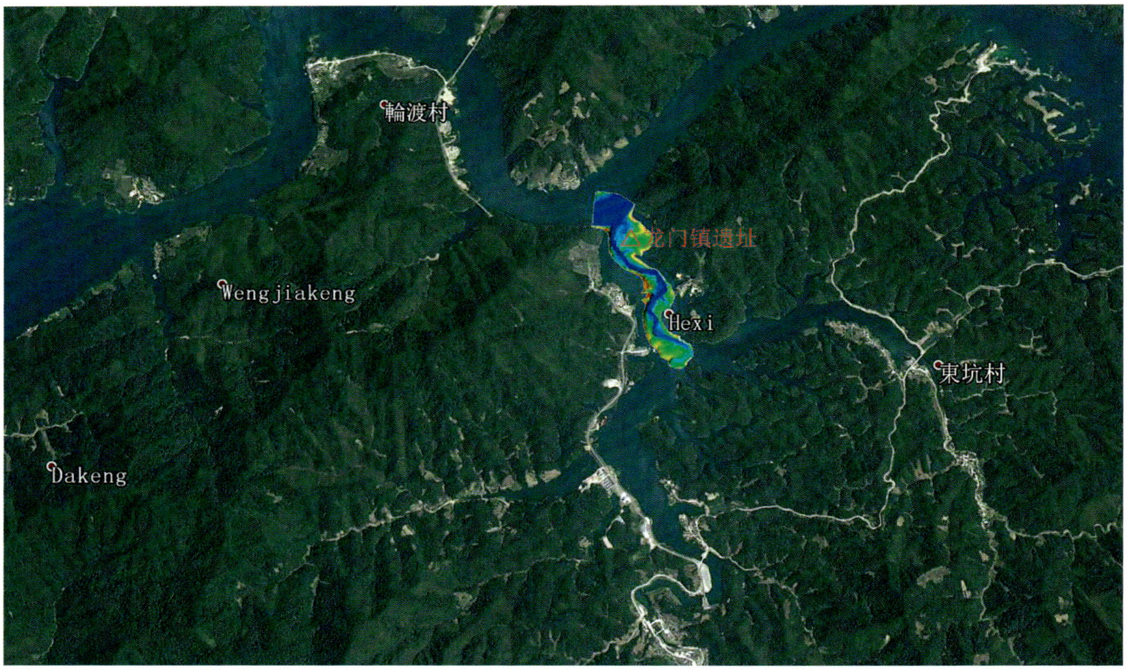

图三七三　龙门镇遗址地理位置图

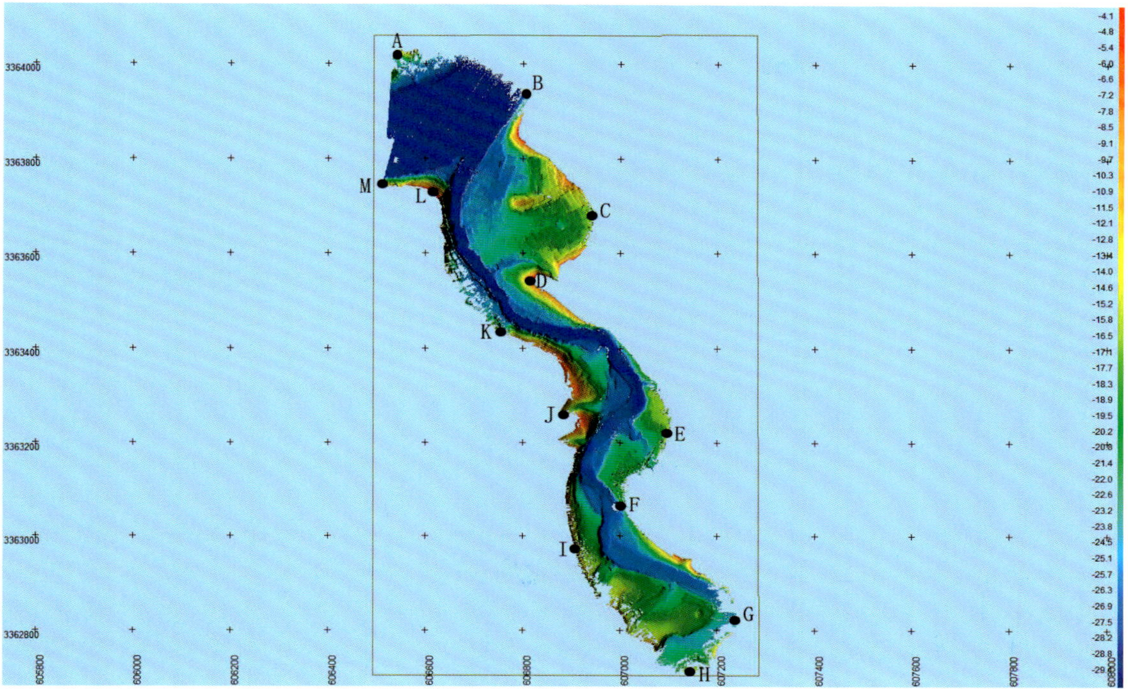

图三七四 龙门镇遗址仪器探测范围四角坐标示意图

龙门镇遗址位于广阳城遗址东北方向约 13.5 千米的太平湖水下，北邻舒溪河，龙门河在其西部从南向北汇入舒溪河，东、西两侧高山耸立，西部有前山、璧山，东部有望山、仙鹤山，龙门镇就处于舒溪河与龙门河交汇处的山间谷地内，地势平缓，水路交通极为便利，是明清时期黄山北大门地区重要的商埠码头。1970 年太平湖蓄水后被淹没于湖底，残存有民房、祠堂、街道、庙宇、桥梁等建筑（图一三、图一四、图一九六、图三七三）。

由于龙门镇遗址位于舒溪河与龙门河的交汇处，两侧高山林立，河道蜿蜒曲折，地形不规则，因此在对其进行仪器探测时没有严格按照正方向设置探测测线，而是依据所在水域的地形变化进行扫测，扫测区域边界坐标如下（图三七四）。

A 点：北纬 30°24′12.55″、东经 118°06′32.60″；

B 点：北纬 30°24′09.79″、东经 118°06′42.77″；

C 点：北纬 30°24′02.02″、东经 118°06′47.73″；

D 点：北纬 30°23′57.09″、东经 118°06′43.19″；

E 点：北纬 30°23′46.99″、东经 118°06′53.56″；

F 点：北纬 30°23′41.34″、东经 118°06′49.68″；

G 点：北纬 30°23′33.77″、东经 118°06′58.40″；

H 点：北纬 30°23′29.92″、东经 118°06′54.55″；

I 点：北纬 30°23′38.98″、东经 118°06′46.24″；

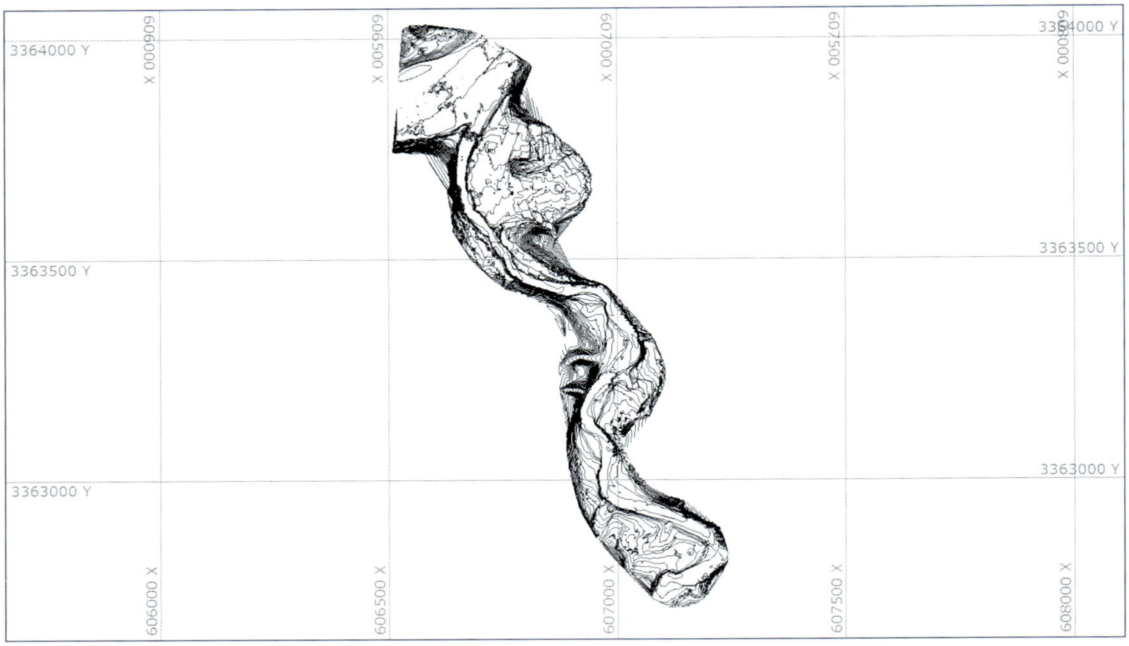

图三七五 龙门镇遗址及周边水域等深线图

J 点：北纬 30°23′47.84″、东经 118°06′45.05″；

K 点：北纬 30°23′53.61″、东经 118°06′40.85″；

L 点：北纬 30°23′02.99″、东经 118°06′35.63″；

M 点：北纬 30°24′03.66″、东经 118°06′31.77″。

实际探测区域长度为 1200 米，宽约 270 米，探测面积达 26 万余平方米，全线航程共 4 千米，B、C、D 三点环绕的区域即为龙门镇遗址所在地。从声呐图像看龙门镇遗址平面近似圆形，背山沿河而建，随山体缓坡分布，南北长约 240 米，东西宽约 225 米。遗址东部和南部为山体，镇内建筑依山沿河而建，建筑布局保存较为完整，墙基以及建筑轮廓清晰可见，西部是龙门河，西北部为舒溪河，东部和南部地势较高，为山体向下延伸的坡地。随着坡地的变化，水深从 14 米过渡到 20 米，变化较大，遗址东侧中部有一道山冈由东向西延伸，在龙门镇遗址中心地带突兀而立。山冈顶部水深仅有 11.3 米，底部水深达 20 米；西部地势低洼，较为平坦，紧邻龙门河，水深从 22 ～ 24 米，地形起伏变化较小；北部濒临舒溪河和仙鹤山的区域起伏较大，水深从 14 米延伸到 27 米。龙门河宽约 25 米，河底水深约 32 米，在龙门镇西部向北汇入舒溪河。舒溪河位于龙门镇西北，由西南流向东北，宽约 150 米，河底水深约 35 米（图三七五～图三七九）。

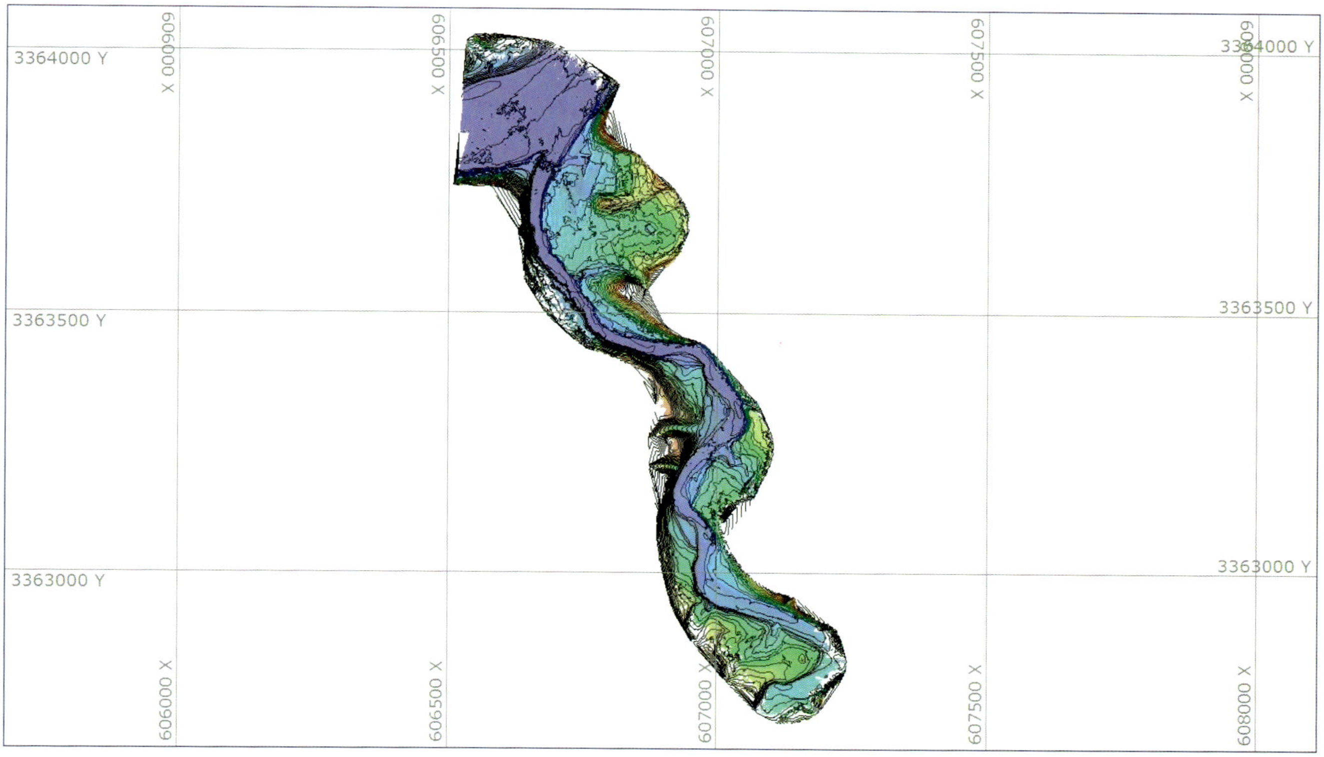

图三七六　龙门镇遗址及周边水域等深线图与探测图叠加

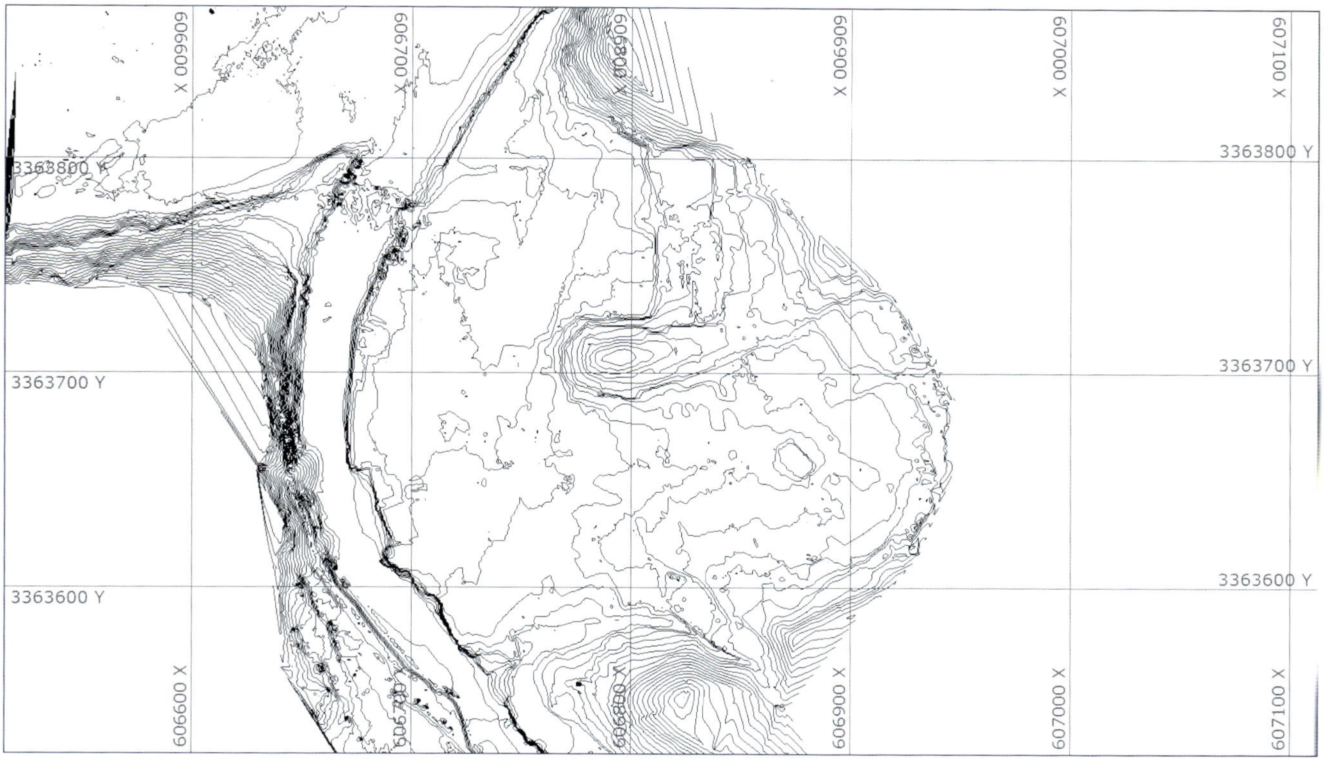

图三七七　龙门镇遗址等深线图

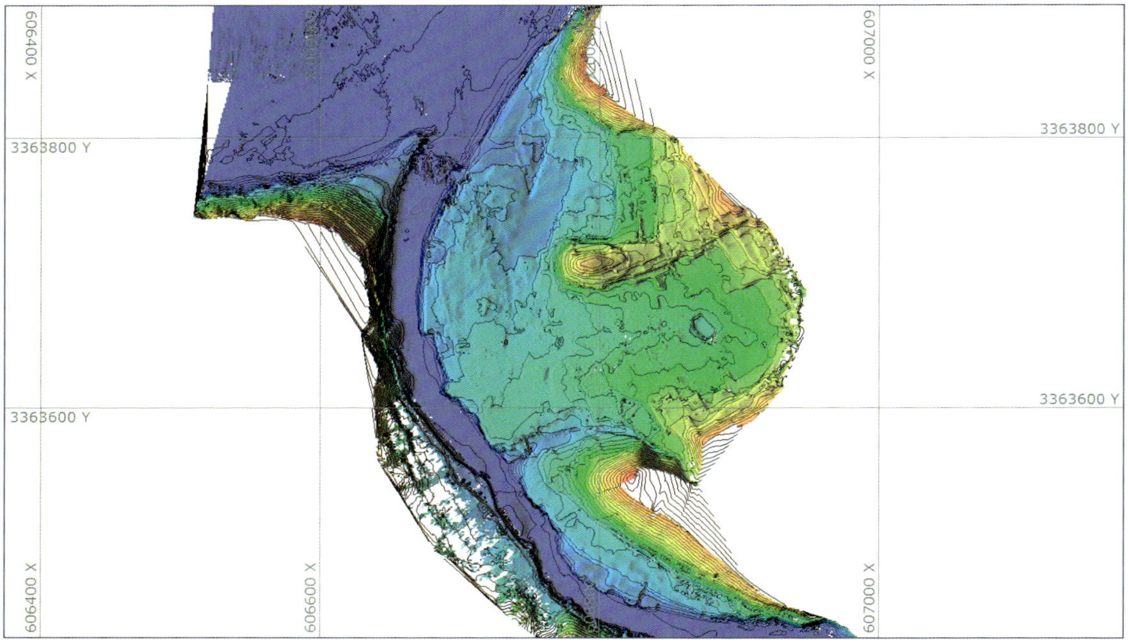

图三七八　龙门镇遗址等深线图与探测图叠加

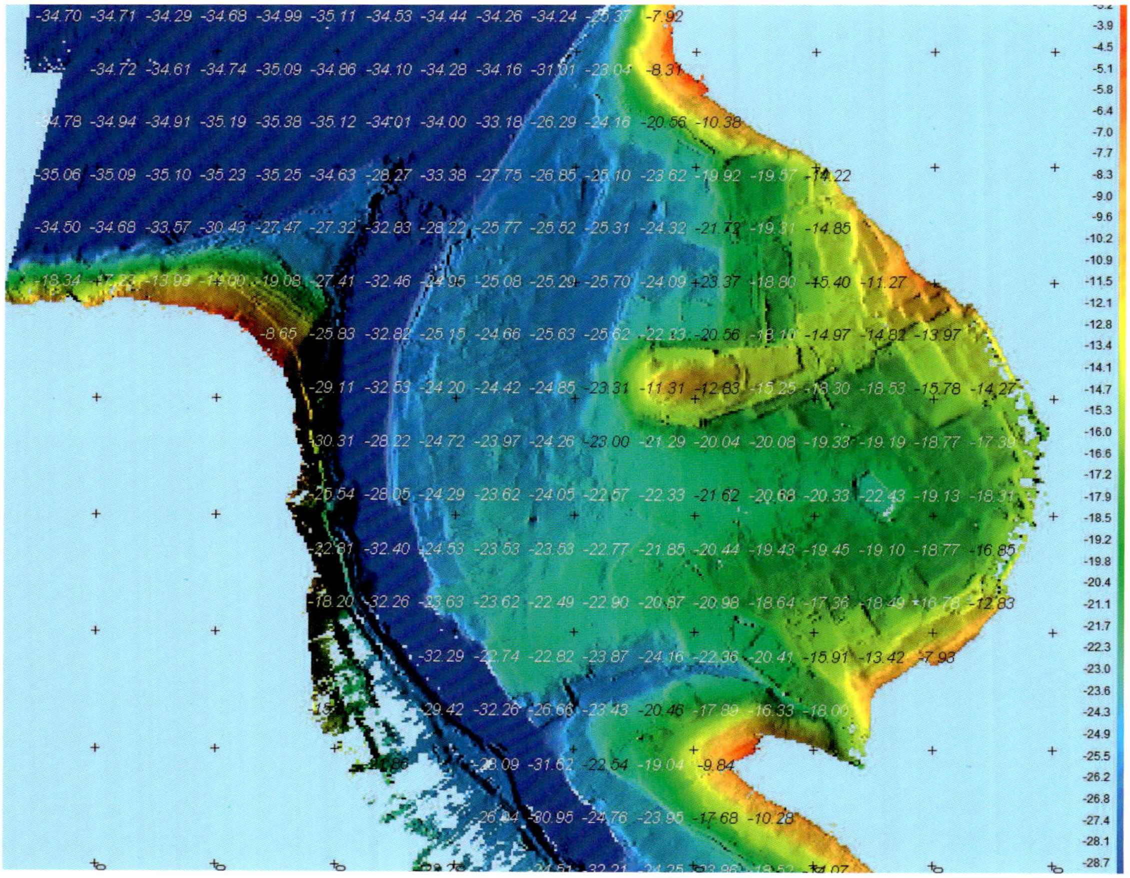

图三七九　龙门镇遗址所在水域水深

2016年9月对龙门镇遗址进行了首次水下调查和潜水探摸，入水调查点坐标为北纬30°23′59.18″、东经118°06′45.68″，位于龙门镇遗址东南部。通过调查发现该处入水点所在遗存为一房屋建筑，水深19.5米，水下能见度约1.5米，水底温度24℃，流速较小，在10厘米/秒以下，水底淤积较厚，多为浮泥和细沙，淤积厚度最多可达50厘米。建筑上部结构不存，仅余基础部分，为块石垒砌的长方形建筑台基，残长12、残宽10米，方向335°，残存高度最高达1.5米，房基以下地势低洼，淤积有较厚的浮泥。房基南部紧邻山坡，有用块石砌筑的石质护坡，护坡高度为2米左右（图三八〇～图三八三）。

陆上调查时曾在龙门镇遗址附近山坡上发现有清代的铜钱、青花瓷器残片等遗物。结合相关文献记载和水下考古调查的成果，初步判断现存于水下的龙门镇遗址的时代应为清代。

图三八〇　龙门镇遗址水下考古调查

图三八一　龙门镇遗址石砌建筑台基

图三八二　龙门镇遗址石砌建筑台基细部

图三八三　龙门镇遗址石砌台基转角

四、秧溪街遗址水下考古调查

根据安徽水下考古陆上调查获取的相关信息，2015 年、2016 年对黄山市太平湖水域水下文化遗存进行仪器探测时在广阳城东北方向 3.6 千米处发现一处水下村落遗址。2015 年根据仪器探测的结果选择了遗址 6 处地点进行水下调查和潜水探摸。根据县志等文献记载并结合该遗址与广阳城遗址的地理位置关系，通过水下调查和潜水探摸基本确认其为秧溪街遗址，初步掌握了该遗址在水下的分布范围、保存状况及其所在水域水文、地质等基础资料和信息。

秧溪街遗址位于广阳城遗址东北方向约 3.6 千米的太平湖水下，处于秧溪河西岸、秧和大畈的中心，东南部有秧岭和众家山，北部为秧和大畈，田畴平坦，一片沃野，物产丰富，经过长期发展和经营，位于秧和大畈中心的秧溪街成为明清时期重要的商贸集镇和生产、生活用品的交易场所，主要由东西向集贸商业街和南北向沿河而建的水街构成。1970 年太平湖蓄水后被淹没于湖底，残存有民房、祠堂、街道、桥梁等建筑（图五〇、图一九六、图三八四、图三八五）。

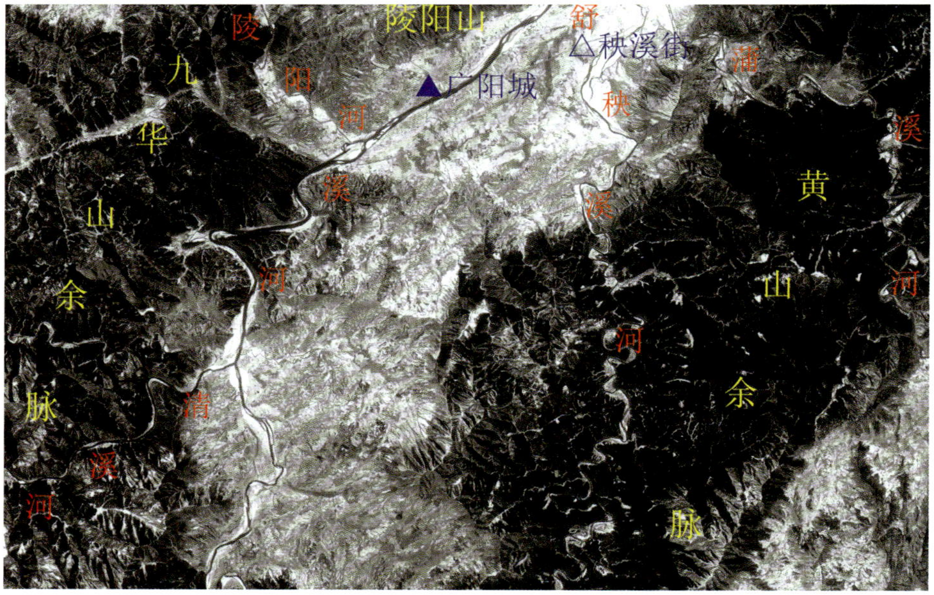

图三八四　秧溪街淹没前周边地形（卫星图片）

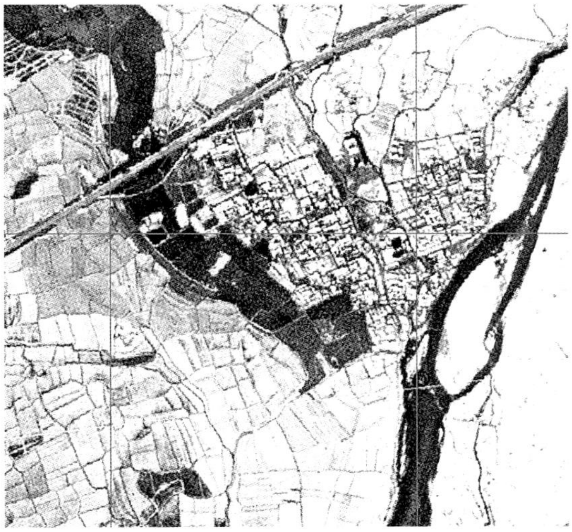

图三八五　秧溪街淹没前卫星照片

通过运用 DGPS 差分式全球定位系统对秧溪街遗址所在水域布设测线进行逐条扫测，共计布设探测测线25条，每条测线长920米，方向235°，与秧溪街的平面分布方向基本一致，两条测线之间间距 80 米，扫测区域边界坐标为：

A 点：北纬 30°22′07.81″、东经 118°00′49.20″；

B 点：北纬 30°21′43.09″、东经 118°01′11.37″；

C 点：北纬 30°21′22.25″、东经 118°00′40.45″；

D 点：北纬 30°21′49.94″、东经 118°00′20.29″。

实际探测区域面积约 100 万（1000 × 1020）平方米，其中秧溪街遗址平面分布面积共计 10.3 万平方米（图三八六、图三八七）。

从声呐扫测的图像看，秧溪街遗址平面呈倒三角形，东临秧溪河而建，东西长约440米，南北宽约 330 米，秧溪河在遗址东南部由西南流向东北，在秧溪街北部的仁村与蒲溪河一起汇入舒溪河，河面宽约 120 米，河底水深 18 ～ 19 米。遗址南部引秧溪河之水形成的一条小河经上街头的水坝由南向北从遗址中部穿过，河上分布有多座小桥，小河两岸房屋建筑鳞次栉比，构成遗址南北向的主要干道，以南北向小河为对称，村内建筑主要分布于小河两侧，遗址南部有一条东西街道与村内小河相连，遗址内房屋建筑、河流、街道等轮廓清晰可见，房屋建筑上部结构多已不存，仅存部分低矮的砖墙和地面及基础部分，平面分布及布局较为清楚，水深 17 ～ 18 米（图三八八～图三九一）。

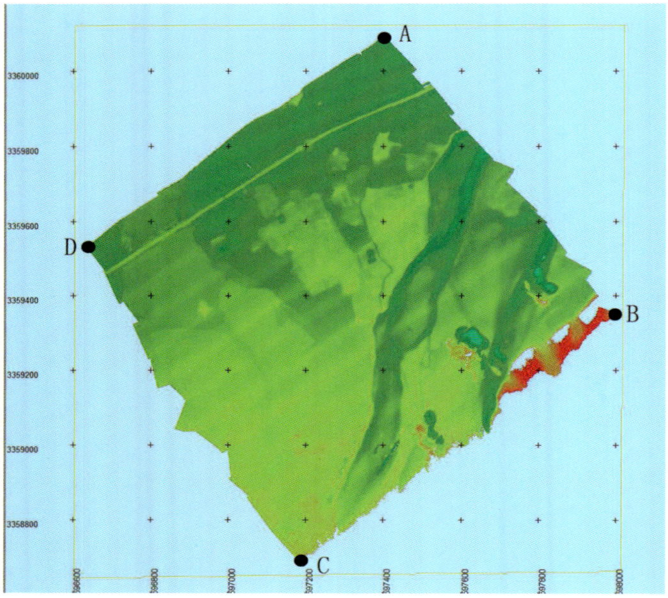

图三八六　秧溪街遗址仪器探测范围四角坐标示意图

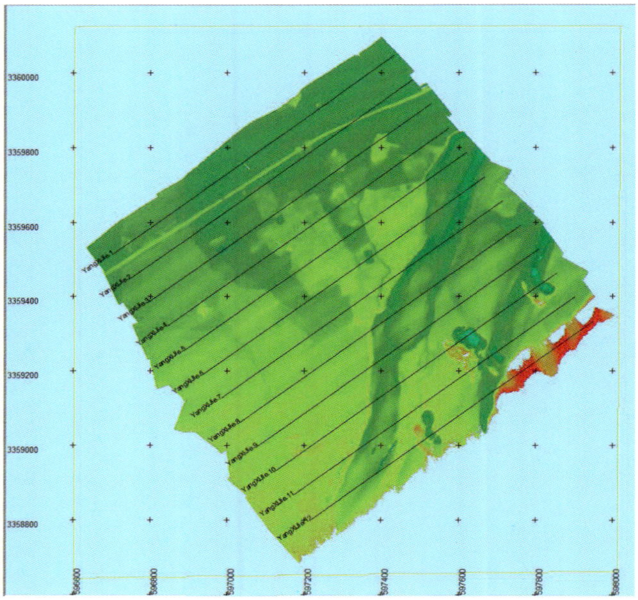

图三八七　秧溪街遗址仪器探测测线分布图

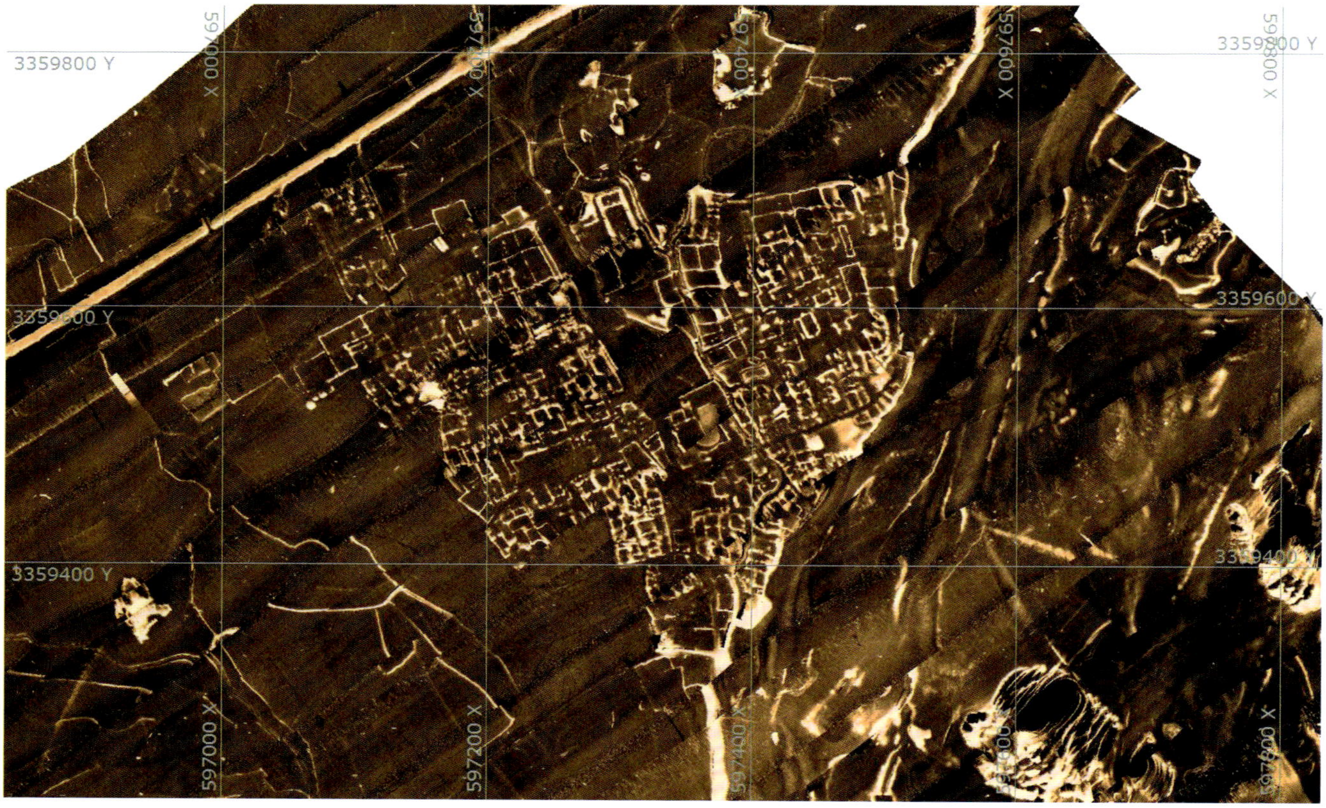

图三八八　秧溪街遗址侧扫声呐探测图

图三八九　秧溪街遗址多波束测深系统探测图

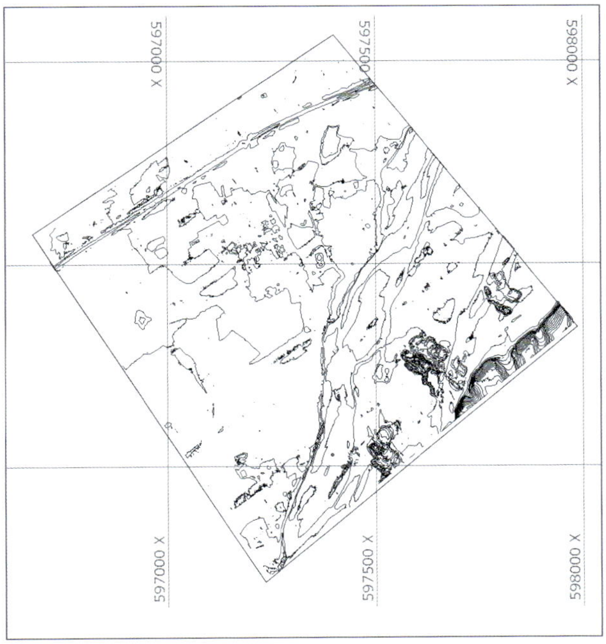

图三九〇　秧溪街遗址等深线图

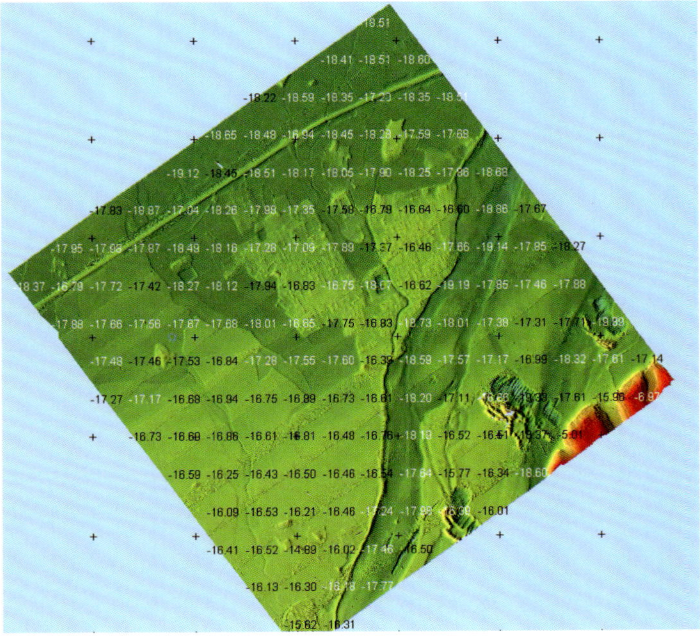

图三九一　秧溪街遗址及周边水域水深

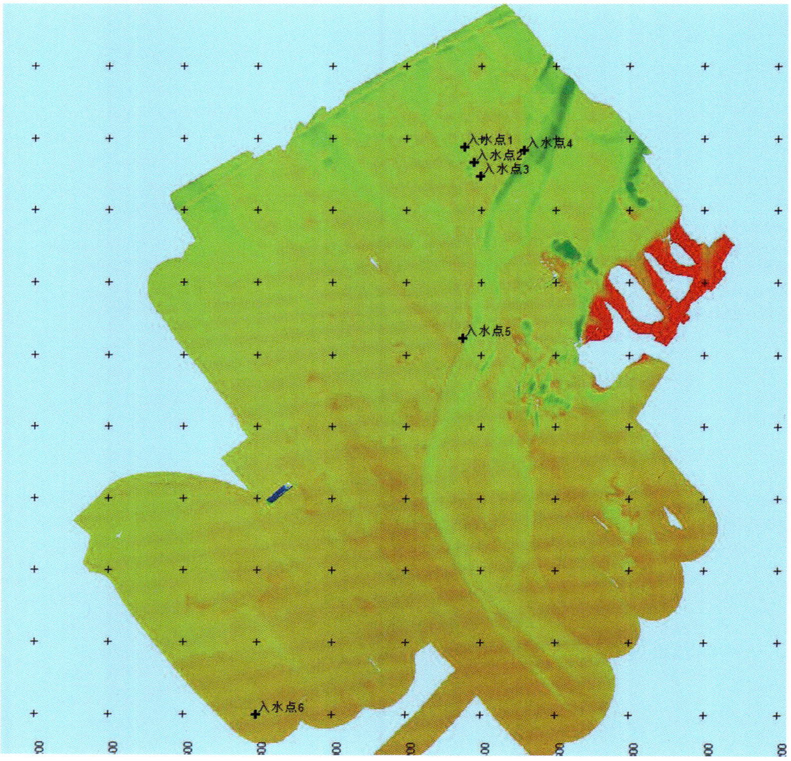

图三九二
秧溪街遗址水下考古调查
入水点位置图

根据仪器探测获取的秧溪街遗址水下图像，2015 年 10 月选择了秧溪街遗址及周边 6 处地点作为水下调查和潜水探摸的对象（图三九二）。

入水点 1、2、3 所在位置皆位于秧溪街遗址内的小河上，通过调查发现小河河道宽约 3 米，河底水深约 19 米，淤积较为严重，多为浮泥和细沙，河道两侧为块石垒砌的河堤，河堤较直，残存最高处高约 1.2 米，河堤以上分布有较多房屋建筑，但大多仅余基础部分（图三九三、图三九四）。入水点 1 的地理坐标为北纬 30°21′51.093″、东经 118°00′47.175″，位于小河的北部，通过调查，该处残存有一座石砌小桥，石桥桥面、桥洞、桥墩、河底及两侧河堤清晰可见，石桥长 5、宽 2.5 米，中部有一石块垒砌的桥墩，桥面用多块长方形石板直接平搭在河道两侧的护坡和河道中间的桥墩上，桥面覆盖的淤泥较少，水深 17.5 米，河底淤积严重，多为浮泥和细沙，水深 18.7 米，水中浮泥等悬浮物较多，水底水流流速较小，能见度不佳，仅为 50 厘米左右，水底温度约 23℃。入水点 2、3 位于入水点 1 的南部，皆为石桥，但是淤积非常严重，河道及桥洞已被淤泥完全覆盖，部分石桥本体也被覆盖，具体形状和结构不详（图三九五）。

入水点 4：地理坐标为北纬 30°21′50.733″、东经 118°00′53.144″，位于秧溪街遗址东部。根据县志等文献记载，为原秧溪街东部“八面佛”所在地，经过调查，发现该处为一建筑遗存，所在位置地势略微高出周围环境地面，最低处水深 17.8、最高处水深 16.5

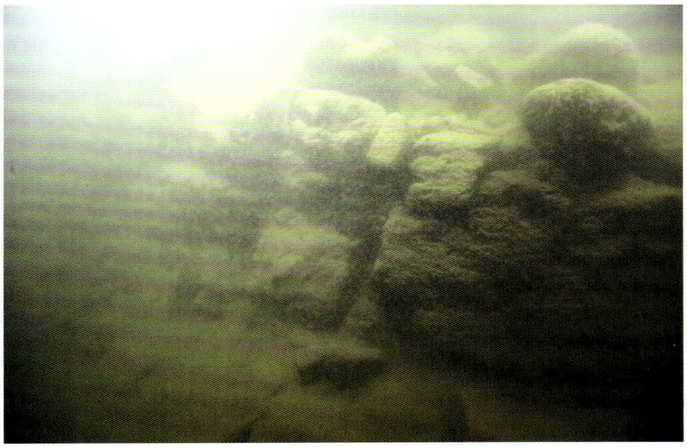
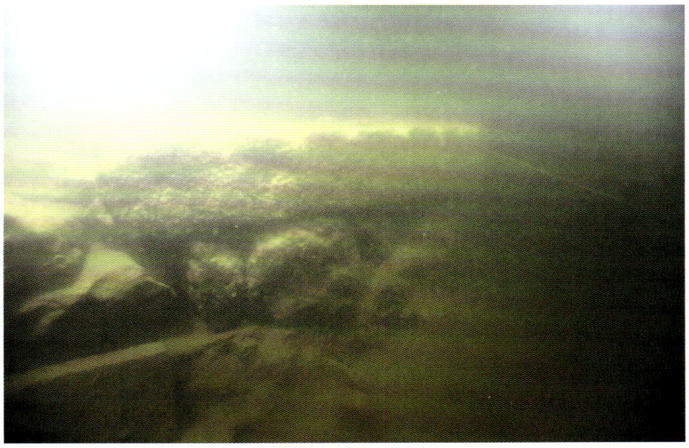

图三九三　秧溪街遗址内小河河堤

图三九四　秧溪街遗址建筑遗存

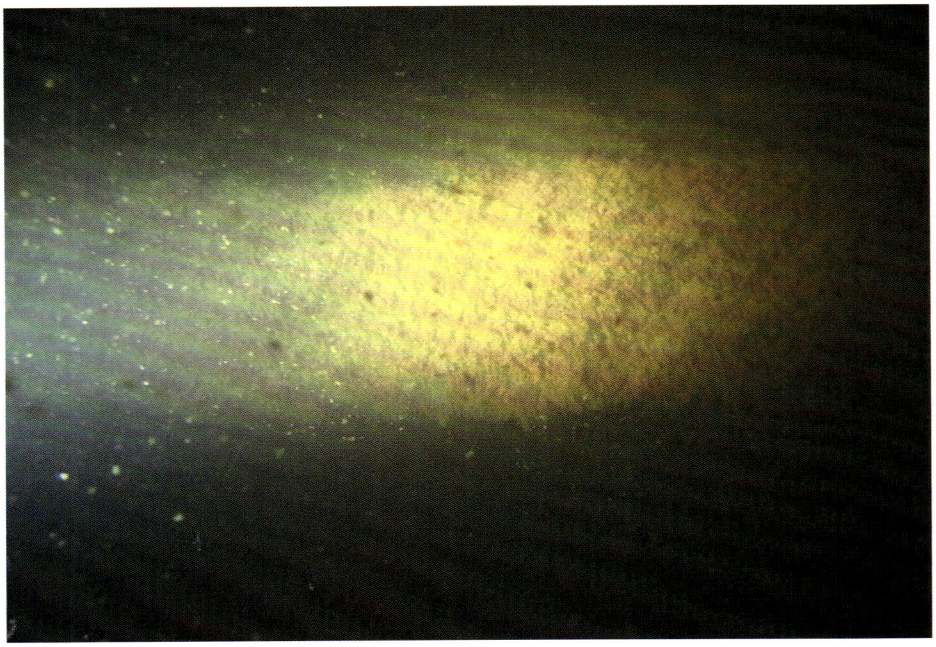

图三九五
秧溪街遗址内石桥桥面

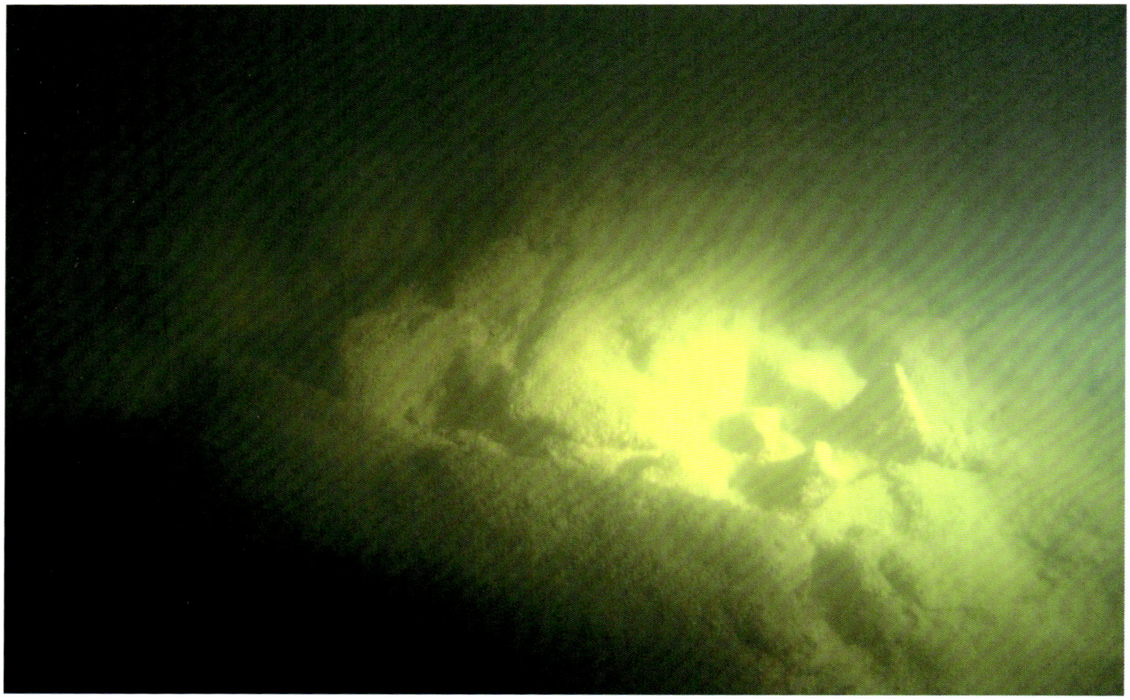

图三九六 秧溪街遗址“八面佛”地表堆积

米，建筑上部结构不存，仅余部分墙基和地面基础部分，平面形状、布局和建筑大小不详。地表散落有大量的青砖等建筑材料。建筑材料之上覆盖有一层较薄的浮泥，南部为秧溪河河道，水中悬浮物较多，流速较小，能见度不佳，仅为50厘米左右，水底温度约23℃（图三九六）。

入水点5：地理坐标为北纬30°21′33.839″、东经118°00′46.787″，位于秧溪街遗址西南约300米处秧溪河的西岸。通过调查发现该处为秧溪河西岸的河堤，河堤残高2米左右，河底水深约18米。河堤为白色夯土筑成，夯土内夹杂有少量小石块和鹅卵石（图三九七）。

入水点6：地理坐标为北纬30°21′00.032″、东经118°00′25.713″，位于秧溪街遗址西南740米。通过调查发现该区域为一处墓地，墓地修建于一高地之上，水深17.5米，水中悬浮物较多，流速较小，能见度不佳，仅为50厘米左右，水底温度约23℃，共计发现5座墓葬，其中3座为土堆墓，保存较好。墓前有较薄的青石板墓碑，墓碑上碑文清晰可见，其中一块书有“大清道光二十二年七月……清故蒋公天喜、姚杜氏美祖……”等碑文，另外一块书有“蒋发荣之墓……道光十七年”等碑文，其余2座墓葬皆为长方形竖穴土坑砖室墓，其中一座为券顶墓，一座为平顶墓。这两座墓的前端砖砌墓室顶部已经拆除，露出墓室内部，推测这处墓地应为清代晚期蒋姓家族的家族墓地，水库蓄水前部分墓葬经过拆迁（图三九八、图三九九）。

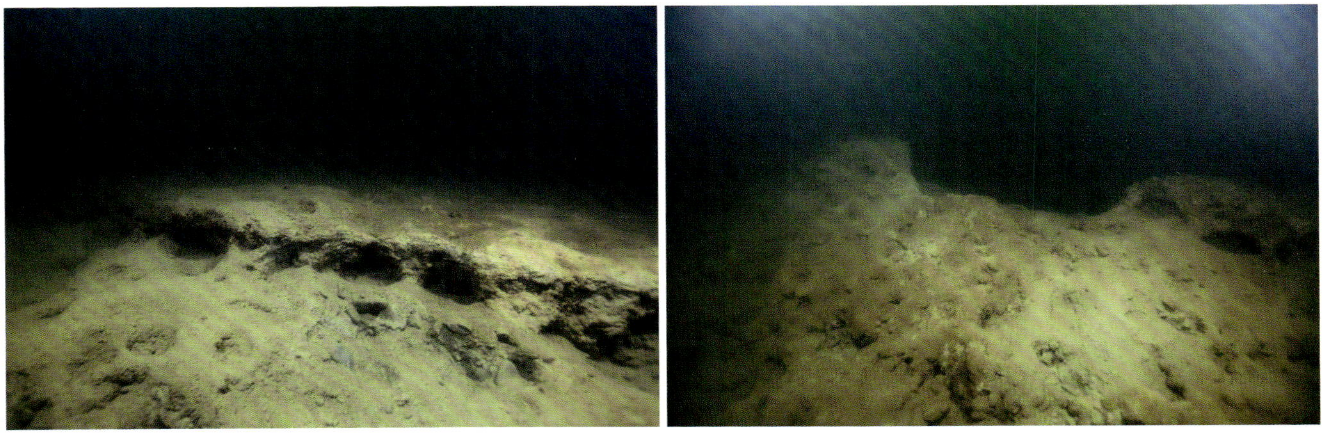

图三九七　秧溪河西岸河堤

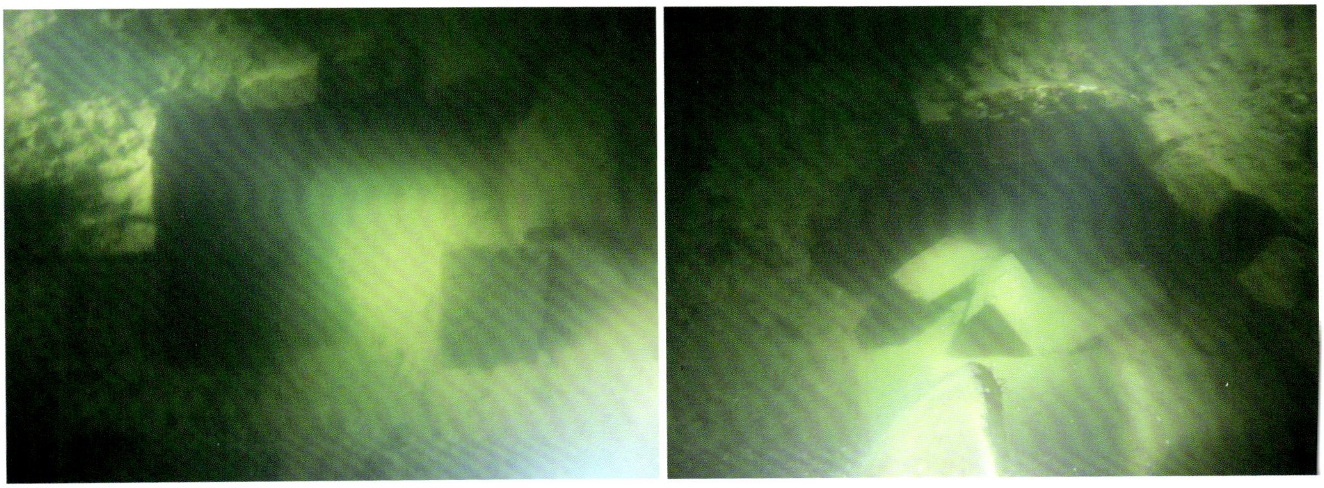

图三九八　秧溪街遗址西南方向墓地

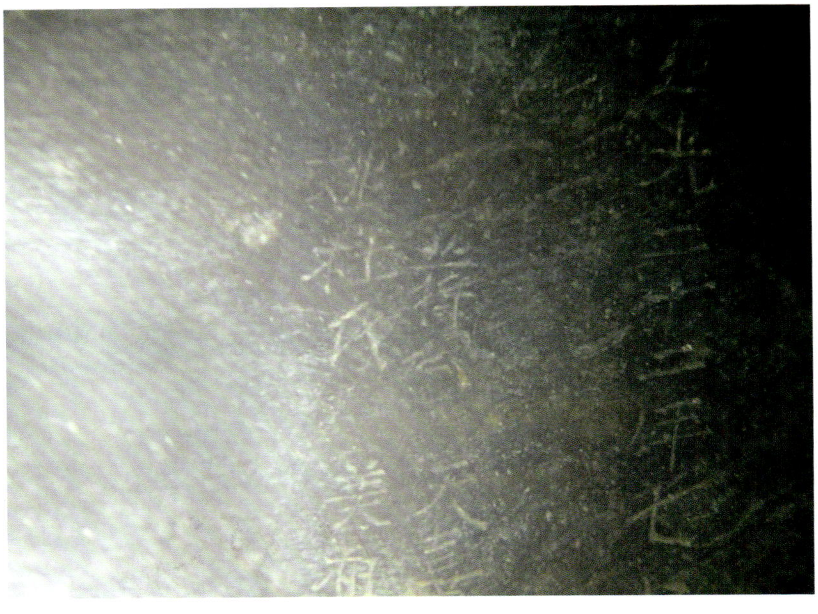

图三九九
秧溪街遗址西南方向墓地发现的墓碑

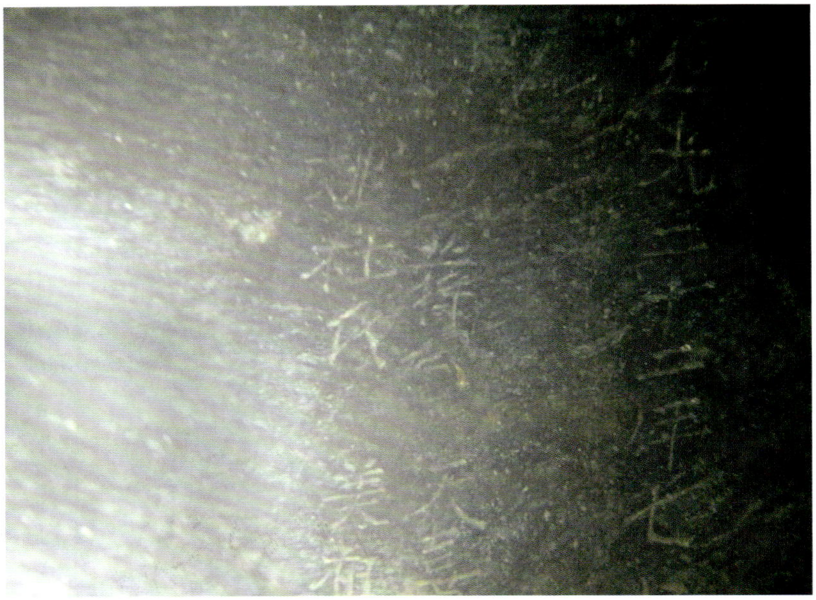

第三节　响洪甸水库水下考古调查

响洪甸水库位于安徽省六安市金寨县境内，东距六安市58千米，坐落于淮河支流淠河的西支——西淠河上游，是淮河流域最大的一座山谷型水库，同时也是20世纪50年代中国治理淮河水患的枢纽工程之一，是以防洪灌溉为主，结合发电、城市供水、航运、水产养殖等综合利用为一体的大型水利水电工程。修建于1956年，1958年竣工蓄水，水库水面以下保存有大量明清时期的古村镇遗址如麻埠镇、流波镇和金家寨等，清末淮军重要统帅、台湾首任巡抚刘铭传的故居——刘新圩也被淹没于响洪甸水库水底（图一八八～图一九二、图四〇〇）。

为摸清家底、了解安徽水下文化遗产的分布和保存现状，根据县志等文献记载和前期陆上考古调查获取的相关水下文化遗存信息，2016年10月国家文物局水下文化遗产保护中心和安徽省文物考古研究所联合对响洪甸水库开展了首次水下文物资源调查。调查历时10天，主要采用仪器探测和水下调查、潜水探摸相结合的方法，发现并确认了麻埠镇和刘

图四〇〇　麻埠镇遗址、刘新圩遗址地理位置图

新圩两处水下遗址，对其保存现状、地理布局和建筑风格有了初步认识，大体上了解了响洪甸水库水下文化遗产的分布特点。

一、历史沿革

金寨县地处安徽省西部，大别山主脉的北坡，东连安徽六安市、霍山县，南接湖北英山、罗田二县，西邻湖北麻城县、河南商城县，北界河南固始县、安徽霍邱县。

金寨设县之前县境和隶属多有变化，秦代属于九江郡，分属六安、潜山二县，西汉时分属扬州刺史部庐江郡和豫州刺史部汝南郡管辖，由潜山、六安、安风、雩娄等多县分领其地，三国时期为魏国属地，分属扬州庐江郡和豫州安丰郡，东晋分属庐江、弋阳、西阳、淮南等郡，南北朝刘宋时期先后属淮南、庐江、汝阴郡及边城左郡，北魏时属霍州西边城郡的开化、雩娄、安丰等县，麻埠曾为西边城郡的治所，隋代金寨县境分属庐江郡、淮南郡和弋阳郡，唐天宝元年以后为寿春郡和弋阳郡的属县分领，北宋县境先后分属寿、光二州，由六安、霍邱、固始、商城数县分领，清康熙年间属于安徽省庐州府六安州、霍山县、颍州府霍邱县及汝宁府光州的固始和商城县。中华民国十八至二十三年，鄂豫皖边区设置鄂豫皖省，境内建有六霍、霍邱、五星、赤城、赤南等县级政权。中华民国二十一年从六安、霍山、霍邱、固始、商城等县划出55个保，设置立煌县，隶属于河南省第九行政督察区。中华民国三十六年改县名为金寨县。1952年安徽省人民政府成立，金寨县隶属于六安专区[1]。

二、麻埠镇遗址水下考古调查

2016年10月在对响洪甸水库进行水下考古调查时，在响洪甸水库大坝西北约8700米处发现一处水下遗址，并对其进行了仪器探测、水下调查和潜水探摸，使用的主要探测设备有Klein公司生产的L-3 Klein 3900型侧扫声呐和RESON公司生产的SeaBat7125型多波束测深系统等。由于这处遗址所在水域地形比较复杂，向导提供的水下遗存位置存在较大偏差，在仪器探测中共探测了三处区域才最终发现并确认遗址的位置，三个测区扫测面积共计420余万平方米，探测区域边界坐标如下：

A点：北纬31°34′13.027″、东经116°03′55.940″；

[1] 金寨县地方志编纂委员会：《金寨县志》，上海人民出版社，1992年。

B 点：北纬 31°34′05.593″、东经 116°04′16.733″；

C 点：北纬 31°34′23.747″、东经 116°04′23.807″；

D 点：北纬 31°34′26.793″、东经 116°04′32.268″；

E 点：北纬 31°34′13.509″、东经 116°04′39.485″；

F 点：北纬 31°33′53.594″、东经 116°04′46.375″；

G 点：北纬 31°33′52.569″、东经 116°05′26.980″；

H 点：北纬 31°33′40.098″、东经 116°05′26.708″；

I 点：北纬 31°33′04.834″、东经 116°05′30.423″；

K 点：北纬 31°33′10.533″、东经 116°05′19.461″；

L 点：北纬 31°33′07.344″、东经 116°05′11.058″；

M 点：北纬 31°32′59.496″、东经 116°05′11.022″；

N 点：北纬 31°33′16.128″、东经 116°04′27.174″；

O 点：北纬 31°33′22.094″、东经 116°04′13.453″；

P 点：北纬 31°33′19.346″、东经 116°03′59.705″；

Q 点：北纬 31°33′37.508″、东经 116°03′28.430″。

其中 Q、P、O、N、F、A 点所在区域为第一测区，共计布设测线 12 条，每条测线长 2400 米，方向 120°，测线间距 120 米，扫测区域宽 1300 米。通过扫测发现该区域内水底较为平坦，东南部有一条南北向的大河，北部有一条东西向的河流从西向东汇入大河，测区内少见建筑物，水深 32 至 38 米。

M、L、K、I、H、G 点所在区域为第二测区，共计布设测线 9 条，每条测线长 1400 米，方向 0°，测线间距 120 米，扫测区域宽 1000 米。通过扫测发现该区域主要有一条倒 U 字形的河流，河流宽 170 ～ 210 米，环绕山体。根据河流所在的位置和流向判断其应为西淠河，探测区域内没有发现建筑物，水深 12 ～ 39 米。

根据第一、二测区扫测的图像尤其是西淠河的位置与流向在第一测区的东北部设置第三测区，共计布设测线 3 条，每条测线长 1300 米，测线的方向与所在位置地形、地势的方向一致，测线间距 100 米，扫测区域宽 340 米。通过扫测发现水底分布有大量的建筑物。结合相关文献记载和陆上走访调查的资料，基本确认这些建筑物为一处水下遗址，水深 32 ～ 34 米（图四〇一、图四〇二）。

从仪器探测获取的声呐图像看，遗址平面略呈长方形，南北长 880 米，东西宽 230 米，面积共计 15 万平方米，平均水深 30 米。遗址南部有一条东西向的河流向东汇入西淠河，河宽 88 米，深 3.9 米，西部有一小河自北向南注入东西向的西淠河支流，宽 8 米，深 2.9 米，

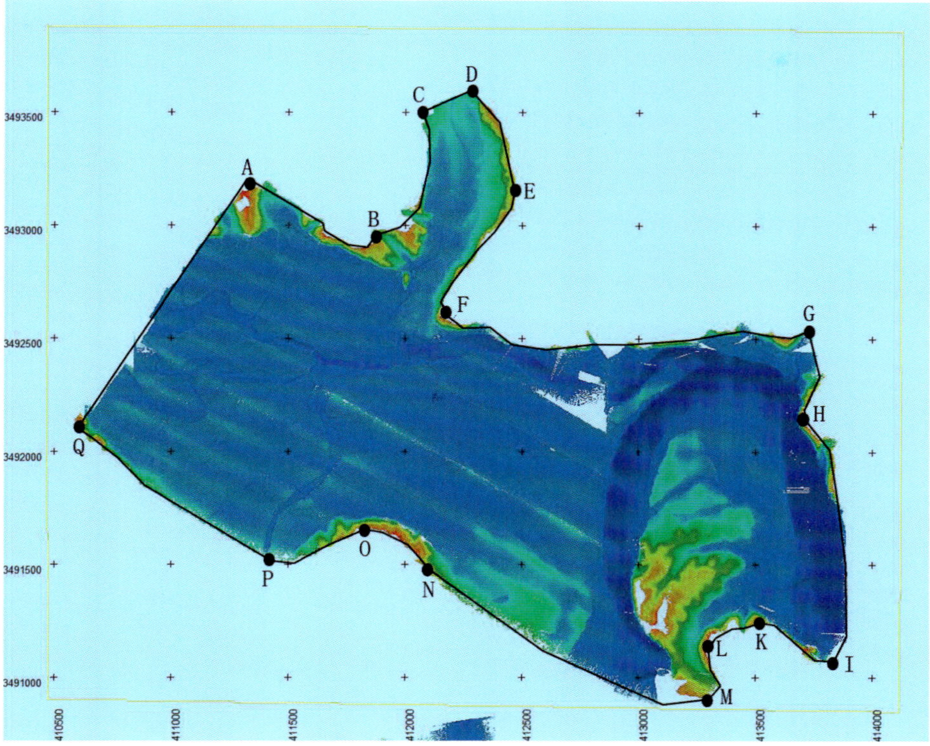

图四〇一
麻埠镇遗址仪器探测范围四角坐标位置图

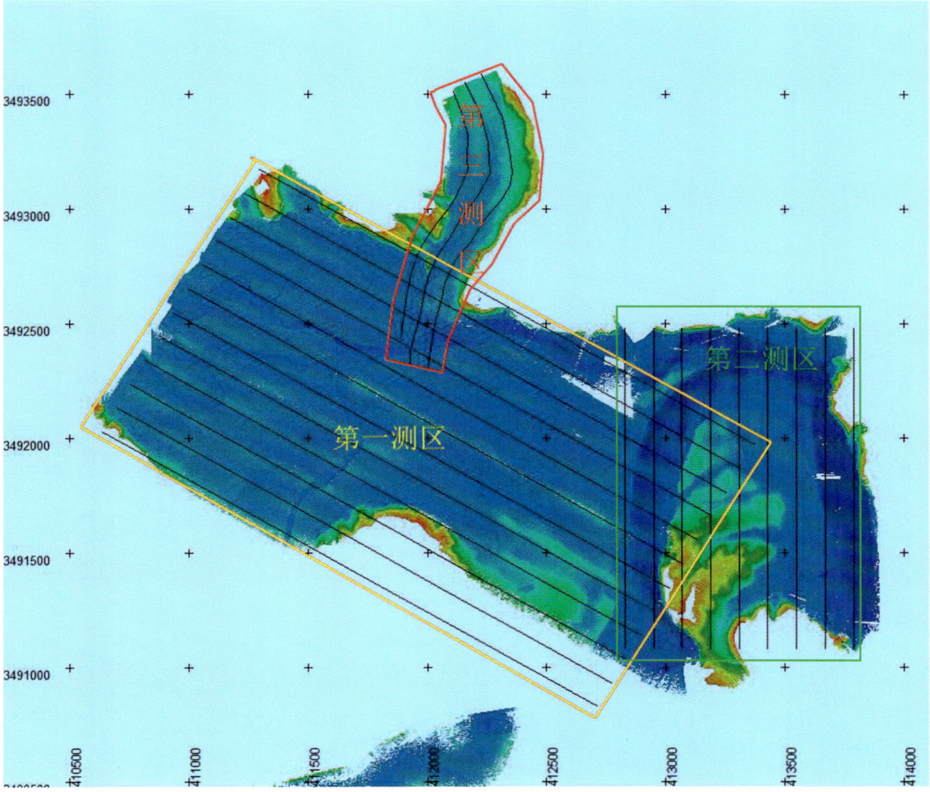

图四〇二
麻埠镇遗址仪器探测测区、测线分布图

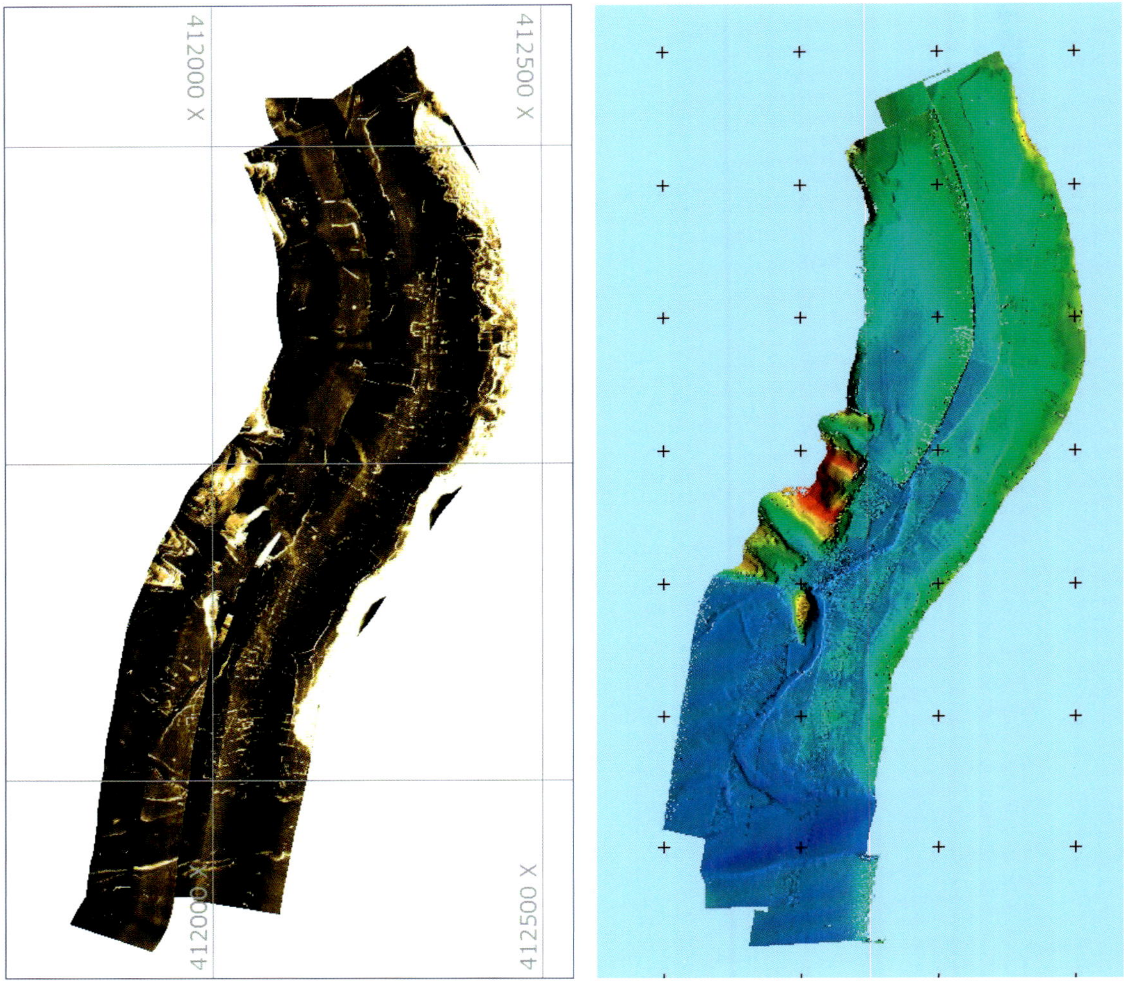

图四〇三　麻埠镇遗址探测图（左为侧扫声呐，右为多波束）

小河的西南部发现两座小桥，分别宽 4.6 米和 3.6 米。遗址东西两侧群山林立，遗址就位于这两条河流交汇处狭长的山间谷地内。遗址内河流、桥梁、街道和房屋建筑的轮廓清晰可见，总体布局较为清楚，建筑主要分布于南北向小河的东部，紧邻山坡而建，北侧主干道清晰可见，宽约 4.8 米（图四〇三～图四〇五）。

2016 年 10 月，根据仪器探测的结果选择遗址内主干街道的北部作为水下调查和潜水探摸的地点，地理位置坐标为北纬 31°34′14.28″、东经 116°04′34.39″。由于遗址所在水域的水较深，为了保障潜水安全，潜水探摸调查之前在入水点投放了一个捆绑有潜水电脑表的水下摄像头，通过电缆和数据线将水下摄像头拍摄的水底情况实时传输到水面工作船内的监视器上，初步获得了水下能见度、水深、水温、水底淤积等基本情况。根据水下摄像头拍摄的水底画面，由水下考古专业人员对其进行了潜水探摸和水下调查，水深 29.3 米，能见度约 0.5 米，悬浮物不多，流速较小，水底淤积严重，由于水底温度较低，仅有

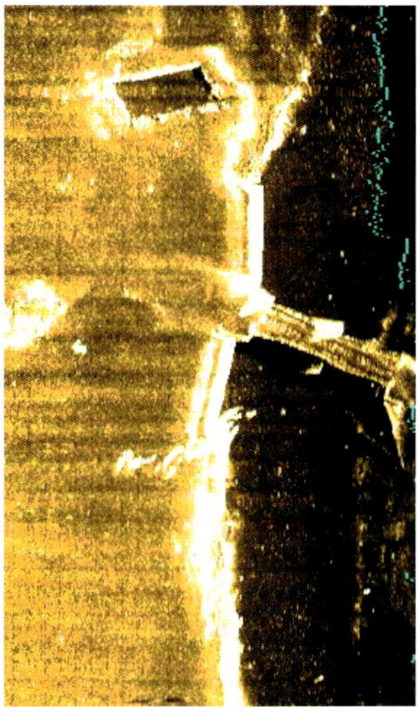

图四〇四　麻埠镇遗址内小桥探测图

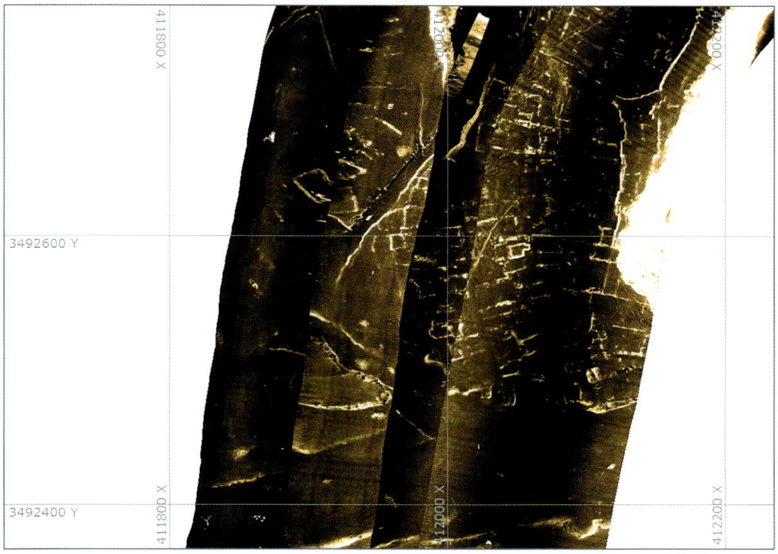

图四〇五　麻埠镇遗址南部建筑探测图

14℃，虽然使用了干式潜水服、头套等潜水设备，但是水底低温仍然对水下考古专业人员的身体和判断造成了不良影响，因此为了保证潜水安全，没有进行较大范围的水下调查和搜索，仅在入水点附近水底地表发现有较多的砖、石等建筑材料，建筑物形状和布局不详（图四〇六～图四〇八）。

通过仪器探测和初步水下调查与潜水探摸，在第三测区发现的遗址内现存有大量房屋建筑遗存，建筑上部结构多已不存，大多仅保存有房屋地面、建筑基础以及低矮的墙体等，建筑基础多以石块垒砌而成，墙体多为砖砌。根据县志等相关文献记载以及陆上考古调查的成果，结合遗址所在的地理位置和水下考古调查成果，可以确认发现的这处水下遗址即为明清时期皖西重镇——麻埠镇。

麻埠镇在北魏时期为霍州边城郡的治所，位于西淠河北部，东西两侧群山林立，所在地形为山间谷地，气候适宜，盛产茶叶和麻类植物。麻埠镇周围数十千米范围内茶叶和麻类植物种植兴盛，路人穿行其间步步皆可见麻，故古称“麻步”或“麻步川”。唐宋至明清时期，麻埠镇广植茶树，产量渐增，茶叶产量、质量为皖西之冠，曾是北宋十三个“榷货务”之一。从明朝中后期开始，由于受到商品经济发展的冲击，茶叶市场和贸易中传统的“茶引”制度逐渐松弛，清朝除少数州县仍颁行“茶引”外，大部分地区茶叶可以自由贸易，极大促进了麻埠镇茶叶的生产和市场贸易。清末、民国时期在麻埠设有茶厘局和茶税总局，负责管理麻埠及周边区域的茶叶贸易和销售。茶叶和麻类植物贸易的兴盛，极大促进了麻埠镇的发展，被淹没于水下之前当地非常繁荣。根据相关记载，麻埠镇规模较大，有三条主要街道，镇内建筑密集，茶、麻以及竹、木等土特产商业交易极为发达。

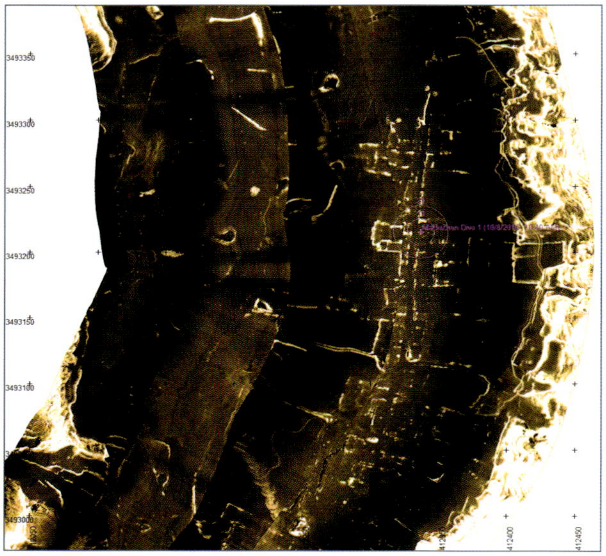

图四〇六　麻埠镇遗址北部建筑探测图及入水点位置

图四〇七　水下摄像头拍摄的麻埠镇遗址水底画面

图四〇八　麻埠镇遗址及周边环境航拍图

三、刘新圩遗址水下考古调查

根据陆上走访调查和实地踏勘获取的水下文化遗存信息，2016年10月在对响洪甸水库进行水下考古调查时，于响洪甸水库大坝西南约8400米处发现一处水下遗址，对其进行了仪器探测、水下调查和潜水探摸，使用的探测设备主要有L-3 Klein 3900型侧扫声呐和SeaBat7125型多波束测深系统等。该遗址所在位置处于二山之间的U形坳口内，为山间峡谷地带，紧邻茶花岛山体，山体坡度较大，水面较窄，因此在进行仪器探测时工作船行进的方向与山体保持平行（图一八九、图四〇九～图四一一）。

图四〇九　刘新圩遗址航拍图

（遗址位于近处二山之间的U形坳口内）

图四一〇　刘新圩遗址及周边环境（一）

（由东南向西北，遗址位于右侧正对面的山丘下）

图四一一　刘新圩遗址及周边环境（二）

（由西北向东南，浮球下为遗址主要建筑区）

共计布设测线8条，每条测线长1000米，方向116°，测线之间间距80米，扫测区域总宽650米，扫测面积共计51万平方米，平均水深23.9米，探测区域边界坐标如下：

A点：北纬31°31′30.037″、东经116°03′49.743″；

B点：北纬31°31′27.746″、东经116°03′55.284″；

C点：北纬31°31′26.045″、东经116°03′55.411″；

D点：北纬31°31′19.912″、东经116°04′10.041″；

E点：北纬31°31′10.083″、东经116°04′06.202″；

F点：北纬31°31′07.194″、东经116°04′07.555″；

G点：北纬31°31′02.951″、东经116°04′17.787″；

H点：北纬31°30′55.793″、东经116°04′12.781″；

I点：北纬31°31′02.685″、东经116°03′58.587″；

J点：北纬31°31′03.283″、东经116°03′54.093″；

K点：北纬31°31′06.955″、东经116°03′47.766″；

L点：北纬31°31′11.240″、东经116°03′52.027″；

M点：北纬31°31′13.093″、东经116°03′46.748″；

N 点：北纬 31°31′12.170″ 、东经 116°03′45.543″ ；

O 点：北纬 31°31′16.269″ 、东经 116°03′37.262″ ；

Q 点：北纬 31°31′23.989″ 、东经 116°03′41.489″ ；

R 点：北纬 31°31′25.162″ 、东经 116°03′46.775″ 。

通过仪器探测，在测区西北部发现一条河流，自西南流向东北，河面宽 170 米，河底水深 33 米，河堤高约 7 米，涵盖 A、R、Q、O、N、M、C、B 等测区边界点。通过参考相关文献记载和探测区域附近地形、地貌特征，可以确定这条河流为西淠河。西淠河东南部紧邻一座山丘，山丘边界点为 N、M、L、K、J。山体走势与西淠河流向平行，山丘最高处水深约 9 米，最低处水深约 20 米，山丘东北、东南部地势低洼，较为平坦，属于山间河谷地带，平面呈“Z”字形分布，东北部区域紧邻西淠河和山体，地势较低，水深 24 ～ 27 米，东南部两侧皆为茶花岛山体，地势较高，水深 21 ～ 24 米，在山间河谷地带内发现有大量房屋建筑、池塘、壕沟、桥梁等遗存，确认为一处水下建筑遗址（图四一二～图四一四）。

遗址平面略呈长方形，呈西北—东南走向，西北以西淠河为界，东北、东南紧邻山体，西南有一条壕沟呈西北—东南走向环绕遗址。壕沟西北部与西淠河连通，连通处有一

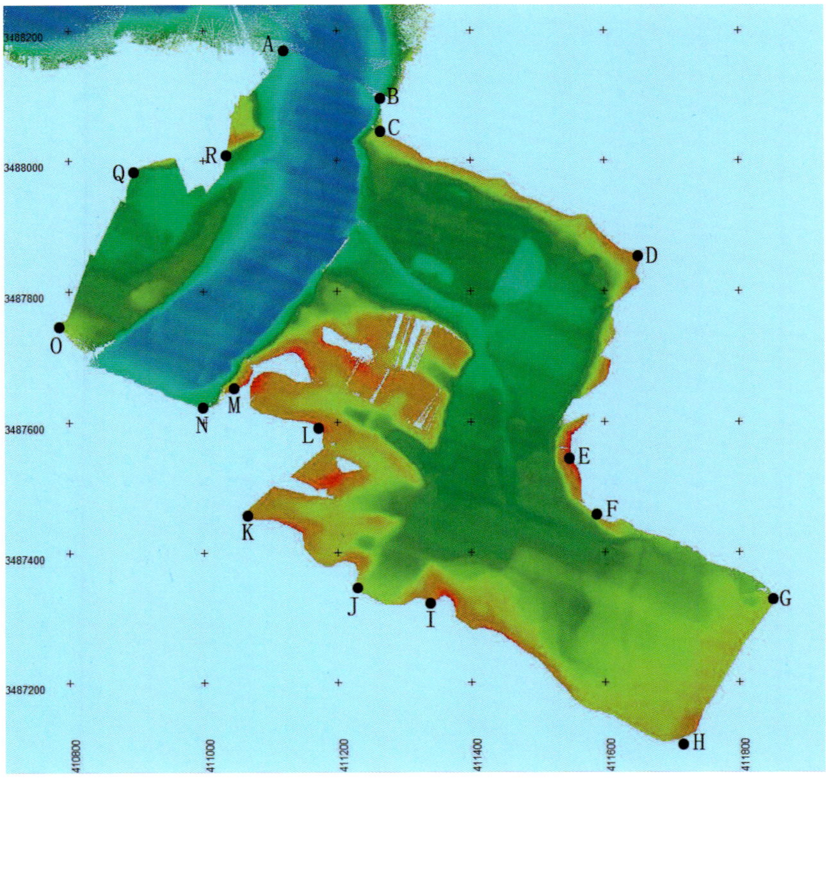

图四一二
刘新圩遗址仪器探测范围四角坐标位置图

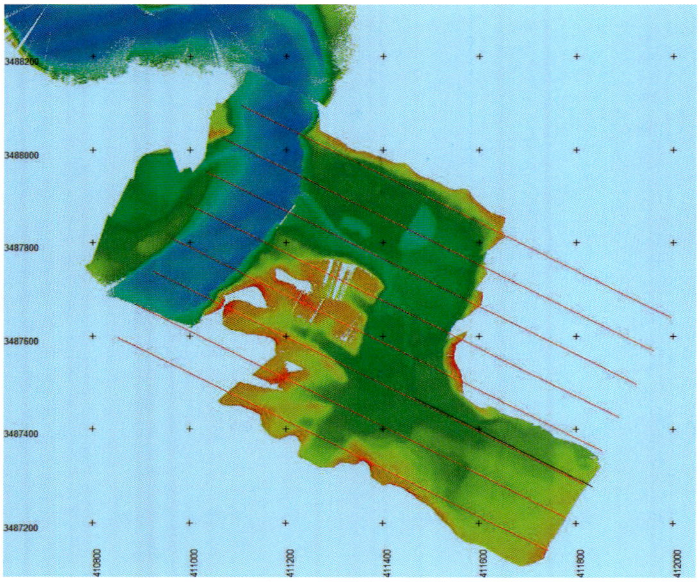

图四一三　刘新圩遗址仪器探测测线分布图

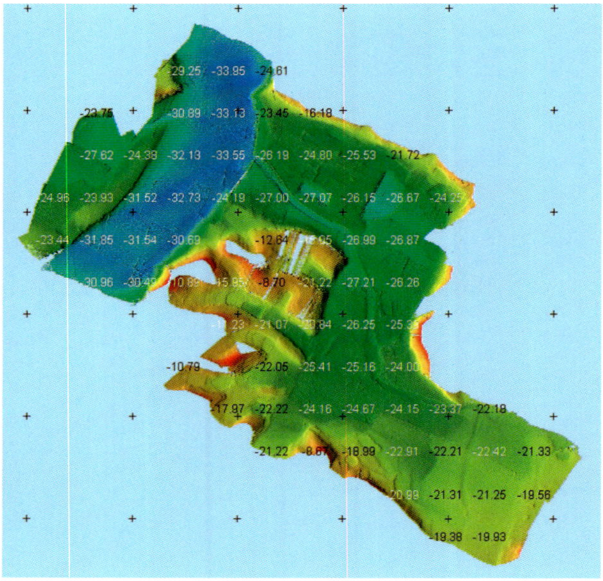

图四一四　刘新圩遗址及周围水域水深

小桥架于壕沟之上。遗址位于山丘、河流、壕沟包围的封闭空间内，通过壕沟之上的小桥与外部出入和交通，占地面积共计 7 万余平方米。遗址内建筑损毁比较严重，早期曾遭到山洪泛滥的破坏，后期又遭遇人为拆除和破坏，建筑上部结构多已不存，仅余地面和下部基础部分。遗址总体布局基本清楚，但是由于紧邻山体，受到水土流失和泥沙淤积的影响，水底沉降严重，部分水下建筑物为泥沙覆盖，轮廓不甚清晰。遗址主要建筑区域长 300、宽 116 米，建筑面积约 3 万余平方米，方向 117°；主要建筑区东南有一半月形池塘，长 103、宽 52、深 3.8 米，面积 4500 余平方米；建筑区西南部有一长方形池塘，长 65、宽 25、深 2.9 米，面积 1500 余平方米。壕沟位于遗址西南部，西北端从西淠河引水，环绕遗址一周，壕沟宽 11.8、深 3 米，壕沟西北段与西淠河交汇处有一小桥，桥长 12、宽 1.6 米，方向 210°（图四一五～图四一七）。

根据仪器探测的结果，2016 年 10 月对遗址进行了水下调查和潜水探摸，下水调查点坐标为北纬 31°31′20.41″、东经 116°03′58.91″，位于长方形池塘北部的建筑区内，水深 24.2 米，水底温度仅有 16℃。水面以下 10 米开始有较多的悬浮物和泥沙，到水底能见度仅为 10 厘米，水底地表覆盖有较厚的淤泥，由于水温较低、能见度太差，无法进行大面积的水下调查和搜索，仅在入水点附近水底发现有较多的砖、石等建筑材料，建筑物形状和布局不详（图四一八）。

2016 年在对遗址进行水下考古调查时，通过陆上走访与调查，在遗址周围的茶花岛山坡上发现 5 件石质文物，同时在遗址东北部、东南部山冈上发现有残存的石块垒砌墙基、夯土墙基、房屋建筑基础等遗迹（图四一九、图四二〇）。

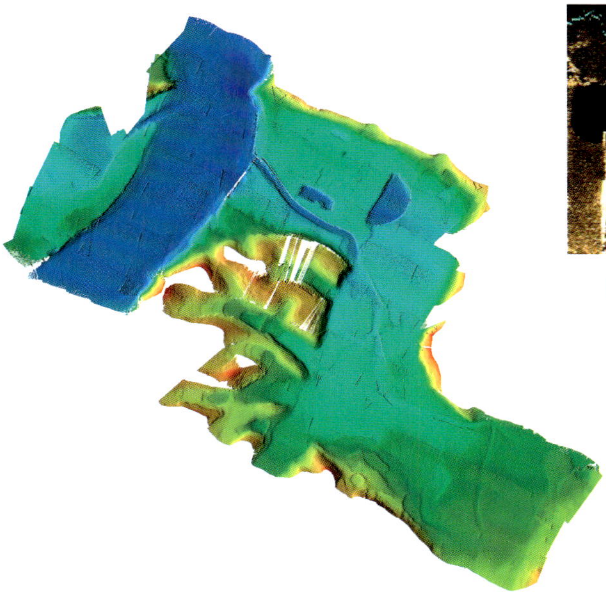

图四一五　刘新圩遗址多波束测深系统探测图

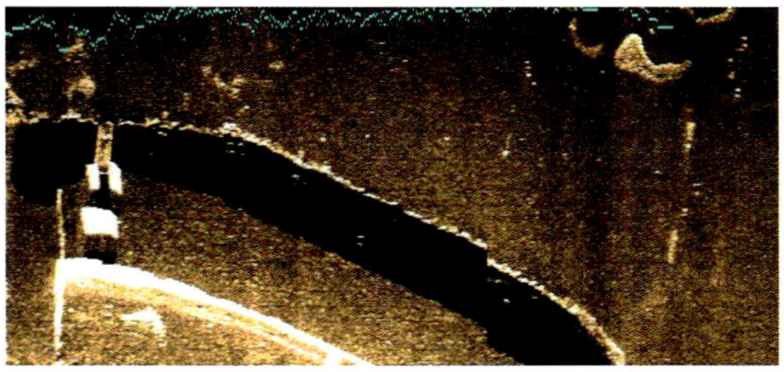

图四一六　刘新圩遗址壕沟上小桥探测图像

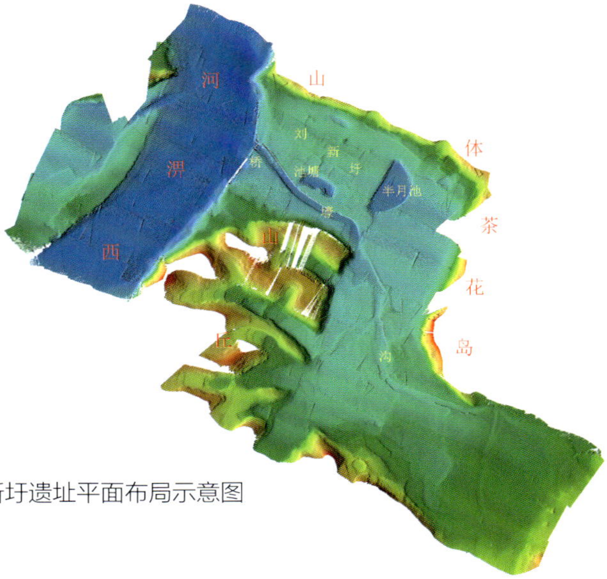

图四一七　刘新圩遗址平面布局示意图

图四一八　刘新圩遗址水下考古调查平台及入水点

发现的5件石质文物皆为红色砂岩制成，其中2件为门枕石、1件为石磨、1件为柱础、1件为石板。

2016刘新圩采：1，门枕石，平面呈长方形，红色砂岩制成，上方开有一圆形凹槽，用以插放门的下轴，圆形凹槽旁及侧面各有一道长方形凹槽，用来插放门槛，长方形凹槽的侧面和两端较窄的面装饰有减地浅浮雕的花卉纹图案。通长59.6、宽32.7、厚30.1厘米（图四一九，1）。

2016刘新圩采：2，门枕石，与2016刘新圩：采1在质地、形制、装饰和尺寸上相近。通长59、宽32、厚30厘米（图四一九，2）。

2016刘新圩采：4，石磨，圆形饼状，红色砂岩制成，正面中部有圆形穿孔，穿孔外浅浮雕出涡状突棱，外缘一周皆凿有窄条形的凹槽，背面较粗糙，加工时的凿痕明显，中部圆形穿孔外侧有2个圆形凹槽。直径58.4、厚10厘米（图四一九，3）。

2016刘新圩采：5，石柱础，红色砂岩制成，由三部分组成，上部为鼓状，装饰有浅浮雕的联珠纹，中部呈喇叭状，下部为八棱形，装饰有减地浅浮雕勾连纹。上部直径35、下部宽42、通高30厘米（图四一九，4）。

2016刘新圩采：3，石板，功用不详。平面呈长方形，红色砂岩制成，正面装饰有减地浅浮雕的花卉纹，其他面皆为素面。通长45、宽34、厚15厘米（图四一九，5）。

通了解，这5件石质文物皆为当地村民在响洪甸水库水位下降后从附近的水下遗址中打捞出水，应为遗址内的建筑构件和生活用品。

陆上发现的石砌墙基、夯土墙基以及房屋建筑基础等主要分布于水下遗址东北部、东南部的茶花岛山冈上，在山冈顶部顺着山体走向从东北经东部然后折向西南，将水下遗址环绕在内。

清末淮军重要统帅、台湾首任巡抚刘铭传于1891年被迫辞职离开台湾后赋闲在家，由于麻埠镇物产丰富，商业繁华，又是联系皖西至湖北麻城、英山、罗田等地的交通要道，水路交通极为便利。为了安享晚年，排解卸官后的郁闷心情，平抚对时局、朝政的不满，刘铭传在麻埠东南约十二里的火烧冲与古路岭之间兴建庄园圩堡，作为晚年生活和隐居之地，新建的这处庄园即为刘新圩，是依照安徽省肥西县启明村的刘铭传故居“大潜山房”的式样建造。刘新圩建成后，刘铭传长居于此，直到1896年在刘新圩去世。1896年春由于山洪泛滥，刘新圩曾遭到严重破坏[1]。

[1] 马琪：《刘铭传家族》，安徽人民出版社，2015年。

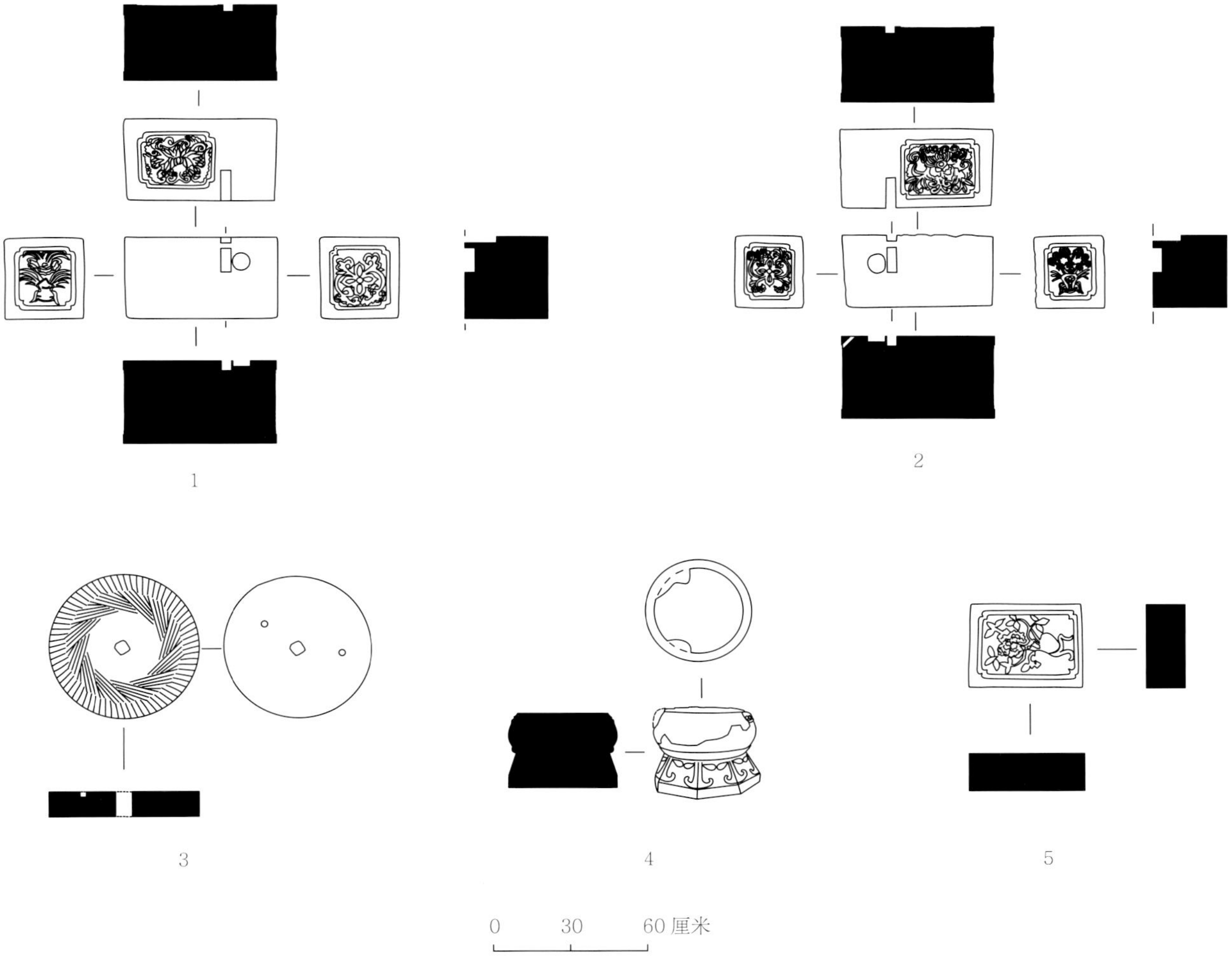

图四一九　茶花岛上发现的刘新圩石质文物

1、2. 门枕石（2016 刘新圩采：1、2）
3. 石磨（2016 刘新圩采：4） 4. 石柱础（2016 刘新圩采：5） 5. 石板（2016 刘新圩采：3）

2016 年发现的水下遗址位于火烧冲与古路岭之间的安徽省六安市金寨县青山镇齐山村茶花岛西北部，西北距离麻埠镇遗址约 6520 米。根据县志等相关文献记载以及陆上考古调查的成果，结合遗址所在的地理位置和水下考古调查成果，可以确认发现的这处水下遗址即为清代晚期淮军重要统帅、台湾首任巡抚刘铭传晚年的故居——刘新圩。

作为淮军的重要统帅，刘铭传戎马一生、常年征战，攻城克池是常态，受易守难攻的城堡架构的启迪，同时虑及时局纷乱、战事频繁，为了保障安全，刘铭传在修建自己的庄园圩堡时特别注重和突出其防御功能。

通过陆上调查、仪器探测和水下调查，刘新圩遗址主要由水系统、防御带和居住区三

图四二〇　茶花岛上残存的石砌墙基

（左为农家小院前，右为农家小院后）

大部分组成，其中水系统包括遗址西北部的西淠河、南部的壕沟以及内部的半月池、长方形池塘，壕沟从西淠河引水由西北流向东南，河流、壕沟、池塘构成了刘新圩遗址独特的水系，既藏风纳气又曲折潆洄，不仅展示出丰富的空间层次与和谐的环境氛围，也体现了“智者乐水、仁者乐山”、“水生万物”等中国传统文化中的哲学意蕴。刘新圩遗址西北部为西淠河，南部有环绕遗址的壕沟，东北、东南部紧邻山冈，山冈顶部还建有围墙和碉楼。遗址所在区域的山冈、河流、壕沟形成了一个封闭的空间，刘新圩的居住区就位于这个封闭的空间内，仅在壕沟西北部与西淠河连通处设有一座小桥与外部出入和交通。遗址的防御带主要由人工修建的壕沟、围墙、碉楼以及山丘、河流等天然屏障构成，体现了较强的防御功能（图四二一）。

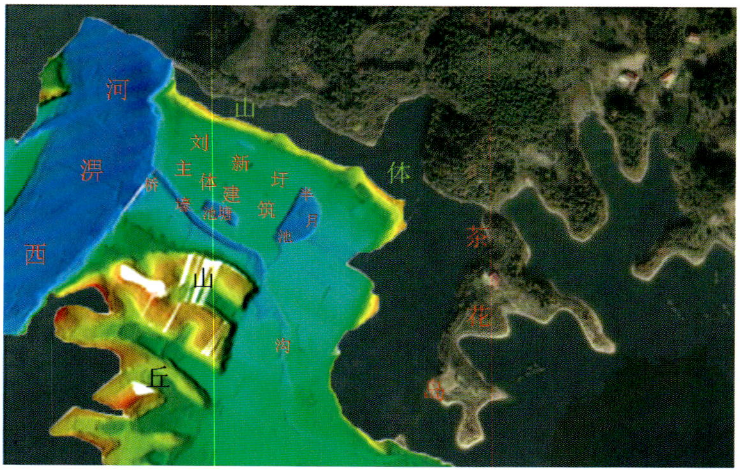

图四二一

刘新圩遗址探测图与卫星图叠加

第三章

结语

一、安徽水下考古调查主要成果

安徽水下考古陆上调查是第三次全国文物普查内水水下文物普查的重要内容，从2008年开始，一直持续到2011年基本结束。主要工作方式是陆上走访调查、实地踏勘和文献资料收集相结合。通过陆上调查共获取安徽境内水下文化遗存相关线索70余条，其中具有考古价值的水下文化遗存47处，取得了丰硕的成果，初步掌握了安徽境内水下文化遗存的家底和分布情况。这些水下文化遗存大多位于水库、湖泊及河流附近，遗存类型多样，包括古墓葬、古遗址、城址、村落、城镇、桥梁、码头等多种类型，时代跨度大，从新石器时代一直到近现代的遗存皆有发现，与安徽境内陆地的文化遗存有着密切的关联和相似性。

在前期陆上考古调查的基础上，从2014年开始安徽水下考古调查正式进入仪器探测和潜水探摸调查阶段。2014年对安徽省黄山市太平湖水域进行了水下考古仪器探测，发现广阳城遗址和龙门镇遗址两处水下文化遗存。2015年通过水下考古仪器探测与潜水探摸调查相结合，在太平湖水域发现并基本确认广阳城遗址、龙门镇遗址和秧溪街遗址三处水下文化遗存，在广阳城遗址西门外还发现并判明了一处大型高台建筑——文庙遗址。2016年对太平湖水域文庙遗址进行了水下考古重点调查，并首次进入安徽省六安市金寨县，对响洪甸水库进行了水下考古仪器探测和潜水探摸调查，发现并确认了麻埠镇遗址和刘新圩遗址。

受工作时间的限制和制约，安徽境内水下考古调查工作总的潜水探摸调查次数和累计调查时间不长，影响了调查区域的拓展，同时由于对内陆水下遗址尤其是水下城址的复杂性认识不够充分、准备工作不够细致等，在调查中存在一些不足。针对调查工作时间短、人员少、任务重的实际情况，尝试采用新方法，探索内陆水域水下城址等文化遗存调查的新途径。将陆上调查阶段取得的各条线索和水面仪器探测获得的全新信息综合加以分析判断，选择关键部分和重要水下文化遗存进行潜水探摸调查，排查确认标志性目标遗存、提取相关文物影像信息，与陆上调查阶段取得的线索进行比较，最终形成对水下文化遗存分布情况和保存现状的初步结论。针对调查各阶段特点，使用不同的记录方法，相互补充，全程记录，除常规照片、影像记录整个调查过程以外，还使用各种探测设备保存水下遗存全貌、利用实时记录和实时传输系统动态观察水底情形、空中航拍考察周边环境，对重要的水下文化遗存尝试进行多视角三维重建，并对水下保存较好的单体建筑遗迹进行人工测量和草绘。

通过仪器探测和潜水探摸调查，了解和掌握了太平湖水域、响洪甸水库水下文化遗存的淹没过程、实际分布地点、文化内涵及其保存状况，基本摸清了太平湖水域和响洪甸水库的水下文物家底。

从已掌握的资料来看，安徽境内水下文化遗存的保存现状主要分为两个层面：第一层面即水

下村落和城镇的总体布局保存基本完好，如街区、道路、河流、建筑规划等方面几乎没有受到现代化城镇建设的干扰和人为的破坏；另一层面即水下单体建筑保存状况一般，如房屋、城墙、部分桥梁等，大多数房屋建筑上部结构皆已不存，仅余地面基础部分，城墙墙体残存较矮，多已露出夯土墙体，夯土外的包砖基本不存。这些现象可能与蓄水前的拆迁以及建筑材质等方面有关。

通过将水下考古调查结果与县志等相关文献资料记载对照，在太平湖水域发现并确认了广阳城遗址、文庙遗址、龙门镇遗址和秧溪街遗址，对这些水下遗址尤其是广阳城遗址的分布范围、平面布局、保存状况、修建时代以及城墙的构筑方式、时代演变特点有了基本认识，为"文庙"这一特殊建筑的布局规划和营造方法的研究，尤其是对文庙建筑下部基础部分和地面结构的研究提供了珍贵而翔实的第一手资料。

在响洪甸水库发现并确认了麻埠镇遗址和刘新圩遗址，对刘新圩遗址和麻埠镇遗址的保存现状、地理布局和建筑风格有了初步认识，大体上了解了响洪甸水库水下文化遗产的分布特点，丰富了金寨县的文物家底，为还原皖西地区的历史面貌、发展脉络提供了新的素材，为皖西地区水下文化遗产和江淮圩堡的建筑布局、风格和历史功用的研究提供了珍贵的资料。

安徽水下考古调查从一定程度上拓展了水下考古的空间范畴和工作内涵。将水下考古的工作对象由单纯的沉船遗址扩展到包括古代沉船、水下城镇、墓葬、交通设施、石刻、水下陶瓷窑址等在内的诸多历史文化遗迹，工作领域也由单纯的沉船考古扩展到包括大陆沿海沉船考古、远洋海域沉船考古、内水水下文化遗存考古等诸多领域；与水下考古密切相关的古码头遗迹、古造船厂遗迹等也受到越来越多的关注。由于水下文化遗存特别是具有二重埋藏介质的水下土遗址、土坑墓葬等调查和发掘的工作难度非常大，此前尚没有成熟的案例和相关的经验、方法可供借鉴并参考，需要不断的探索和尝试。广阳城遗址夯土城墙、文庙遗址地面基础部分暴露于地表之上，同时由于遗址所在的太平湖水域水质较好，水底能见度不错，水深适宜，具有很好的水下考古调查与发掘环境，因此在目前已经具备条件和技术的情况下，对广阳城遗址部分城墙、文庙遗址地面基础部分开展深入的调查和发掘工作，积累经验并探索水下土遗址的调查和发掘方法、技术，可以为下一步对埋藏于水底底质以下的土遗址和土坑墓葬开展水下考古调查、发掘与研究工作积累经验，探索新方法和新技术。

二、内水水下文化遗存成因

中国是历史悠久的文明古国，也是海陆兼备的大国，不仅有广袤的陆域面积，还有辽阔的海洋国土，陆域面积内还星罗棋布地分布有数量众多的江河湖泊。我国先民开发、利用并经营海洋、湖泊、河流等水资源的历史非常悠久，海上交通和对外贸易发达。

中国内陆水域水下文化遗产数量众多、类型多样、价值巨大、保存较好，这些水下文化遗存和文物最初均来源于陆地，是我国文化遗产的重要组成部分，也是我国文物保护体系中不可或缺的一部分。

水下文化遗产是指至少100年以来，周期性或连续地，部分或全部位于水下的具有文化、历史或考古价值的所有人类生存的遗迹，如遗址、建筑、房屋、工艺品、人的遗骸、船只、飞行器、其他运输工具等及其具有考古价值的环境和自然环境[1]。

受到地震、火山喷发、海啸、河流泛滥改道等自然灾变因素的影响，一些原本位于水边（如河流、湖泊、海边）的城址、聚居区、港口、码头、栈桥、古桥、窑址、墓葬等文化遗存被淹没于水中，如位于海南省海口市琼山区东北部东营港、北创港、东寨港与文昌市铺前港之间的海域内就保存有明万历年间因地震原因沉没于海底的70余座村庄；同时在一些古代航线周边水域也保存有大量因人为或自然原因造成的沉船和文物等水下文化遗存，人类改造自然的活动如兴建水库等各种水利设施也会造成大量文化遗存被淹没于水下。

20世纪50年代，为了发展农业生产、治理水患，满足灌溉、发电、航运、用水等需求，中国掀起了一股兴修水利之风，全国各地相继在境内修建了数量众多的水库，这些水库大多建于大中型河流之上，而这些大中型河流通常支流众多，河网密布，属于比较典型的山间河谷地带，河谷内地势平坦，土地肥沃，物产丰富，是理想的生活和生产聚居区，人们长期在这些河流及其支流附近的河谷地带内生活和生产从而留下了丰富的人类文化遗存。由于特殊的社会、经济和时代原因，这些水库在修建蓄水前大多没有对库区淹没范围内的文化遗存进行有效的文物保护和搬迁措施，致使大量的古遗址、古墓葬以及古城址、古村落、古城镇等文化遗存被淹没于水库水底，如1958年修建古田溪水库被淹没的福建古田县翠屏湖水下城址[2]，1958年修建丹江口水库被淹没的湖北丹江口市均州古城遗址[3]，1959年修建新安江水电站被淹没的浙江杭州千岛湖水下狮城、贺城遗址，1958年修建洪门水库被淹没的江西南城县硝石镇遗址、摩崖造像等。

这些水下文化遗存大多淹没于20世纪50年代，当时的生产、生活以及基本建设规模较小，淹没前人类的生活、生产活动对这些文化遗存的影响和破坏程度较小，因此大多数遗存是以一种没有被大规模破坏和扰乱的形式比较完整地保存于水底，而陆地的文化遗存则会遭到和面临人类生产、生活及大规模基本建设的持续影响和破坏，因此水下文化遗存的历史、考古价值更高。

[1] 联合国教科文组织：《水下文化遗产保护公约》，2001年。
[2] 林丽金：《古田县翠屏湖水下旧城遗址物探调查》，《福建文博》2014年第01期。
[3] 邓启江：《丹江口水库湖北淹没区水下文化遗存初探》，《水下考古学研究》（第一卷），科学出版社，2012年。

距今1万年以前的江西万年仙人洞、吊桶环遗址和湖南道县玉蟾岩遗址都发现有人工栽培水稻的遗存，说明早在新石器时代早期华夏先民就已经开始认识和利用水资源并栽培水稻。中国社会科学院考古研究所科技考古中心刘建国研究员通过运用地理信息系统，对中国早期文明与河流之间的依附关系进行了研究，提出中国最晚在仰韶文明时期就已经利用河流修建水坝。良渚文化时期修建了比较完善和规模庞大的水坝系统，这种水利系统集防洪、运输、用水和灌溉等多种功能于一体，趋利避害，兼得山泽之利而无水患之虞，最终促进了良渚古城等文明因素的出现[1]。

东周以前，人类生活、生产用水对河流的依赖程度非常高，因此日常活动和居住的区域主要沿河流分布。由于人们还不具备治理大型河道的能力，因此日常活动和居住区大多集中于小型支流附近。东周以后随着打井以及水利工程技术的逐渐发展和普及，生活及生产用水对河流的依赖程度有所降低[2]，居住区逐渐分散，同时各种水利设施和工程得到大量修建与利用，对河流、湖泊的开发利用程度极大提高，甚至出现了贯穿中国南北大部分区域的巨型水利工程——大运河。尽管如此，大多数聚居区在规划布局和建设时，出于生活、生产、交通、安全防御等多方面考虑仍然首先选择在河流附近。

从安徽水下考古调查发现的广阳城、龙门镇、秧溪街、麻埠镇和刘新圩等遗址所在地形、地理环境看，这些聚居区（圩堡、村落、集镇、城池等）多建造于河流旁，并根据河流、山脉的走向和地形、地利条件规划、布局和建设，充分体现了人类生活、生产以及聚居区的规划、布局、建设和选址上与河流之间较强的依附关系。

广阳城遗址作为石埭县治所在地，平面呈不规则长方形，南濒舒溪河，北倚陵阳山，按照舒溪河的走向和周围的地形建造而成。城南的舒溪河既成为城址重要的城堑，又提供了便捷的水路交通。龙门镇遗址位于舒溪河与龙门河交汇处的山间谷地内，背山沿河而建。秧溪街遗址东临秧溪河而建，并在秧溪街南部引秧溪河之水形成一条小河从遗址中部穿过。麻埠镇遗址位于西淠河支流的北部，遗址西部紧邻两条小河。刘新圩遗址的水系统包括遗址西北部的西淠河、南部的壕沟以及内部的半月池、长方形池塘，河流、壕沟、池塘构成了刘新圩遗址独特的水系。国内其他地区发现的水下文化遗存，如福建古田县翠屏湖水下城址平面呈椭圆形，位于古田溪中游，湖北丹江口市均州古城临汉水而建，浙江杭州千岛湖水下狮城、贺城位于新安江旁，江西南城县硝石镇遗址位于黎滩河中段等，从这些水下文化遗存的地理位置、平面形状看，也都特别强调和重视河流的作用。

[1] 浙江省文物考古研究所：《杭州市良渚古城外围水利系统的考古调查》，《考古》2015年第1期。
[2] 徐良高：《先秦城市聚落中的水与水系》，《三代考古》（三），科学出版社，2009年。

附表

附表一 2016 年安徽水下考古调查潜水记录表

日期	姓名	入水气压（bar）	入水时间	出水时间	出水气压（bar）	潜水时间（分钟）	能见度（米）	水温（℃）	最大水深（米）	地点
9.9	邓启江	190	10:05	10:40	120	35	1 ~ 2	25	11.9	文庙遗址
9.9	王光远	180	10:05	10:40	120	35	1 ~ 2	25	11.9	文庙遗址
9.9	张　勇	120	11:08	11:41	70	33	1 ~ 2	25	12	文庙遗址
9.9	陈建国	120	11:08	11:41	80	33	1 ~ 2	25	12	文庙遗址
9.9	王光远	200	15:21	16:31	60	70	1	25	12	文庙遗址
9.9	曾　瑾	190	15:21	16:31	90	70	1	25	12	文庙遗址
9.9	陈建国	200	15:21	16:31	100	70	1	25	12	文庙遗址
9.10	邓启江	110	9:32	10:14	50	42	1 ~ 2	25	12	文庙遗址
9.10	魏宏伟	190	9:32	10:14	110	42	1 ~ 2	25	12	文庙遗址
9.10	曾　瑾	180	10:35	11:17	130	42	1 ~ 2	25	12	文庙遗址
9.10	薛广平	170	10:35	11:17	40	42	1 ~ 2	25	12	文庙遗址
9.10	张　勇	170	10:21	11:36	90	75	1 ~ 2	25	12	文庙遗址
9.10	陈建国	180	10:21	11:36	90	75	1 ~ 2	25	12	文庙遗址
9.10	张　勇	180	15:37	16:19	130	42	1 ~ 2	25	12	文庙遗址
9.10	陈建国	100	15:37	16:19	50	42	1 ~ 2	25	12	文庙遗址
9.10	聂　政	190	15:41	16:29	60	48	1 ~ 2	25	12	文庙遗址
9.10	曾　瑾	130	15:41	16:29	70	48	1 ~ 2	25	12	文庙遗址
9.10	王光远	110	16:32	17:06	50	34	1 ~ 2	25	12	文庙遗址
9.10	杨小博	200	16:32	17:06	85	34	1 ~ 2	25	12	文庙遗址
9.11	王光远	180	9:12	10:12	90	60	2	25	12.6	文庙遗址
9.11	谢广维	190	9:12	10:12	90	60	2	25	12.6	文庙遗址
9.11	张　勇	130	9:59	11:03	50	64	2	25	12	文庙遗址
9.11	陈建国	190	9:59	11:03	110	64	2	25	12	文庙遗址
9.11	邓启江	180	10:32	11:28	90	56	2	25	12	文庙遗址
9.11	司久玉	180	10:32	11:28	90	56	2	25	12	文庙遗址
9.11	曾　瑾	130	9:40	10:41	60	61	2	25	12.3	文庙遗址
9.11	邓启江	200	14:48	16:11	60	83	2	25	12	文庙遗址
9.11	司久玉	190	14:48	16:11	50	83	2	25	12	文庙遗址
9.11	王光远	180	15:00	15:48	110	48	2	25	12	文庙遗址
9.11	薛广平	190	15:00	15:48	40	48	2	25	12	文庙遗址

续表

日期	姓名	入水气压（bar）	入水时间	出水时间	出水气压（bar）	潜水时间（分钟）	能见度（米）	水温（℃）	最大水深（米）	地点
9.11	张　辉	200	15:30	16:09	130	39	2	25	13	文庙遗址
9.11	聂　政	200	15:30	16:09	90	39	2	25	13	文庙遗址
9.11	张　勇	180	16:07	16:57	130	50	2	25	13	文庙遗址
9.11	陈建国	110	16:07	16:57	70	50	2	25	13	文庙遗址
9.12	王光远	110	9:30	9:53	60	23	2	25	13	文庙遗址
9.12	谢广维	130	9:30	9:53	80	23	2	25	13	文庙遗址
9.12	邓启江	210	10:40	11:02	150	22	2	25	13	文庙遗址
9.12	司久玉	210	10:41	11:02	170	22	2	25	13	文庙遗址
9.12	王光远	210	14:40	15:47	90	67	2	25	13	文庙遗址
9.12	司久玉	190	14:40	15:47	70	67	2	25	13	文庙遗址
9.12	聂　政	200	14:33	14:50	150	17	2	25	12.8	文庙遗址
9.12	薛广平	210	14:33	14:50	140	17	2	25	12.8	文庙遗址
9.12	陈建国	200	15:20	16:25	130	66	2	25	13	文庙遗址
9.12	杨小博	215	15:20	16:25	50	66	2	25	13	文庙遗址
9.12	张　勇	190	16:10	17:21	100	71	2	25	13	文庙遗址
9.12	魏宏伟	210	16:10	17:21	55	71	2	25	13	文庙遗址
9.12	邓启江	200	15:59	17:22	50	83	2	25	13	文庙遗址
9.12	谢广维	190	15:59	17:22	50	83	2	25	13	文庙遗址
9.13	谢广维	200	9:22	10:08	100	46	2	25	13	文庙遗址
9.13	司久玉	200	9:22	10:08	100	46	2	25	12.7	文庙遗址
9.13	陈建国	200	9:43	10:42	130	59	2	25	13	文庙遗址
9.13	杨小博	200	9:43	10:41	50	58	2	25	13	文庙遗址
9.13	张　勇	200	10:01	11:09	120	68	2	25	12.5	文庙遗址
9.13	魏宏伟	200	10:01	11:09	95	68	2	25	12.5	文庙遗址
9.13	王光远	100	10:17	10:33	70	16	2	25	11.7	文庙遗址
9.13	曾　瑾	200	10:25	11:34	115	69	2	25	12	文庙遗址
9.13	张　辉	190	10:23	10:56	120	33	2	25	12	文庙遗址
9.13	陈建国	190	14:35	15:27	130	52	2	25	12	文庙遗址
9.13	杨小博	190	14:35	15:27	45	52	2	25	12	文庙遗址
9.13	张　勇	200	14:50	15:50	60	60	2	25	12	文庙遗址

续表

日期	姓名	入水气压（bar）	入水时间	出水时间	出水气压（bar）	潜水时间（分钟）	能见度（米）	水温（℃）	最大水深（米）	地点
9.13	薛广平	190	14:50	15:50	40	60	2	25	12	文庙遗址
9.13	邓启江	190	14:36	15:52	50	76	2	25	12.1	文庙遗址
9.13	王光远	190	14:37	15:52	70	75	2	25	12.1	文庙遗址
9.13	曾　瑾	135	14:41	15:30	80	49	1	25	11.6	文庙遗址
9.15	王光远	180	9:07	9:35	130	28	1	25	13	文庙遗址
9.15	聂　政	190	9:07	9:35	110	28	1	25	13	文庙遗址
9.15	司久玉	190	9:42	10:40	90	58	1	25	13	文庙遗址
9.15	邓启江	190	9:42	10:40	80	58	1	25	13	文庙遗址
9.17	王光远	170	9:08	9:20	150	12	2	25	12	文庙遗址
9.17	司久玉	200	9:11	9:30	140	22	2	25	12	文庙遗址
9.17	谢广维	140	10:08	10:34	90	25	2	25	12	文庙遗址
9.17	聂　政	190	10:08	10:34	100	25	2	25	12	文庙遗址
9.17	张　辉	180	10:27	11:01	100	34	2	25	12	文庙遗址
9.17	薛广平	180	10:27	11:01	60	34	2	25	12	文庙遗址
9.17	曾　瑾	200	13:51	15:28	100	97	2	25	12	文庙遗址
9.17	谢广维	190	14:06	14:51	100	45	2	25	12	文庙遗址
9.17	聂　政	190	14:06	14:51	40	45	2	25	12	文庙遗址
9.17	杨小博	190	13:56	14:49	40	63	2	25	12	文庙遗址
9.17	陈建国	200	13:56	14:49	120	63	2	25	12	文庙遗址
9.17	司久玉	190	14:01	15:18	60	77	2	25	12	文庙遗址
9.17	王光远	140	14:01	14:59	20	58	2	25	12	文庙遗址
9.17	张　辉	195	14:28	15:36	90	68	2	25	12	文庙遗址
9.17	张　勇	180	15:11	16:15	110	64	2	25	12	文庙遗址
9.17	薛广平	200	15:11	16:15	40	64	2	25	12	文庙遗址
9.17	邓启江	190	15:32	16:44	50	72	2	25	12	文庙遗址
9.18	陈建国	190	9:20	10:25	120	65	2	25	12	文庙遗址
9.18	杨小博	200	9:20	10:25	70	65	2	25	12	文庙遗址
9.18	张　勇	190	9:22	10:02	140	40	2	25	12	文庙遗址
9.18	薛广平	200	9:22	10:02	100	40	2	25	12	文庙遗址
9.18	王光远	190	9:25	9:53	140	27	2	25	12	文庙遗址

续表

日期	姓名	入水气压（bar）	入水时间	出水时间	出水气压（bar）	潜水时间（分钟）	能见度（米）	水温（℃）	最大水深（米）	地点
9.18	司久玉	190	9:25	9:53	140	27	2	25	12	文庙遗址
9.18	王光远	140	15:01	16:07	50	56	2	25	12	文庙遗址
9.18	司久玉	140	15:01	16:07	45	56	2	25	12	文庙遗址
9.19	谢广维	180	9:32	9:49	150	17	2	25	12	文庙遗址
9.19	司久玉	175	9:32	9:49	130	17	2	25	12	文庙遗址
9.19	陈建国	190	9:45	10:53	100	68	2	25	12	文庙遗址
9.19	杨小博	200	9:45	10:53	40	68	2	25	12	文庙遗址
9.19	张　勇	140	9:46	10:56	50	70	2	25	12	文庙遗址
9.19	薛广平	200	9:46	10:56	40	70	2	25	12	文庙遗址
9.19	曾　瑾	200	9:43	11:09	100	86	2	25	12	文庙遗址
9.19	张　辉	190	10:25	10:59	130	34	2	25	12	文庙遗址
9.19	韦　军	205	10:25	10:59	140	34	2	25	12	文庙遗址
9.19	张　勇	190	15:31	16:41	100	70	2	25	12	文庙遗址
9.19	薛广平	200	15:31	16:41	35	70	2	25	12	文庙遗址
9.19	陈建国	190	14:51	15:41	130	50	2	25	12	文庙遗址
9.19	杨小博	200	14:51	15:41	100	50	2	25	12	文庙遗址
9.19	曾　瑾	190	14:46	16:19	90	93	2	25	12	文庙遗址
9.19	张　辉	190	14:43	15:27	100	44	2	25	12	文庙遗址
9.19	韦　军	140	14:55	16:09	10	74	2	25	12	文庙遗址
9.19	谢广维	190	14:55	16:09	70	74	2	25	12	文庙遗址
9.19	邓启江	190	15:50	16:56	40	66	2	25	12	文庙遗址
9.19	聂　政	190	15:50	16:30	80	40	2	25	12	文庙遗址
9.20	曾　瑾	180	9:07	10:28	90	81	2	25	12	文庙遗址
9.20	司久玉	190	9:05	10:25	75	78	2	25	12	文庙遗址
9.20	邓启江	200	9:13	9:58	90	45	2	25	12	文庙遗址
9.20	张　辉	195	10:20	10:36	170	16	2	25	12	文庙遗址
9.20	陈建国	190	9:50	10:52	130	62	2	25	12	文庙遗址
9.20	杨小博	200	9:50	10:52	70	62	2	25	12	文庙遗址
9.20	张　勇	200	9:54	11:03	130	69	2	25	12	文庙遗址
9.20	薛广平	190	9:54	11:03	60	69	2	25	12	文庙遗址

续表

日期	姓名	入水气压（bar）	入水时间	出水时间	出水气压（bar）	潜水时间（分钟）	能见度（米）	水温（℃）	最大水深（米）	地点
9.20	张　辉	170	14:08	14:47	100	39	2	25	12	文庙遗址
9.20	陈建国	190	14:53	16:08	110	75	2	25	12	文庙遗址
9.20	杨小博	190	14:53	16:07	40	74	2	25	12	文庙遗址
9.20	张　勇	200	15:02	16:12	110	70	2	25	12	文庙遗址
9.20	薛广平	205	15:02	16:14	10	62	2	25	12	文庙遗址
9.20	韦　军	180	14:36	15:39	90	63	2	25	12	文庙遗址
9.20	谢广维	190	14:36	15:39	90	63	2	25	12	文庙遗址
9.20	司久玉	195	14:41	15:36	100	55	2	25	12	文庙遗址
9.20	邓启江	190	15:30	16:24	80	54	2	25	12	文庙遗址
9.20	聂　政	200	15:30	16:23	60	53	2	25	12	文庙遗址
9.21	韦　军	160	9:30	10:27	80	57	2	25	12	文庙遗址
9.21	谢广维	190	9:30	10:28	90	58	2	25	12	文庙遗址
9.21	张红兴	170	9:44	10:40	90	56	2	25	12	文庙遗址
9.21	薛广平	190	9:44	10:40	60	56	2	25	12	文庙遗址
9.21	陈建国	180	9:25	10:32	110	66	2	25	12	文庙遗址
9.21	杨小博	200	9:25	10:32	50	66	2	25	12	文庙遗址
9.21	张　辉	180	9:18	10:30	80	72	2	25	12	文庙遗址
9.21	司久玉	185	9:35	10:55	70	80	2	25	12	文庙遗址
9.21	邓启江	190	10:35	10:57	140	22	2	25	12	文庙遗址
9.21	聂　政	210	10:35	10:57	140	22	2	25	12	文庙遗址
9.21	谢广维	180	14:16	14:49	120	33	2	25	12	文庙遗址
9.21	司久玉	200	14:16	14:49	130	33	2	25	12	文庙遗址
9.21	张红兴	180	14:14	15:28	90	74	2	25	12	文庙遗址
9.21	薛广平	210	14:14	15:28	40	74	2	25	12	文庙遗址
9.21	陈建国	190	14:59	16:05	120	66	2	25	12	文庙遗址
9.21	杨小博	210	14:59	16:05	50	66	2	25	12	文庙遗址
9.21	曾　瑾	190	15:20	15:46	150	25	2	25	12	文庙遗址
9.21	张　勇	190	15:23	15:45	160	22	2	25	12	文庙遗址
9.22	曾　瑾	150	9:14	9:40	125	25	2	25	12	文庙遗址
9.22	司久玉	190	9:18	10:18	90	60	2	25	12	文庙遗址

续表

日期	姓名	入水气压（bar）	入水时间	出水时间	出水气压（bar）	潜水时间（分钟）	能见度（米）	水温（℃）	最大水深（米）	地点
9.22	张　勇	150	9:55	11:08	80	73	2	25	12	文庙遗址
9.22	薛广平	190	9:55	11:08	30	73	2	25	12	文庙遗址
9.22	陈建国	190	9:57	11:10	120	73	2	25	12	文庙遗址
9.22	杨小博	210	9:57	11:10	50	73	2	25	12	文庙遗址
9.22	张红兴	190	10:07	10:59	110	52	2	25	12	文庙遗址
9.22	谢广维	190	10:07	10:52	120	45	2	25	12	文庙遗址
9.22	邓启江	140	14:46	15:50	40	64	2	25	12	文庙遗址
9.22	聂　政	205	14:46	15:50	40	64	2	25	12	文庙遗址
9.22	司久玉	190	14:14	15:16	100	62	2	25	12	文庙遗址
9.22	张红兴	200	14:22	15:36	115	74	2	25	12	文庙遗址
9.22	谢广维	190	14:22	15:36	105	74	2	25	12	文庙遗址
9.22	张　勇	190	14:43	15:52	110	69	2	25	12	文庙遗址
9.22	薛广平	200	14:43	15:52	50	69	2	25	12	文庙遗址
9.22	陈建国	200	14:44	15:25	150	41	2	25	12	文庙遗址
9.22	杨小博	190	14:44	15:25	100	41	2	25	12	文庙遗址
9.23	曾　瑾	190	8:50	9:15	170	25	2	25	12	文庙遗址
9.23	陈建国	200	9:28	10:35	150	67	2	25	12	文庙遗址
9.23	张　勇	190	9:28	10:30	130	62	2	25	12	文庙遗址
9.23	张红兴	190	9:28	10:32	140	64	2	25	12	文庙遗址
9.23	谢广维	180	9:52	10:55	90	63	2	25	12	文庙遗址
9.23	杨小博	200	9:52	10:50	80	58	2	25	12	文庙遗址
9.24	陈建国	150	9:56	10:44	100	48	2	25	12	文庙遗址
9.24	杨小博	210	9:56	10:44	90	48	2	25	12	文庙遗址
9.24	曾　瑾	170	10:07	11:20	80	73	2	25	12	文庙遗址
9.24	司久玉	200	14:41	16:08	70	87	2	25	12	文庙遗址
9.24	王光远	200	10:13	11:04	120	51	2	25	12	文庙遗址
9.24	聂　政	190	10:13	11:04	50	51	2	25	12	文庙遗址
9.24	张红兴	195	10:20	11:16	120	56	2	25	12	文庙遗址
9.24	薛广平	190	10:20	11:16	80	56	2	25	12	文庙遗址
9.24	谢广维	190	10:35	11:39	90	64	2	25	12	文庙遗址

续表

日期	姓名	入水气压（bar）	入水时间	出水时间	出水气压（bar）	潜水时间（分钟）	能见度（米）	水温（℃）	最大水深（米）	地点
9.24	邓启江	180	10:35	11:39	80	64	2	25	12	文庙遗址
9.24	王光远	190	15:12	15:36	140	24	2	25	12	文庙遗址
9.24	谢广维	190	15:12	15:36	140	24	2	25	12	文庙遗址
9.24	韦　军	190	15:19	16:25	40	67	2	25	12	文庙遗址
9.24	魏宏伟	180	15:19	16:28	40	69	2	25	12	文庙遗址
9.24	聂　政	200	15:20	15:35	150	15	2	25	12	文庙遗址
9.25	韦　军	180	9:16	9:47	120	31	2	25	12	文庙遗址
9.25	张红兴	170	9:16	9:47	130	31	2	25	12	文庙遗址
9.25	谢广维	130	9:12	9:48	60	36	2	25	12	文庙遗址
9.25	薛广平	200	9:12	9:48	80	36	2	25	12	文庙遗址
9.25	王光远	140	10:12	10:40	120	28	2	25	12	文庙遗址
9.25	聂　政	200	10:47	10:55	190	8	2	25	12	文庙遗址
9.25	邓启江	185	9:12	10:28	50	76	2	25	12.9	广阳城西城墙
9.25	曾　瑾	200	11:04	12:20	100	76	2	25	12.9	广阳城西城墙
9.25	张红兴	210	14:40	15:36	115	56	2	25	12.9	广阳城西城墙
9.25	谢广维	205	14:06	15:36	90	90	2	25	12.9	广阳城西城墙
9.25	陈建国	200	14:23	15:02	160	39	2	25	12.9	广阳城西城墙
9.25	薛广平	205	14:06	14:34	140	28	2	25	12.9	广阳城西城墙
9.25	邓启江	200	15:00	16:07	60	67	2	25	12.9	广阳城西城墙
9.27	张　辉	215	10:13	10:51	140	38	1	24	20	龙门镇遗址
9.27	邓启江	185	10:13	10:51	100	38	1	24	20	龙门镇遗址
9.27	王光远	220	11:33	12:09	150	36	1	24	20	龙门镇遗址
9.27	曾　瑾	200	11:33	12:09	150	36	1	24	20	龙门镇遗址
10.05	邓启江	200	13:50	14:00	170	10	0.1	16	24	刘新圩遗址
10.05	王光远	200	13:50	14:00	160	10	0.1	16	24	刘新圩遗址
10.08	邓启江	180	10:37	10:48	150	11	0.3	14	29.3	麻埠镇遗址
10.08	曾　瑾	200	10:37	10:48	170	11	0.3	14	29.3	麻埠镇遗址
10.11	邓启江	170	10:58	11:29	90	31	0.3	11	33.7	麻埠镇遗址
10.11	曾　瑾	180	10:58	11:29	120	31	0.3	11	33.7	麻埠镇遗址

附表二　2016 年文庙遗址所在水域流速记录表

（流速计型号：SLC9-2 直读式海流计，置于水面以下 3 米）

日期 / 时间	9 月 19 日		9 月 20 日		9 月 21 日		9 月 22 日		9 月 23 日		9 月 24 日		9 月 25 日	
	方向（度）	流速（厘米/秒）	方向（度）	流速（厘米/秒）	方向（度）	流速（厘米/秒）	方向（度）	流速（厘米/秒）	方向（度）	流速（厘米/秒）	方向（度）	流速（厘米/秒）	方向（度）	流速（厘米/秒）
8:50									116	0				
9:00					308	0	338	1	108	0				
9:10			68	4	280	1	330	1	94	0				
9:20			50	1	130	0	340	0	80	0				
9:30			14	1	134	1	342	0	96	0				
9:40	326	2	54	2	132	1	338	0	78	1				
9:50	2	2	44	1	136	1	340	0	68	0				
10:00	26	4	46	1	130	0	348	0	84	0				
10:10	38	4	52	1	118	1	340	0	60	0			208	8
10:20	352	3	51	2	70	0	348	0	66	1			20	6
10:30	10	2	48	1	48	0	346	0	62	0			14	6
10:40	14	5	50	1	52	0	42	0	66	0				
10:50	6	2	44	1	54	0	50	0	72	0				
11:00	14	1	60	2	54	0	38	0						
11:10	308	2	58	1			50	0						
11:20														
11:30														
11:40														
11:50														
13:00														

续表

日期/时间	9月19日 方向（度）	9月19日 流速（厘米/秒）	9月20日 方向（度）	9月20日 流速（厘米/秒）	9月21日 方向（度）	9月21日 流速（厘米/秒）	9月22日 方向（度）	9月22日 流速（厘米/秒）	9月23日 方向（度）	9月23日 流速（厘米/秒）	9月24日 方向（度）	9月24日 流速（厘米/秒）	9月25日 方向（度）	9月25日 流速（厘米/秒）
13:10														
13:20														
13:30														
13:40					344	0								
13:50			266	3	256	0	354	0						
14:00			254	4	248	0	350	0						
14:10			260	2	252	0	348	0						
14:20			278	2	246	1	342	0			208	1		
14:30	68	4	314	3	244	0	324	0			210	0		
14:40	276	2	292	3	242	0	312	0			208	0		
14:50	30	3	300	3	238	0	314	0			206	0		
15:00	72	4	318	3	236	0	302	0			206	0		
15:10	206	1	298	3	240	0	184	0			204	0		
15:20	142	8	300	2	242	0	198	0			204	0		
15:30	64	4	300	1	238	0	194	0			140	0		
15:40	42	3	240	1	236	0	204	0			166	1		
15:50	46	1	256	1	234	0	168	0			132	0		
16:00	70	6	260	2	238	0					138	0		
16:10	310	2	274	1	236	0					138	0		
16:20	336	7	248	1							132	0		
16:30	16	1									130	0		
16:40	276	2												
16:50	132	1												
17:00	64	2												

后　记

安徽水下考古调查工作从 2008 年开始，分为陆上调查和仪器探测、潜水探摸调查两个阶段实施，是我国内陆水域水下文化遗产保护的重要项目之一。通过陆上调查基本摸清了安徽境内水下文化遗存的分布状况和水下文物家底，对太平湖水域、响洪甸水库进行了水下考古仪器探测和潜水探摸调查，发现并确认了广阳城、文庙、秧溪街、龙门镇、麻埠镇和刘新圩六处水下遗址，采集出水了一批文物。在内水水域水下文化遗存尤其是水下城址、村落、集镇、圩堡等遗存的水下考古调查方法与技术上进行了一定的尝试和探索，积累了相当的经验，取得了丰硕的成果。

参与 2008 ～ 2010 年安徽水下考古陆上调查的工作人员有安徽省文物考古研究所张辉，安徽省博物馆魏宏伟，黄山区文物事业管理局焦健、周洋、孙亮、罗伶俐、郑国和，徽州区文化和文物管理局程昌根，歙县文物事业管理局程平、鲍雷、潘秀萍，黄山市文化局凌建民、胡荣逊，黟县文物事业管理局王博华、倪国强，马鞍山市文物管理所江晨，当涂县文物管理所罗泊明、钱伟，宣城市文物局刘政、朱锐、吴少政，宣州区文化局芮峰、尹旺来，东至县文物管理所盛新朝，郎溪县文物管理所吴芸，泾县文物管理所甘胜利，贵池区文物管理所赵建明，安庆市博物馆胡荣贵、宋庆新，枞阳县文管所王乐群、王建生，桐城市博物馆张泽国、方向红、朱仲和、吕明文、倪恒文，太湖县文物管理所汪淑琳、王启东、孙永丰，怀宁县文物管理所金晓春，望江县博物馆朱强、周卫国，巢湖市文物管理所何磊，寿县文物管理局王峻岭、黄晓勇，金寨县文物管理所何辉，霍邱县文物管理所赵以华、卢佳政，天长市博物馆钱玉亮、乔国荣、司庆，濉溪县文物保护管理所张拥军，宿州市文物管理所韩三华等，以及各濒湖沿江（河）乡镇村协作人员。

参加 2014 ～ 2016 年安徽水下考古调查的人员有中国社会科学院考古研究所科技考古中心刘建国，国家文物局水下文化遗产保护中心赵嘉斌、邓启江、孟原召、聂政、吴国培、朱砚山，安徽省文物考古研究所张辉，安徽博物院魏宏伟，福建博物院楼建龙、羊泽林，辽宁省文物考古研究所冯雷，青岛市文物局邱玉胜，福州市文物考古工作队林果、朱滨、张勇，宁波市文物考古研究所林国聪、王光远，泉州博物馆张红兴，桂林甑皮岩遗址博物馆韦军，江西省吉安市博物馆曾瑾，广西文物保护与考古研究所谢广维，舟山市文化广电新闻出版局司久玉，山东省文物考古研究所杨小博，青岛市文物保护考古研究所尹锋超、

薛广平，黄山区文物事业管理局焦健、周洋、夏浙新，宣州区博物馆张碧建，金寨县文物管理所何辉、袁成成等。

安徽水下考古调查报告的编写主要是为了完整展现安徽水下文化遗存调查的过程与成果，总结内水水域水下文化遗存调查的技术与方法。报告整理期间，承蒙国家文物局水下文化遗产保护中心和安徽省文物考古研究所领导的大力支持，黄山区博物馆和金寨县文物管理所领导提供专门的整理场地，并在人员和设备上给予了诸多帮助和支持。中国社会科学院考古研究所科技考古中心刘建国研究员对文庙遗址多视角三维重建水下现场的照片拍摄提出了很好的建议，并在后期三维重建和正射影像的制作方面给予了强有力的技术支持，在此一并表示衷心的感谢。

本调查报告主要由邓启江、张辉完成编写，其中绪论、第一章、第二章第一节、第二节、第三章由邓启江执笔，第二章第三节由张辉执笔，最后由邓启江统稿。线图由张红兴、陈建国、张勇、王光远、谢广维、杨小博、薛广平绘制，照片由韦军、曾瑾、司久玉、尹锋超、聂政、朱砚山、朱滨拍摄，拓片由魏宏伟、聂政拓印。

由于水平局限，时间仓促，本报告存在诸多不足之处，唯愿能为研究者提供一些参考资料。

编　者

2017年3月13日

(K-2617.01)
www.sciencep.com
ISBN 978-7-03-053179-7
9 787030 531797 >
定价：350.00元

科学出版社
互联网入口

文物考古订阅号
赛博古

文物考古分社
联系电话：010-64010983
E-mail：arch@mail.sciencep.com